（決算書）あぶり出し分析法

会社の姿が
浮かびあがる

カンタン
経営分析

公認会計士
石王丸 周夫

清文社

はじめに

決算書の利用法は作成法と同じくらい大事である。しかし、たいていの場合、作成法が重視され、利用法は二の次にされてきた。その背景には、毎年のように改正される会計制度がある。新しい会計制度にキャッチアップするだけで手一杯となり、利用法まで考える余裕がないのだ。

実際、日本企業の決算開示実務はこの20年間で様変わりした。今から20年前の１９９１年といえば、湾岸戦争やソ連崩壊といった歴史的事件が起きた年である。また、激変する世界情勢の中で、日本経済のバブル崩壊が水面下で始まった時期でもある。それから20年、こうした社会の変化を背景に、日本の経済的地位の低下を防ぐべく、企業のディスクロージャー実務にも３つの点で変化が起きた。

第一は、決算の「速度」である。現在、上場企業の連結財務諸表は期末日から45日以内に公表することになっている。３月決算企業であれば、ゴールデンウィークの頃には連結決算を事実上固めていることになる。これに対して20年前の経理担当者は、ゴールデンウィークは単体決算の作業に追われていた。当時はまだ参考資料扱いだった連結決算などはその後である。

第二は、決算の「頻度」である。現在の開示制度では、上場企業は連結財務諸表を年４回公表することになっている。３か月ごとの四半期決算が３回と、年度末の本決算が１回である。

これに対して20年前はというと、連結財務諸表が作成されたのは年1回だけであった。

第三は、決算の「透明度」である。現在の日本の会計基準は20年前とは比べ物にならないほどボリュームが増えた。難易度も高くなった。しかもそれらの改正は頻繁に行われている。それゆえ現在の日本の会計基準で作成される決算書は、20年前の決算書に比べると格段に情報量が多くなっている。

以上は財務情報の発信者の話だ。これは発信者に対する規制の強化とそれに応えてきた発信者側の努力であったといえる。

では、受信者の方はどうだろうか。情報が正しく伝わるためには、発信者が正しい情報を伝えるとともに、受信者が情報を正しく理解することも必要である。しかし、この20年間における発信側の変化に比べると、受信側はたいして変わっていない。社会的関心は財務情報をいかに開示させるかという規制にばかり向かい、財務情報をいかに利用するかという点については置き去りにされてきた感がある。

このバランスを欠いた状態に対する問題意識が本書の背景になっている。利用者の視点はディスクロージャー制度の発展には欠かすことができない要素だ。会計制度が大きく変わろうとしている今、決算書の利用法に目を向けることは大事なことなのである。

本書は、財務諸表の利用者に経営分析の「手法」を紹介することをテーマにしている。特に

「手法」という点が大事な点である。従来の経営分析の解説書との違いが、まさにそこにあるからだ。

従来の経営分析の解説書では、経営指標の定義や求め方に重点を置いたものが多かった。しかし本書では、その「使い方」に重点を置いている。実際に経営指標を求めることができても、算定した数値をどう捉えてよいかわからないようでは分析にならない。そうならないために、本書では、経営分析の糸口となるある方法を提示している。それが「あぶり出し分析法」である。

第1章と第2章は、その「あぶり出し分析法」に行き着くまでの話が中心である。決算書は読まずに分析すべきであり、その手法として「あぶり出し分析法」が効果的であることを述べている。第3章では、「あぶり出し分析法」で重要な役目を果たす上場企業平均値について掘り下げてみた。個別企業の分析にはマクロ的視点が必須であるという考えに基づき、上場企業全体をひとまとめにした分析を行っている。「あぶり出し分析法」は、言うなれば「木を見て森を見る分析法」である。そして最後の第4章では、そこまでの成果を試す意味で、個別事例を使った「あぶり出し分析法」を実践している。

なお、第1章から第4章までいくつもの企業を例に分析を行っているが、個々の分析の結果が正しいかどうかを各企業に確認したわけではないので、その点はご了解をいただきたい。

「あぶり出し分析法」を使った事例では、分析の効果がわかりやすい典型的な事例を取り上げている。ここでは、リーマン・ショックとその後の世界同時不況である。本書のテーマは経営分析の「手法」を探ることにあるが、それとは別に、百年に一度と言われた不況の様子を、企業データにより、改めて確認することもできる構成になっている。それはまさしく、バブル崩壊から20年、日本が坂を下り続けて行き着いた場所でもある。

本書の内容はディスクロージャー制度の発展に直接貢献するようなものではないが、財務諸表を利用する立場にある読者が、多少なりとも決算書を理解するきっかけをつかんでいただけることができれば筆者歓びである。

ＩＦＲＳの世界的な普及により会計制度や経営分析のあり方が変わろうとしている中、本書の企画段階から支援していただいた清文社の鶴崎敦氏と中村麻美氏、執筆にあたって貴重なアドバイスをいただいた公認会計士の鈴木基仁氏には、特別の感謝を捧げたい。

２０１１年８月

石王丸　周夫

目次

第1章 経営分析、はじめの1歩

第2章 経営指標のモノサシ

第3章 5つの経営指標で日本企業を総観する

第4章 個別企業の経営指標に表れた世界同時不況

第1章

経営分析、はじめの１歩

1 経営分析に難しい知識は要らない

（1） 読めそうで読めない天気図と決算書

決算書を読むという作業は、会計の専門家にとっても決して簡単なものではない。しかし、「決算書も読めないのに経営分析などわかるはずがない」と思っている人がいるなら、それは誤解である。経営分析は、決算書が読めない人にとっての便利なツールである。

決算書と経営分析の関係は天気図と天気予報の関係に似ている。世の中には天気図を読める人はそう多くはないが、テレビでやっている天気予報を見てその内容が理解できない人はまずいない。テレビの画面には等圧線や前線が描かれた天気図が映し出されるが、それが読めなくても明日の天気はちゃんとわかるようになっている。天気図が読めなくても天気予報は理解で

決算書が読めないのは「3つの不足」があるから！

きるのである。経営分析もこれと同じだ。決算書が読めなくても経営分析は理解できる。

実は、決算書が読めない原因は天気図が読めない原因を考えてみるとよくわかる。それは「3つの不足」にある。具体的には、「知識の不足」「感覚の不足」、そして「情報の不足」である。

●知識の不足

1つ目の原因である「知識の不足」とは何か。それは決算書や天気図がどのようなルールに従って作られているかを知らないことである。

たとえば、天気図には高気圧や低気圧を示す、「高」というマークや「低」というマークがある。しかし、何を基準に「高」と「低」が決まるのかを知らないと天気図は読めない。晴れている場所が「高」で雨が降っている場所が「低」であるといった誤った理解をしている人は、外に干してきた洗濯物をずぶ濡れにすることになる。「高」と「低」というのは、単に周囲より気圧が高ければ「高」、低ければ「低」としているだけで、降水の有無とは直接関係ないのである。

決算書も同じだ。たとえば貸借対照表にはいくつもの科目名と金額が左右に振り分けられて掲載されているが、その配列ルールを知らないと意味するところは理解できない。*流動資産が「持ち運び可能なもの」で*固定資産が「持ち運び不能なもの」であるといった誤った理解をしていると、会社の財政状態は把握できないのである。

このような作成上の基本的ルールに加えて、専門用語についての「知識の不足」もある。たとえば天気図には「熱低」という文字が示されていることがあるが、それが熱帯低気圧を意味することはわかっても台風との違いを知らないと天気図は読めることにはならない。台風と熱帯低気圧の違いは最大風速が17ｍ／ｓ以上かどうかの違いでしかない。つまり風速による分類であって、雨の多い少ないは関係ない。このことを知らないと熱帯低気圧が大雨をもたらす可能性を見落としてしまうのである。

決算書にも、知らないと理解できない用語は結構ある。特に会計用語には日本語の常識では理解できない表現がある。たとえば、「*減損損失」という用語だ。一般の人は、これを見ても何のことだかわからないはずである。「減損」というのは「減る」という意味だが日常では使用されない。仮にその意味がわかっても、何が減損するのか主語がないのでわからない。日本語としては、「何かが減って損失が発生した」ということしか示していないのである。

厄介な例をもう1つあげるなら、それは「*のれん」だ。「のれん」がお店の入り口に垂らす布切れとは違うということを知らないと大変だ。「この会社はたかだか暖簾ごときの布切れ1枚に、なぜこんなに高いおカネを払ったりしたのだろうか」と思ってしまうはずである。さらには「負ののれん発生益」という勘定科目名が掲載されている決算書もあるが、こうなってくると日本語として理解不能な領域になる。「のれんにプラスやマイナスがあるのか？」と混乱し、もはや決算書は全く読めなくなる。これらはすべて「知識の不足」である。

＊流動資産　1年以内に現金化・費用化できる資産。
＊固定資産　長期的（1年以上）に保有する資産。
＊減損損失　経済情勢の悪化や資産の収益性の低下により、固定資産投資額の回収が見込めなくなった場合に発生する損失。
＊のれん　企業を買収したり、一部の事業を取得したりする場合に、取得原価（支出額）が、取得した資産・負債に配分された純額を超過する額。逆に、超過せずマイナスの場合、これを〝負ののれん〟という。

●感覚の不足

決算書と天気図が読めそうで読めない2つ目の原因は「感覚の不足」である。これは決算書や天気図に記載されている数字について具体的なイメージがわかないことだ。

台風到来の季節に天気図を見ると、目玉焼きのような形をした同心円が南の方から姿を現す。

これが台風であることは説明するまでもないが、その「台」と表示されている同心円の近くに示されている気圧の数値を見てもどの程度の強さか実感がわかない人がほとんどであろう。もっとも台風の強さは最大風速で判断するため、台風情報では、最もいきおいのある、台風の中心付近の最大風速が秒速何ｍなのかを表示しているが、それを見て一体どれくらい強い風なのかを想像できる人は少ない。

これと同じことが決算書でも当てはまる。決算書を渡されて売上高や利益がいくらであるとか言われても、それがどれくらいの水準なら優良なのか、あるいは危険水域なのかといったことがわからない。

ある会社の決算書を見て、会社の規模を把握するためにまず売上高がどれくらいかを確認するとしよう。仮に、その会社の売上高が１兆円だったとする。売上高１兆円と聞いてその会社の規模がイメージできるだろうか。損益についても同じである。その会社の経常利益が３０００億円と聞いて実感がわく人はあまりいないはずだ。それだけでは企業の姿はなかなか見えてこない。

実感がわかない理由の一つは、金額が日常生活とかけ離れていることだ。日々の生活の中で、何兆円とか何億円という数字は出てこない。また、そもそも数字というものが無機質で個性がないことも実感がわかない原因である。これが数値に関する「感覚の不足」である。

●情報の不足

３つ目の原因は「情報の不足」である。決算書も天気図もそもそも一般に公表されている情報が限られているので、それだけ見ても詳しいことがわからないという意味である。

たとえば、テレビの天気予報で画面に映し出される天気図は地上の気圧配置を示す地上天気図なのだが、本当はこの他に高層天気図と呼ばれる上空の天気図がある。それも合わせて読まなければ天気は予報できない。

よく天気予報では「上空に寒気が入って大気が不安定になり…」という解説がなされることがあるが、これは地上天気図をいくら読み込んでもわかるはずがないのである。主な上空の天気図としては、上空１５００ｍ、３０００ｍ、５５００ｍ、９０００ｍといった高度付近でのそれぞれの天気図があって、それらを立体的に見ることによって予報が可能となる。

企業の決算書も同じように、日ごろ決算短信や有価証券報告書で見ているものの他に、企業が社内で作成・保管している資料がいくらでもある。たとえば、取引先の会社が不良在庫や不良債権を抱えているかどうか確かめたかったとする。しかし、公表されている決算書からはその額は知りえない。特にグレーゾーンにあるようなものは、貸借対照表を見ても、不良在庫は「商品及び製品」に、不良債権は「売掛金」に、というように通常の科目名にまとめられている。むろんその金額的評価は適切に行われているにしても、そうした不良資産の有無を外から判断

帳簿の階層構造

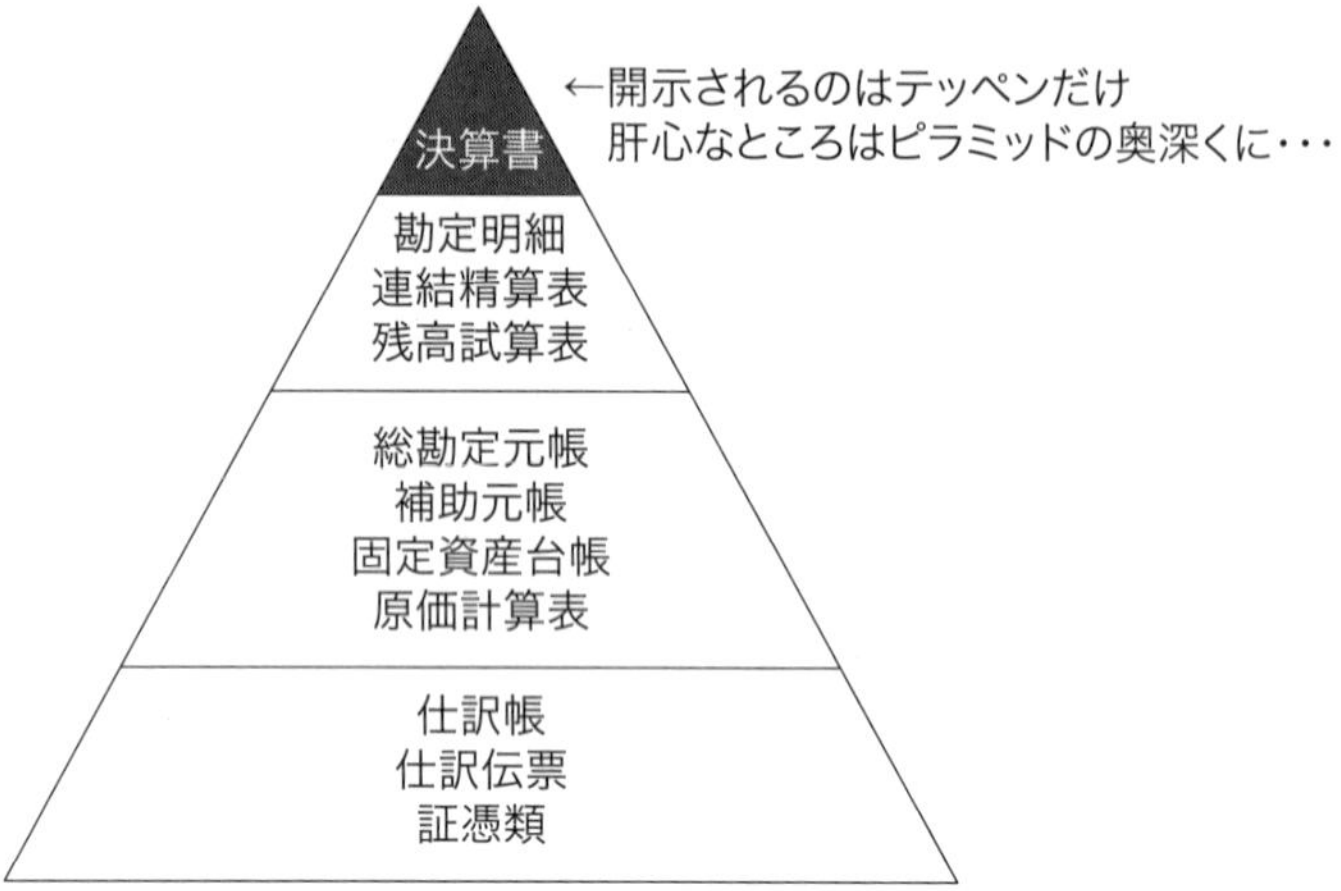

することは難しい。

ところが当事者である企業はその内訳をきちんと把握している。ちゃんとした会社なら企業内部には不良在庫や不良債権の管理台帳があるからだ。ただし、それは外部に公表されない。外部に公表されるのは会社の帳簿体系の頂点部分にあたる決算書だけである。会社の帳簿体系というのはピラミッド構造になっていて、決算書はその頂点に位置し、その下位には残高試算表、総勘定元帳、補助元帳を始め、様々な管理台帳がある。そういったすべての帳簿にアクセスできない限り、決算書を読もうと思っても限られた情報を読むことしかできないのである。

(2) 決算書は読めなくてよい

書店に行くと決算書の読み方に関する本が何

冊も並んでいるが、それらはいずれも上に述べた「3つの不足」のうち「知識の不足」と「感覚の不足」を補うための本である。3番目の不足である「情報の不足」については決算書を読む側の努力ではどうにもできない。

どんなに頑張っても、企業外部の第三者が企業の内部資料を自由に閲覧することなどできるはずがなく、どのような目的で決算書を読むにしても、限られた情報を頼りにするほかはないのである。

そこで提案だが、企業の経営内容を分析するに際して決算書を読む努力を放棄してみてはいかがだろうか。これは決算書を一切見ないということではない。決算書を「読む」代わりに「見る」程度にとどめてはどうかという提案だ。実は、それが経営分析習得の第一歩になる。

一般に経営分析というのは、財務諸表の項目間の比率を求めて、それを同業他社や前年同期の値と比べることにより行われている。たとえば損益計算書の「売上高」と「売上原価」の数字を拾い、その比率を求めると「売上原価率」が求められる。これを前年同期の比率と比べたり同業他社の比率と比べたりすることにより、分析対象企業の特徴を見出すという手法である。

この作業を行うために決算書が読めなければいけないかというと、その必要はない。損益計算書の「売上高」という欄と「売上原価」という欄に記載されている金額を機械的に引っ張ってくるだけでよいからだ。この作業は決算書を「読む」というほどのものではなく、ただ「見

経営分析は決算書から数字を引っ張ってくるだけでよい

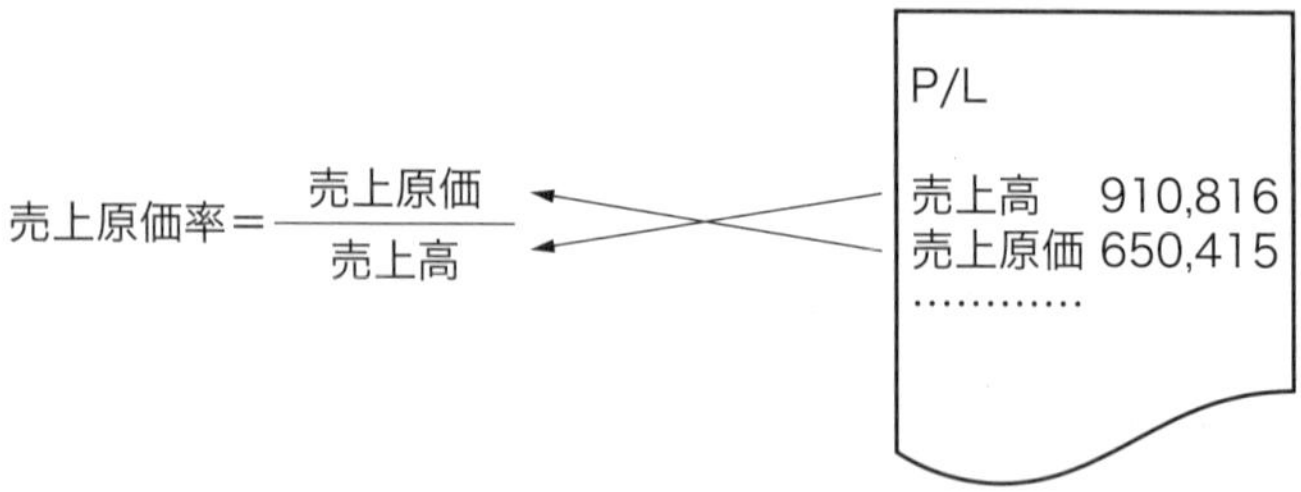

る」だけである。「読む」代わりに「見る」だけにとどめるとはそういう意味だ。

「見る」だけにとどめる理由はもう一つある。ここで言っている経営分析というのは狭義の経営分析で、企業の財務数値の比率を比較検討する財務分析という意味合いである。しかし、企業の経営内容を総合的に判断しようと思うなら、財務面という企業の一側面だけを見ていても本質はつかめない。企業を総合的に分析しようと思うなら企業活動を多面的に見ていく必要がある。

たとえば、社長がどんな人物であるかとか、オーナー会社なのかとか、従業員の平均年齢は何歳くらいなのかといった人事面も考慮すべきだろう。あるいは、その会社の事業を支える主な技術はどのようなもので、それが今後どういった方向に進歩するのかといったテクノロジー面も関係してくる。さらには業界の動向や法的規制の有無なども企業経営に影響を与えることがある。

天気予報の世界でも、実は同じようなことが行われている。天気を予報するにあたっては、様々な側面から大気を捉えた観測データが考慮されているのだ。それはアメダスと呼ばれる全国に配置された観測機器からの観測結果であったり、気球を上げて観測した上空のデータであったり、気象レーダーによる降水の観測結果であったり、あるいは気象衛星が配信してくる上空からの雲画像であったりする。これらのうち、いずれか一つの情報源だけに依存するようなことにはなっていない。

企業の経営内容を見る場合も、財務面ばかりにこだわらずに、総合的に企業を見ていくのが適切なアプローチである。財務分析はその一つの手法である。そう考えると、企業の経営内容を見る際に財務面の分析だけにエネルギーを費やすのは必ずしも得策ではない。決算書は、財務分析という限られた局面で利用するデータリストにすぎない。そのデータリストは何も生データの状態で「読む」必要はなく、分析に利用するために「見る」だけで十分である。

(3) 必要なのは算数レベルの計算力

経営分析には、決算書が読める力は必須でないことがわかった。しかし、経営分析には、何か高度な数学の能力が必要なものであるかのようなイメージがつきまとう。上で述べた売上原価率は単純な割り算のみだったが、他の経営指標ではもっと難しい算式がいっぱい出てくるのではないかと疑ってしまうかもしれない。

しかしそんなことはない。少なくとも本書で取り上げる経営指標の算式はすべて四則計算だけでできるものばかりだ。しかも、本書で取り上げた指標は算式が簡単だからという理由で選んだわけではなく、ぜひ知っておくべき指標を選んだ結果、四則計算だけで済んだのである。

本書で取り上げるのは、いずれも広く一般に利用されている経営指標である。たとえば、ある企業の財務内容を調べようと思った場合、その会社が上場企業であれば、一般的にはまず決算短信を見る。決算短信は上場企業であれば必ず公表している資料であり、定型のフォームなので会社間比較が行いやすい。また、速報性の点でも他の開示書類をリードしている。

決算短信にどのような情報が記載されているかといえば、主要な財務数値や経営指標と、添付資料としての決算書一式だ。本書で取り上げる経営指標はこの決算短信で開示されている経営指標を中心に選んだものである。厳密に言うと、決算短信で開示されている経営指標と、そこから派生する経営指標を選んでいる。

具体的には、次頁に示した経営指標である。

多くの人が利用する決算短信に掲載されている経営指標は大変ポピュラーなものであると

＜決算短信で開示されている指標＞

総資本経常利益率
（総資産経常利益率）

売上高営業利益率

自己資本当期純利益率

自己資本比率

インタレスト・カバレッジ・レシオ

有利子負債返済年数

⇒

＜左記の指標から派生する指標＞

売上高経常利益率

総資本回転率

売上高当期純利益率

財務レバレッジ

言ってよいはずで、これらの経営指標を使いこなせるようになるだけでも相当な分析力がつくのである。その習得に必要なのは、四則計算だけということになる。

いや、もっと極端なことを言えば、四則計算すら必要ない。なぜなら本書で取り上げる経営指標のうち主なものは、すでに計算された値が決算短信に記載されているからである。わざわざ手を動かして計算するまでもないのである。それで十分なのである。

(4) 難しいのは求めた数値の解釈

経営分析には、決算書が読める能力も高度な数学の知識も必要ないことがわかったが、実際に経営分析をやってみたことがある人は、分析がそれほど簡単なものではないことを知ってい

ると思う。では、一体何が難しいのか。それはおそらく、どこの会社にでもあるこんなシーン
に見ることができる。

　不況で売上がなかなか伸びないある中堅小売業の会社で、経理担当の常務が部下２人を呼
んで次のような課題を出した。

「うちの会社も不況で大変なのは君たちもよくわかっていると思うけど、この不況の中でも儲かっている会社は儲かっているんだよね。それで、ひとつ調べてみてほしいんだが、そういう会社はいったい何が違うのか分析してみてくれないかね」

「それは決算書の分析をしろということでしょうか」そう答えたのは呼び出されたうちの１人、経理部長だった。すると常務は２人に向かってこう続けた。

「そうだ。たとえばユニクロなんかを例にして、収益性の指標であるＲＯＥの分析でもしたら何かわからないかね。そもそもユニクロはどれくらい儲かっているのかねぇ」

「ユニクロのＲＯＥぐらいすぐにでも持ってきますよ。ユニクロの決算短信を見れば出ていますから。それを見れば儲かり具合はよくわかります」

　経理部長が即答すると、２人のうちのもう１人、財務部長はやや面倒くさそうな表情でこう言った。

「ROEを見てもそれだけでは何もわからないと思いますがねぇ。まあ、常務がそう言うなら見るだけ見てみてもいいですが……」そして経理部長の方をチラッと見ながらこう付け加えた。

「ユニクロは会社名で言うとファーストリテイリングって言いますからね。探すのはユニクロでなくファーストリテイリングの決算短信ですよ」

「そんなことは知ってますよ。まあ、とりあえず見てみましょうよ」

　経理部長がそう言うと、2人はそれぞれの持ち場に帰っていった。

　30分後、経理部長がユニクロの分析結果を持って常務のところにやってくると、ちょうどそこには財務部長も同じように分析結果を持ってやってきたところだった。2人はさっそく常務に回答を報告した。

　まずは、経理部長から分析結果を提出した。

「これがユニクロのROEになります。ご覧のとおり、過去5年で見るとこの3年間は毎年上昇しています」

「確かにそうだが……」

　と常務はちょっと考えた後、続けてこう言った。

「2010年は20%を超えているが、これは一般的に言ってかなり高いのかね？」

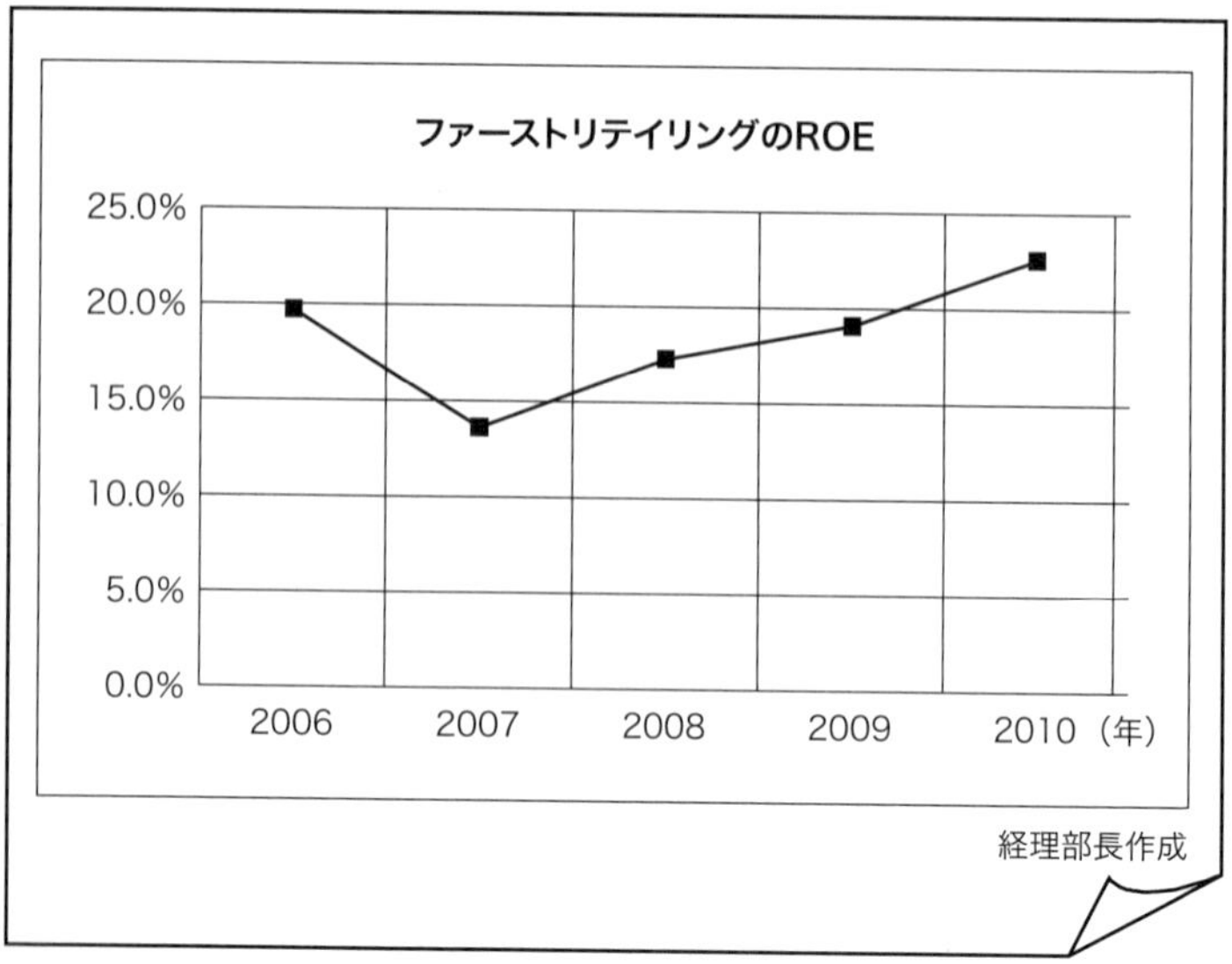

経理部長が考えたのは前年比で数字がどう動いたかということだけだった。一般的な水準と比べて高いか低いかは、このグラフからはわからない。しかしそうも言えないのか、困った表情を浮かべながらこう回答した。

「前年より上がったかどうかでその会社が儲かっているかどうかがわかりますので、グラフが右肩上がりかどうかが重要です。何%を超えれば儲かったと言えるものではないと思いますが……」

「常務、私の分析結果のほうはライバル会社と比べたグラフになっていますから、高いか低いかがよくわかりますよ」

と財務部長はすかさず自分の分析結果を見せて言った。

財務部長が得意気に出してきたのは、衣料

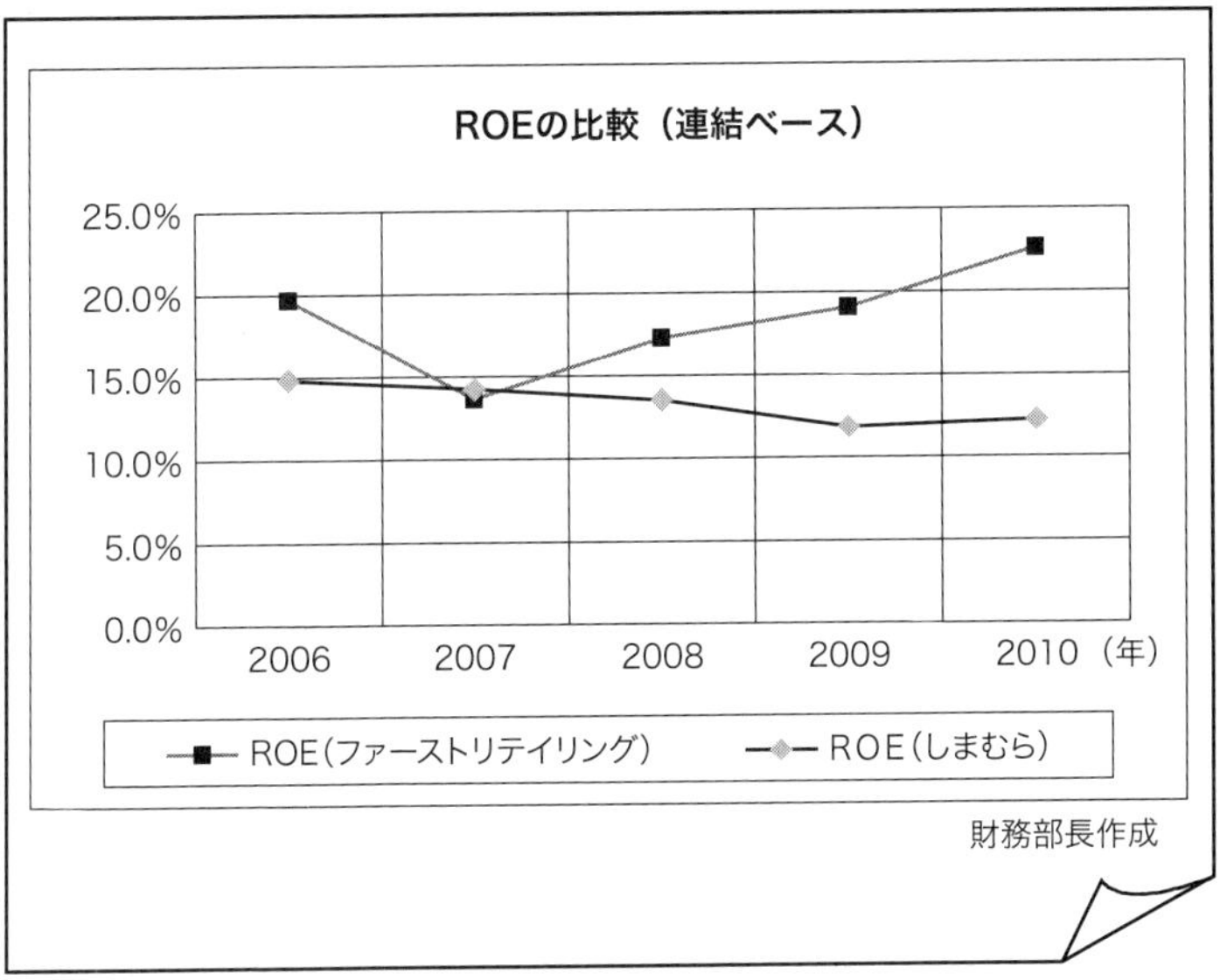

品チェーンストアのしまむらのＲＯＥをユニクロのＲＯＥと比較したグラフだった。

「なるほどね。これならユニクロのレベルが何となくわかる。２０％超えはやっぱりすごいことのようだね」

常務はこれを見て頭では理解した様子だった。しかし、十分には納得しなかったようだ。

「ただなぁ、しまむらの店はうちの近所にはないから行ったことがないんだよなァ。しまむらと比較してＲＯＥが高いのはわかるけど、行ったことがない店と比べられても実感がわかないしね。それに、ユニクロとしまむらは単純に比較してよいものかどうかもわからないし。ターゲットにしている顧客層とか事業の形態とかはどうなんだ？　この２社は同じ土俵で比べていいのかね？」

経営分析をやってみると行き詰まるのはこういう部分である。まず常務は「ＲＯＥ20％超え」が企業として十分な水準なのかどうかがわからないと言った。これは、数字に対する「感覚の不足」により決算書が読めない状況と全く同じである。数字だけ提示されてもピンとこないということだ。そこで、しまむらのＲＯＥとの比較を提示し「感覚の不足」を補ってみたわけだが、ここから先が難しい。一見わかりやすいこのグラフは、ユニクロがここ3年間好調なのか、逆に、しまむらがいまひとつ波に乗れなかったのか、その解釈が定まらないのである。さらにＲＯＥの安定性という視点からグラフを見ると、ユニクロは変動が大きいが、しまむらは下がり気味だが安定していると言えなくもない。その点はどうなのか。という具合に、「感覚の不足」にとどまらない分析結果の「受け止め方」が難しいのである。

経営分析には、決算書を読む能力は必須ではなく、高度な数学の知識も要らない。しかし、いざ経営分析をやってみると企業の経営内容が簡単にはつかめない。それはなぜかというと、算出した経営指標の数値を解釈する作業が難しいからである。常務に満足してもらえるような回答については後述するとして、まずは、経営指標の解釈のコツを述べることにする。

2 経営指標解釈の5つのコツ

(1) 社会的背景の考慮 ～パソコンの普及率とボールペンの売上の関係

経営分析で大事なことは、会社の経営環境を大雑把でもよいから頭に入れておくことである。会社を取り巻く社会情勢を知っていると、どのような視点から分析すればよいかについてヒントが得られることがあるからだ。

ここではまず、経営指標の解釈の下準備として売上高の見方を考えてみたい。会社の売上高という無機質な数字に興味を持てるよう、ちょっとした工夫をするのである。それが数値解釈の助けになる。

以下では、ある会社の売上高をパソコンの普及率の推移と並べることにより興味を持てるように工夫してみた。実際に相関性が高いのか本

図1-1　三菱鉛筆の売上高と国内のパソコン普及率

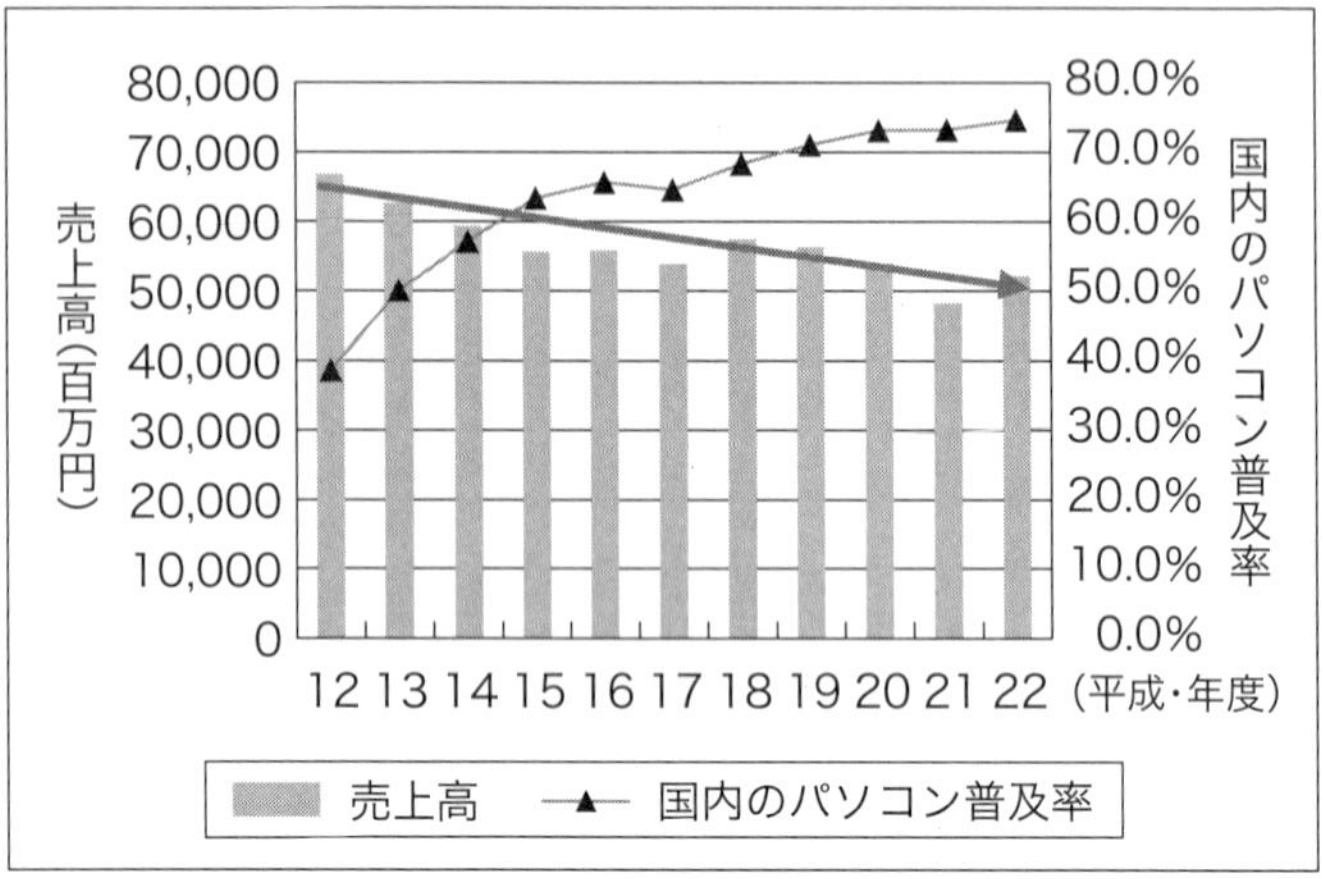

当のところはわからない。しかしそう仮定を置いて売上高の推移を見てみると、売上高を見る眼が違ってくる。

●三菱鉛筆のケース

ある会社というのは三菱鉛筆である。パソコン普及率が上がるに連れて三菱鉛筆の会社の売上高が減ってきているのだ。まずは**図1-1**をご覧いただきたい。

三菱鉛筆の売上はボールペンをはじめとする筆記用具である。近年、オフィスでも家庭でもパソコンが普及しているので、それに伴って手で書く機会が減っている。そうであるならばパソコンが普及すればするほど三菱鉛筆の売上高が減少するという仮定が成立してもおかしくない。そう仮定して作ってみたのが**図1-1**だ。

この図で売上高だけを見ていても、平成12年度に７００億円近くあった売上が10年後の平成22年度に５００億円台まで下がったことしかわからない。その理由までは、売上高の推移だけではわからないのである。

　しかし、パソコン普及率の推移を重ね合わせることによって売上高減少の背景が見えてくる。**図1-1**では、パソコンが普及すればするほど筆記具の売上が減ることが視覚的にわかる。個々の年度の増減はともかく、長期間の傾向として、パソコン普及率が上がるに連れて三菱鉛筆の売上高は減っていることが認められる。

　もちろん、パソコンの普及がボールペンの売上を減少させたと断定することはできないが、三菱鉛筆の売上高についてパソコンの普及率に照らし合わせることで分析のきっかけがつかめる。そして、これが大事なことだが、さらに決算書を分析してみようという気持ちになれる。

　たとえば**図1-1**の平成18年度を見てみると、パソコン普及率が上がっているにもかかわらず売上高が増加していることに気づく。つまり、この年度はパソコンの普及に伴って三菱鉛筆の売上高が減少するという仮定が当てはまらないわけだが、その理由を考えてみることで分析を一歩進めることができる。

　一つの可能性としては、新製品が投入されたことによる販売増が考えられる。付加価値の高い魅力的な筆記具が発売されればパソコンを使用する人であっても購入するだろうし、１人で２本も３本も欲しいと思うようなものならパソコンの普及率とは無関係に売上が伸びる。

また、別の可能性としては海外の新市場開拓による販売増も考えられる。これまで販売網のなかった国に新たに販売できるようになったのであれば、国内のパソコン普及率が上昇しようが売上高は増加する。ただし、その場合は次年度以降も同じ傾向が続いていくはずなので、グラフを見る限りここでは当てはまらないであろう。

同様な分析は平成22年度についても可能である。この年度も平成18年度と同様に、パソコン普及率が上がっているにもかかわらず売上高が増加している。パソコンが普及すると筆記用具が売れなくなるという仮定はここでも当てはまらない。

しかし、長期的なトレンドで見るとそうでもない。平成22年度の売上高は確かに前年度の売上高より増えているが、この10年間のトレンドで捉えると売上高の減少傾向は変わっていないと考えられる。ここでは、前年の平成21年度が特殊な要因で売上高が一時的に落ち込んだと捉えるほうが合理的である。それはおそらく、リーマン・ショック後の不況に伴う消費の後退を背景としたものであろう。

以上は推論にすぎないが、このようにして掘り下げていけば結構いろいろなことがわかる。パソコン普及率を売上高の推移に重ね合わせただけで、三菱鉛筆の決算数値が多少なりとも身近になったといえる。数字の背景を考える目的はその点にある。

ここで使用したパソコン普及率のデータは、内閣府のホームページから無料で入手できる。

図1-2　パイロット・コーポレーションの売上高と国内のパソコン普及率

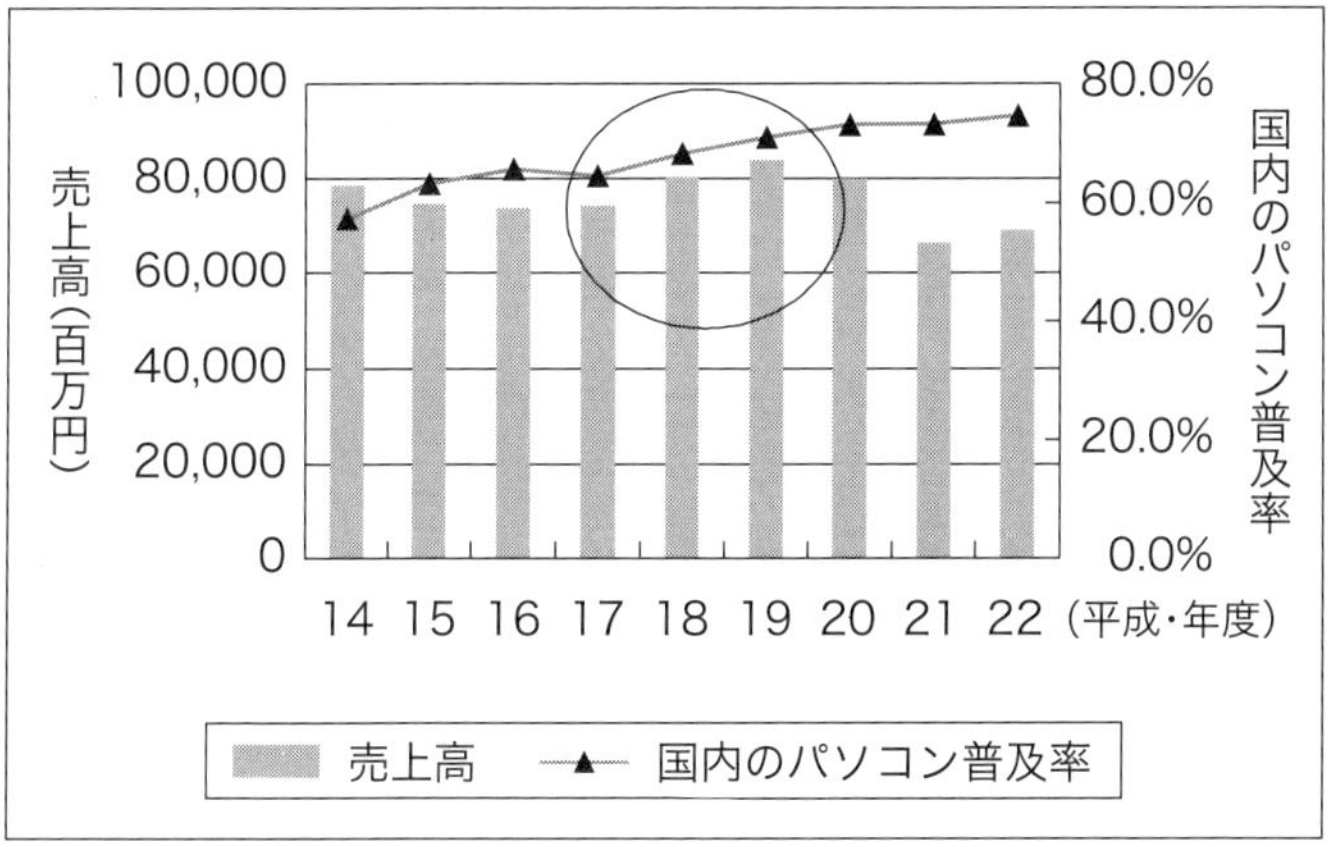

内閣府の実施している消費動向調査の結果として主要耐久消費財等の一般世帯への普及率が公表されている。パソコンだけでなく、携帯電話、食器洗い機、薄型テレビなどの普及率がわかるため、なかなか面白い統計だが、その中からパソコンの普及率をとって三菱鉛筆のホームページから得た売上高データに重ねたのが**図1－1**である。このように、企業の決算数値は統計データとの比較ができれば格段に読みやすくなる。

●パイロット・コーポレーションのケース

同じ筆記用具メーカーであれば同様の分析ができるはずなので、次に三菱鉛筆のライバルメーカーの一つと見られるパイロット・コーポレーションについて、売上高と国内のパソコン普及率の推移を**図1－2**で表してみる。パイロット・コーポレーションというと万年筆を思い浮かべる人が多いと思うが、売上高の大半は三菱鉛筆同様にボールペンである。**図1-2**のとおり、パイロット・コーポレーションの場合は売上高と国内のパソコン普及率との相関性ははっきりしない。特に平成17年度から19年度（図中の楕円で囲ったエリア）にかけて、国内のパソコン普及率が上昇しているにもかかわらず、この間、売上高は着実に伸びていたことがわかる。パソコンが普及するのに伴って筆記具が売れなくなったというシナリオはここでは当てはまらない。

しかし、このような場合であっても、なぜシナリオが当てはまらないのかを考えてみれば分析は進む。国内のパソコン普及率との相関が見られない理由を考えることによってパイロット・コーポレーションの特徴があぶりだせるかもしれないからだ。売上高が、国内のパソコン普及率とは関係なく変動しているとすると、たとえば海外での販売比率が高いのではないかという推論ができる。

その推論に従って、パイロット・コーポレーションの海外売上高比率を見てみる。これを売上高の推移と合わせたグラフが**図1-3**である。パイロット・コーポレーションの海外売上高比率は、直近で約60％ある。グラフの表示期間を通じて見てみると常に50％を超えた水準であることもわかる。三菱鉛筆の海外売上高比率が約40％であるのと比べると、少し状況が違う。これでは売上高の推移が〝国内〟のパソコン普及率と連動しないはずである。代わりに海外売

図1-3　パイロット・コーポレーションの売上高と海外売上高比率

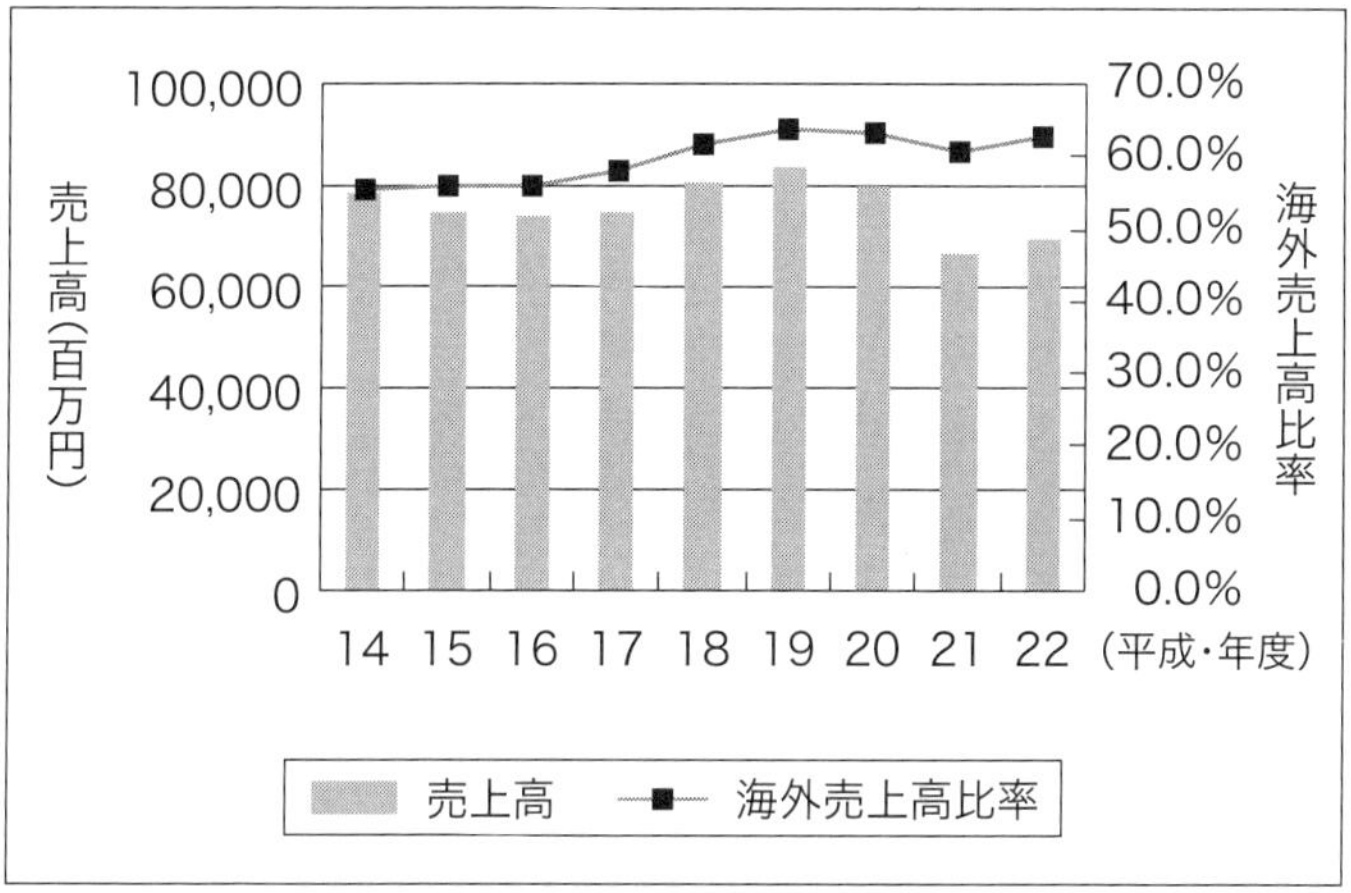

上高比率のグラフとはきれいに対応している。海外売上高比率が上がると売上高も増え、海外売上高比率が下がると売上高も減っている。

このように、パソコン普及率という統計データとの相関性が得られなくても、それをきっかけに一歩踏み込んだ分析に進めれば、別の視点から企業が見えてくる。いずれにしても、数字の背景を読むことで売上高という数値がより身近に見えてくるのである。これは経営指標を見る際も同じである。

(2) 経済統計の利用 ～住宅着工戸数とトイレの売上の関係

経営分析で陥りやすいミスは分析対象企業の決算書に集中しすぎてしまうことである。ある会社の決算書を分析する場合、その会社の決算書をじっくりと分析するのは当然のことだが、決算書にばかり集中しすぎると次第に周りが見えなくなってしまう。

　ボールペンの売上高の事例ではパソコン普及率という社会的背景に目を向けたが、そこまで視点を外さないにしても、企業の事業内容に直接関連する統計数値などに目を向けるぐらいはやってみたほうがよい。

●ＴＯＴＯのケース

　以下では、日本のトイレメーカーとして圧倒的なシェアを誇るＴＯＴＯを例に、企業を取り巻く経済情勢を踏まえることで経営分析が容易になることを考えてみたい。

　ＴＯＴＯの主力商品は言うまでもなくトイレであるが、もう少し広く言えば、バスやキッチンも含めた住宅関連の設備機器である。したがって、売上高は新設住宅着工戸数に連動すると考えられる。前述のパソコン普及率とボールペンの売上の相関関係は半信半疑なところがあったが、それに比べると、こちらの関連度合いはずっと高いと思われる。

　図1-4は、ＴＯＴＯの売上高の推移に新設住宅着工戸数の統計を重ねたグラフである。新設住宅着工戸数のデータは国土交通省のホームページから無料で入手できる。

　このグラフを見ると、ＴＯＴＯの売上高が新設住宅着工戸数の推移に対応していることがわかる。もちろん個別の年度で見ると必ずしも対応関係が認められない部分もあるが、おおまか

図1-4　TOTOの売上高と新設住宅着工戸数

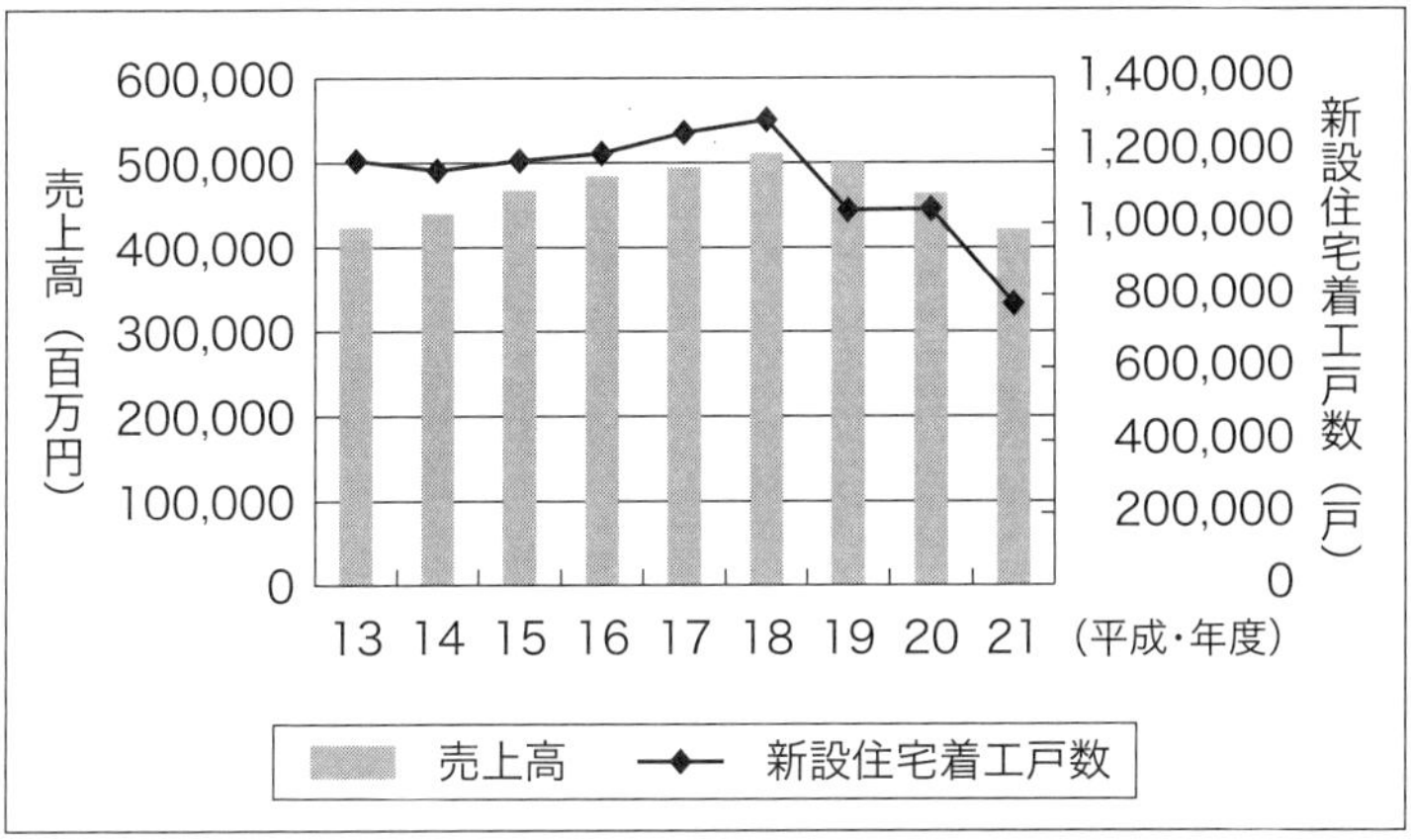

な傾向として平成18年度にピークに達し、それ以後は減少しているという流れは一致している。

説明するまでもないが、トイレというのは家を建てる時に新しいものを購入し、その後はそう簡単には買い換えたりはしない。故障やリフォームによる買い替えも当然あるが、新築需要がトイレの売上高に与える影響は大きいはずだ。このグラフから、ＴＯＴＯの売上高が平成19年度以降減少しているのは不況によって住宅建設が、減ったためだとわかる。この会社の売上高が、国内の新築需要にそれなりに依存していると考えてよいだろう。

もし**図1－4**のグラフから新設住宅着工戸数の折れ線グラフを消去してしまったらどうだろうか。単にＴＯＴＯの売上高が平成18年度に

図1-5　INAXの売上高と新設住宅着工戸数

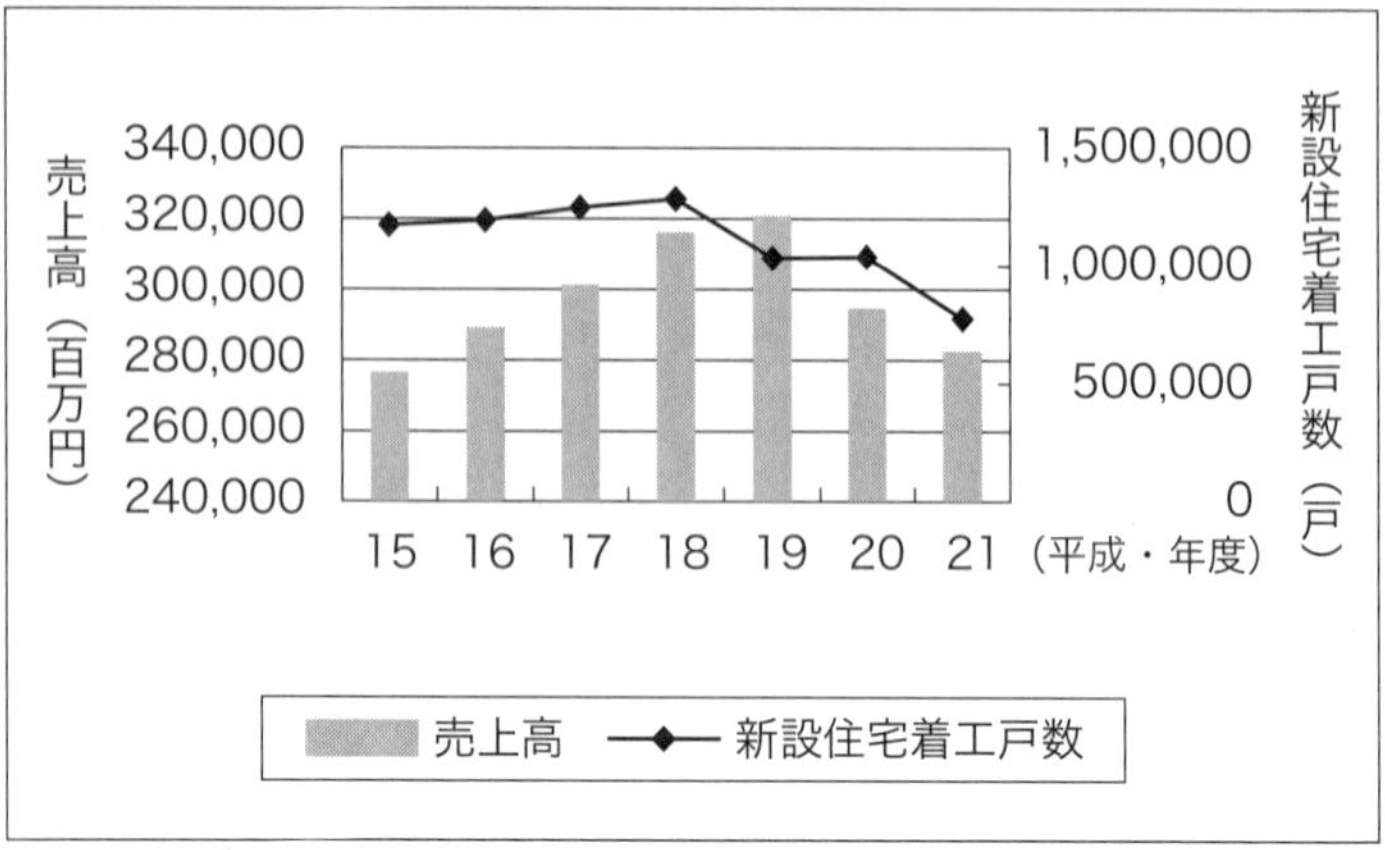

ピークに達し、それ以後は減少しているということしかわからないであろう。分析対象会社の決算数値ばかりを見ていても、その企業の実状はなかなか見えてこない。やはり、一般の統計データを分析対象企業の決算データに重ねる手法は効果的だ。

●ＩＮＡＸのケース

日本のトイレメーカーで、ＴＯＴＯに次ぐシェアを占めているのはＩＮＡＸである。シェアはＴＯＴＯが60％、ＩＮＡＸが30％と言われている。ＩＮＡＸはタイルメーカーのイメージもあるが、上海万博では「世界一きれいなトイレ」を出展して話題にもなった。そんなＩＮＡＸの売上高についてＴＯＴＯと同様のグラフを作成して分析してみる。

図1-5はＩＮＡＸの売上高の推移に新設住

図1-6　INAXとTOTOの売上高と新設住宅着工戸数

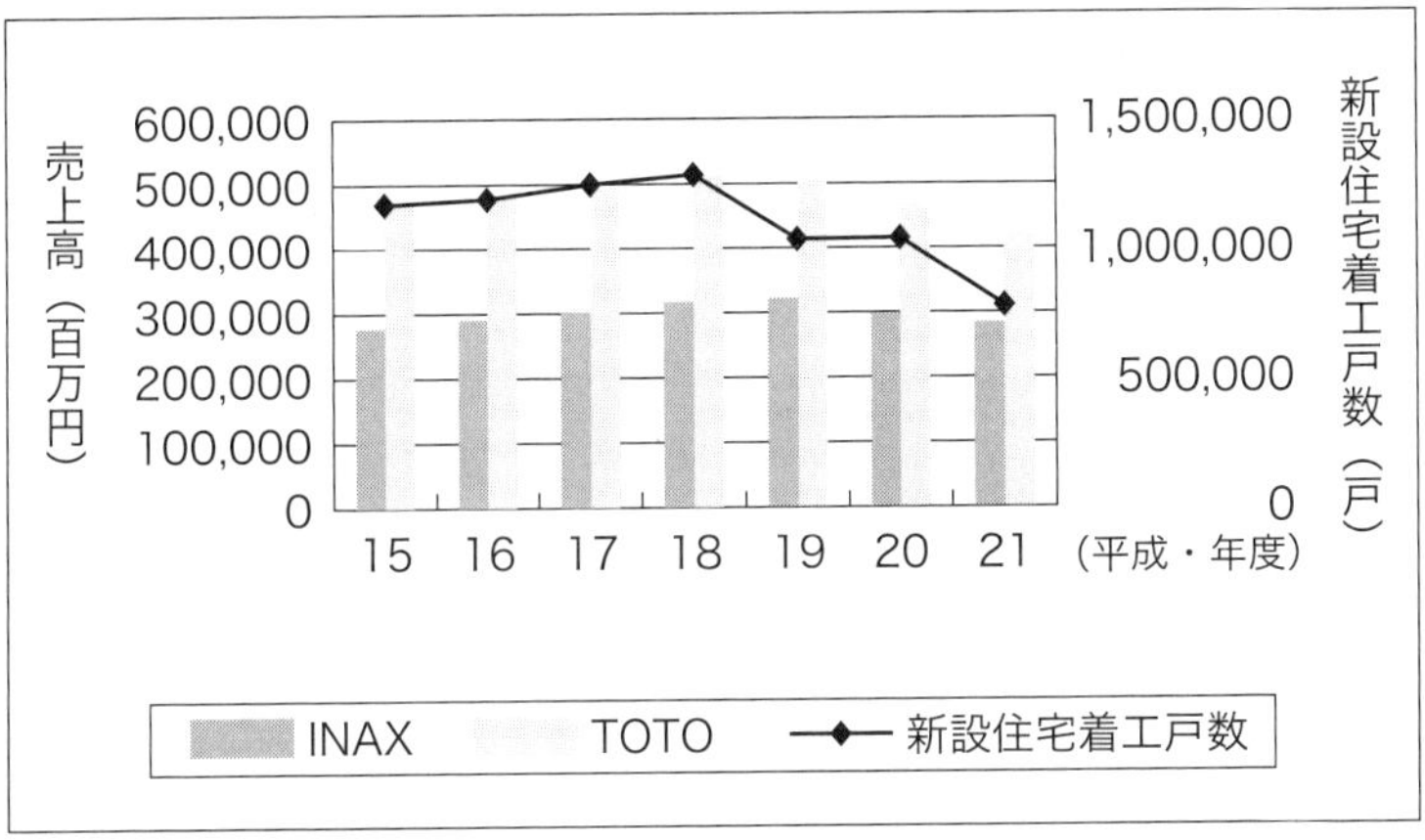

宅着工戸数の統計を重ねたグラフである。

図1-5によると、ＩＮＡＸもやはり新設住宅着工戸数の減少が売上高の減少の背景となっているようだ。ただしＩＮＡＸの場合、売上高のピークは平成19年度である。新設住宅着工戸数のピークが平成18年度あるから、１年のズレが生じている。このように、仮定に合わない結果が出た部分についてはなぜそうなったのかを考えてみる必要がある。それによって分析を一歩進められるからだ。

ズレが生じる一つの原因として考えられるのは、建築確認とトイレの納期のズレによるタイムラグである。新設住宅着工戸数の統計にカウントされてもトイレがすぐに納品されるわけではない。また、リフォームによる買換え需要や海外への輸出があれば、トイレの売上高が新設住宅着工戸数に完全には対応しなくなる。

このタイムラグについて、ＴＯＴＯとの比較をしてみても面白い。**図1-6**にその結果を示す。

図1-6で各グラフのピークがどの年度かを見てみると、新設住宅着工戸数は平成18年度、ＴＯＴＯの売上高も平成18年度だが、ＩＮＡＸは1年遅れて平成19年度である。このように一方ではズレが生じ、他方では生じなかったのはなぜか、その原因を探るという分析もできる。納品のタイミングということなら、ＩＮＡＸの場合、トイレ、浴室、キッチン関連の事業以外にタイル事業があるので、事業内容の違いからこういう結果も出るのかもしれない。

売上高だけをいくら眺めていてもなかなか考えは進まないものだが、新設住宅着工戸数の折れ線グラフを入れるとこういう推論もできるのである。企業の事業内容と密接に関係する統計データがあることがわかっている場合は、経営指標を解釈する際にも十分に活用したい。

(3) 指標と実数の対比～シャープの売上高利益率と売上高

売上高の見方について少しわかったところで、次はその売上高を使って経営指標を解釈するコツについて述べてみたい。取り上げる指標は売上高利益率である。売上高利益率の意味については改めて述べるので、ここではその使い方について考えていく。

図1-7　シャープの売上高と売上高利益率（連結ベース）

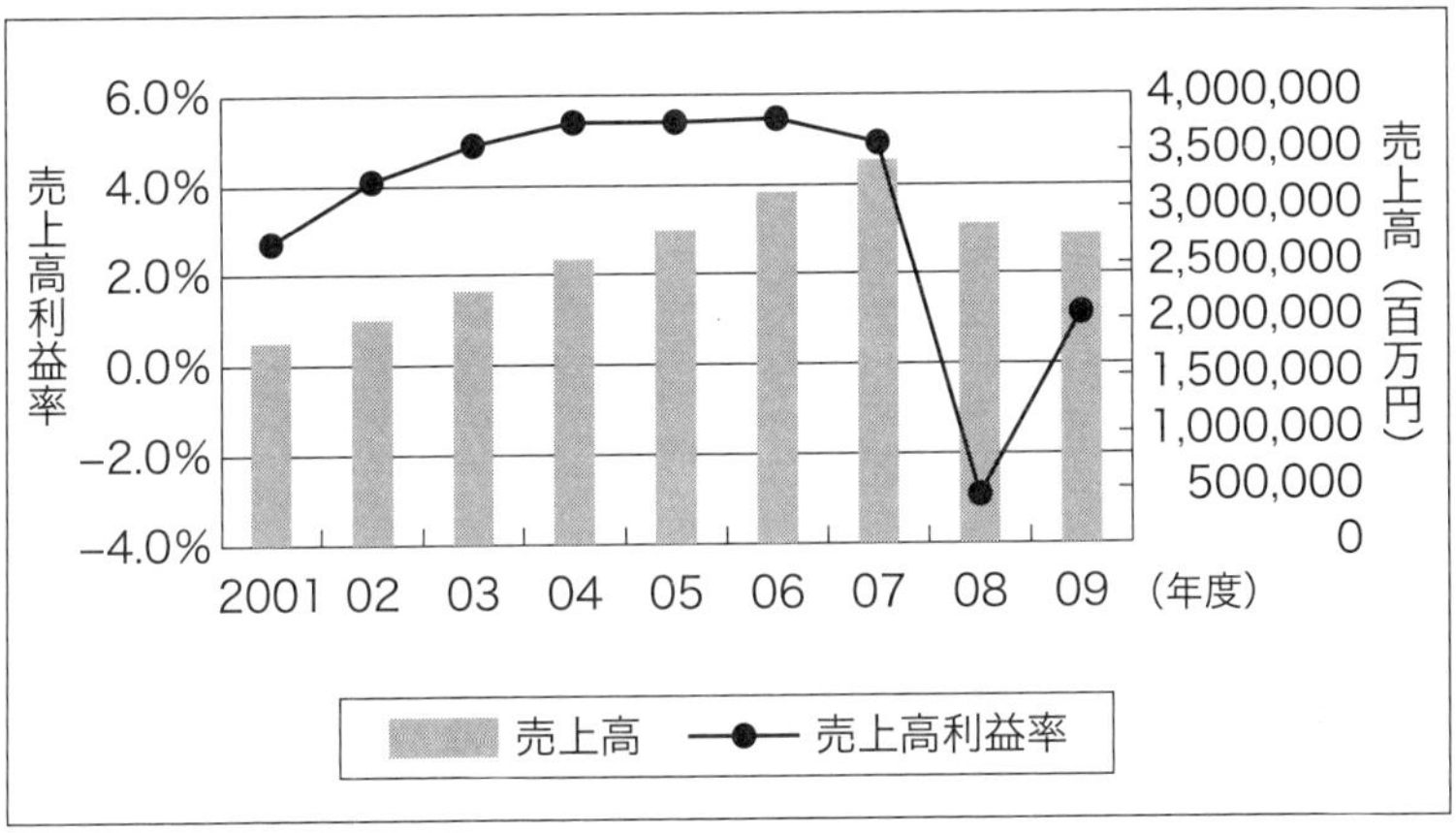

図1-7は、シャープの売上高と売上高経常利益率の推移をグラフにしたものだ。

まず、売上高経常利益率を示す折れ線グラフだけを見てほしい。すると２００８年度（２００９年3月期）に急落していることがわかる。そして、左の目盛りを見ると売上高経常利益率はマイナスになっている。これは経常利益がマイナスだということを示している。つまり経常損失である。この年度はシャープに限ったことではないが、リーマン・ショックのあった年度なので世界的に景気が悪化しこういう結果になったのである。折れ線グラフだけを見るとこの程度のことしかわからない。

しかし、同時に売上高を見ると少し違ったことにも気付く。ためしに、売上高経常利益率が急落した２００８年度（２００９年3月期）の売上高を見ると、やはり売上高も急減していることがわかる。問題はこの急減した２００８年度の売上高の水準である。そんなに低い水準なのだろうか。

　確かに前年と比べるとかなり減っている。しかし、他の年度と比べてみると、そんなに低い水準ではない。売上高を示す棒グラフを横に比べて見てみると、売上高が２００８年度と同水準だった年度が2回あることがわかる。２００５年度と２００９年度である。

　そして、この２００５年度と２００９年度について売上高経常利益率を見てみると、なんとプラスになっているのである。つまり経常黒字だ。特に２００５年度は、売上高経常利益率が5％を超えており、グラフの対象期間内では最も高い水準となっている。

　売上高が同水準なのに、２００８年度は赤字、２００５年度と２００９年度は黒字。この違いは何か。赤字になるか黒字になるかは、収益の水準そのものには関係ないということか。グラフから法則性を見出すなら、企業は売上高の〝急激な減少〟に際しては収益性を落とすということが言えるのではないか。という具合に、売上高経常利益率と売上高を対比させるだけで、結構立派な分析ができるのである。

　このように、経営指標を見る場合は単にそれだけを過去数年分グラフ化するだけではなく、売上高との対比を行うという合わせワザによってグラフが際立つことがよくある。これは経営指標を読み解くための糸口になる。

(4) 10年前比較～キャノンの地域別売上高の変化

経営分析の基本的手法は、求めた経営指標の数値を他と比較することである。その場合、比較する対象は2つある。一つは他社の同じ経営指標であり、もう一つは自社の過年度の同指標である。

このうち自社の過年度数値と比較する場合、一体いつの年度と比較するのがよいのかを考えてみたい。

「そんなことは考えるまでもない。前年と比較するに決まっているじゃないか」

そう思った人が多いと思うが、実はそうしないところに分析のコツがある。

企業分析の一つとして決算書の比較ということはよく行われているが、ほぼ例外なく、当期の決算書は前年の決算書と比較される。企業の開示書類でもその点は明らかで、有価証券報告書や決算短信にその典型を見ることができる。そこでは当期の数字が前期の数字と並べて開示されている。前年と比較する形式で開示される理由は、この1年で決算書のどの部分にどういう変化が生じ、その変化はどういった要因によるのかを説明するためである。

これは、企業の社内的な決算分析資料などでもよく見かける。決算数値の前期比較をして決算の分析をする資料だ。こういった資料は企業の取締役会に提出されて説明資料とされることが多いので、そのような場でも前期比較は定着しているのだろう。
さらには会計監査でも前期比較は重視されている。すべての勘定科目について前期比較がなされ、著増減があれば監査担当者は必ずコメントを残すことになっている。中にはたまたま増えたり減ったりしただけのものや、一言では説明できないようなものもあるので、コメントを書くのも結構大変なのだが、前期比較という手法は監査の世界ではそれなりに効果を発揮しているのも確かだ。

しかしここでは、当期の経営指標を10年前のそれと比較することを推奨したい。ある企業の経営分析をする場合、たいていの場合はその企業のことをたいして知らないからである。たいして知らない会社を初めて分析する場合は前期比較だけというわけにはいかないだろう。前年までの経緯を知っている上で、当期の決算書を見るわけではないからだ。少し遡って、10年くらい前の数字を見ておきたいのである。

そうすると過去10年分の数字をすべて見なければいけないような話になるが、そうでもない。もちろんそうするに越したことはないが、当期の数値を10年前の数値と比較するだけでも企業の経営内容が、よりよく見えてくるのである。

なぜなら、企業の経営活動の根本的な変化、たとえば事業内容や組織体制、新製品の開発や海外進出、こういったものが変わるには5年、10年といった長期間を要するからだ。こういっ

	2000	2009
国内	28.90%	21.89%
米州	33.00%	27.86%
欧州	28.11%	31.01%
その他	9.99%	19.24%

	2008	2009
国内	21.21%	21.89%
米州	28.20%	27.86%
欧州	32.76%	31.01%
その他	17.83%	19.24%

キャノンの地域別売上高比率（2000年度と2009年度）

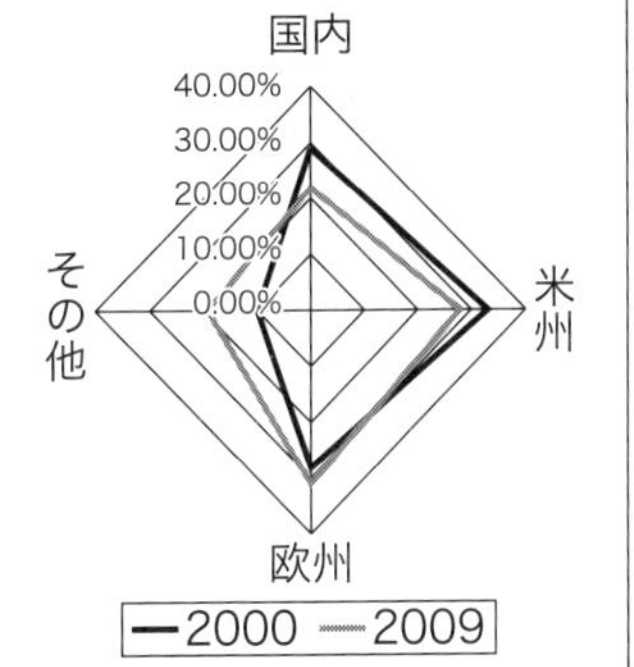

キャノンの地域別売上高比率（2008年度と2009年度）

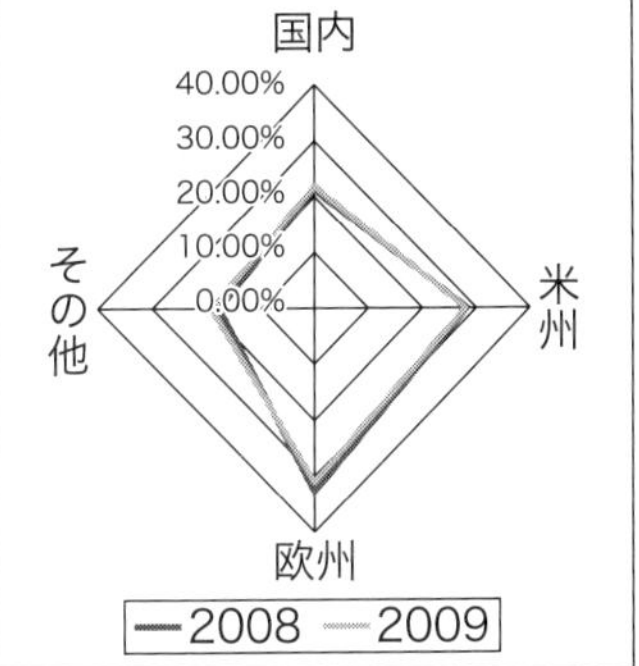

た変化は、直近1年間を分析する前年比較ではとても見えてこない。経営の大きな流れを捉えるには、10年前の決算書を引っ張り出してきて現在と比較するのが有効なのである。

上の表とグラフは、キャノンの地域別売上高比率の年度別比較を２通り並べてみたものだ。

キャノンのホームページでは投資家向け情報として過去10年分の財務情報をＥｘｃｅｌ形式のヒストリカルデータとして提供しており、それを加工して作成したのが上の図表である。左側が２０００年度と２００９年度を並べたもの、右側が２００８年度と２００９年度を並べたものだ。

これを見るとわかるが、２００８年度と２００９年度を比較した右側の表からはどちらの年度の地域別売上高の比率も大差がなく、地域別売上高の変化の傾向は全く見えない。

しかし、２０００年度と２００９年度を比較した左側の表からは２つの年度の違いが一目でわかる。「国内」と「米州」の比率が下がり「欧州」と「その他」の比率が上がっているのだ。「その他」というのは主に中国をはじめとするアジア地域と思われるが、キャノンがこの10年間でアジア市場にどの程度重心をシフトさせたのかということが少し見えてくる。

　このように期間をあけて財務数値を比較すると、企業活動の長期的な流れを捉えることができる。そしてその長期的な流れの中に企業の本質的な変化が顔を出すのである。経営指標の比較をする場合も同様である。

(5) 仮定に基づく推理～インド進出が決算書にもたらす影響

　２０００年代に入ってからの10年間で、多くの日本のメーカーが生産拠点を中国に持つようになった。安い人件費と広大なマーケットを狙っての進出である。しかし最近は、次なるターゲットとしてインドでの生産というのが注目されてきている。在インド日本国大使館の公表資料によると、インド進出日系企業は２０１０年10月現在７２５社。この１年間で約１００社増えている。

　インド進出している日系企業というのは中国進出している企業に比べれば多くはないが、実は以前からあることはある。有名なところでは自動車メーカーのスズキである。

●日精エー・エス・ビー機械のケース

これから紹介するインド進出企業は、知名度こそ低いが、毎日の生活の中でほとんどの人が使用する大変身近な製品の製造にかかわる事業を担っている。それはペットボトルである。水やお茶、ジュースなどの飲料用をはじめとするペットボトルであるが、その成形機のメーカーとして世界的なシェアを誇る会社が日本にあることはあまり知られていない。その会社は日精エー・エス・ビー機械である。

日精エー・エス・ビー機械がインドのムンバイに生産拠点を設立したのは、１９９０年代後半のことである。当時は、インドに進出する企業というのは非常に珍しかった。インドという国自体が、日本人にとって極めて非日常の世界だったのである。１９８０年代以降、日本人の海外旅行が一般化し、筆者の周りにもあそこへ行った、ここへ行ったという人が増えたが、それでもインドへ行ったことがあるという人はいなかった。当時筆者が勤めていた監査法人でも、世界各国に日本人駐在員を派遣していたが、ムンバイには日本人駐在員は１人もいなかった。実際、筆者は当時の所属先である監査法人の業務として日精エー・エス・ビー機械のムンバイの工場を２０００年に訪れたことがあるが、滞在中に関係者以外の日本人を見かけたことはほとんどなかった。そんな時代である。

２０１０年現在、このムンバイの工場は日精エー・エス・ビー機械のグループにとっては日本の本社工場と並ぶ重要な生産拠点となっている。当時は冒険と見られても仕方がないようなインドでの生産拠点設立が、今では同社の国際的な事業展開には欠くことのできない存在となっているようだ。では、そのあたりの変遷が企業の財務数値にどのように反映してくるのか考えてみたい。これは、結果を知っていて、それが決算書にどう表れているかを探るわけだから、経営分析の逆のアプローチである。しかしそういう手法が経営分析で役に立つ場面もあるので、ここで練習しておくことにする。

企業が海外進出したことによって財務数値に起きる変化は何か。いろいろあるとは思うが、最も典型的なのは進出した場所で売上が発生することである。

一般に、日本企業がインドへ進出すると、それまでは日本からの輸出という形だったインドでの売上が、進出後はインドの現地法人による製造・販売という形に変化するはずである。図で示すと次頁のようになる。決算書上では、日本の親会社の売上高が減るがインドの子会社で売上高が新たに発生するという変化が表れる。

これとは別のケースも考えられる。インドで作った製品を、アメリカの顧客に輸出するケースだ。インド進出前は日本で製造したものをアメリカに輸出するという形だったものが、インド進出後は製造をインド工場に委託し、インドから日本に輸入したものをアメリカに輸出する

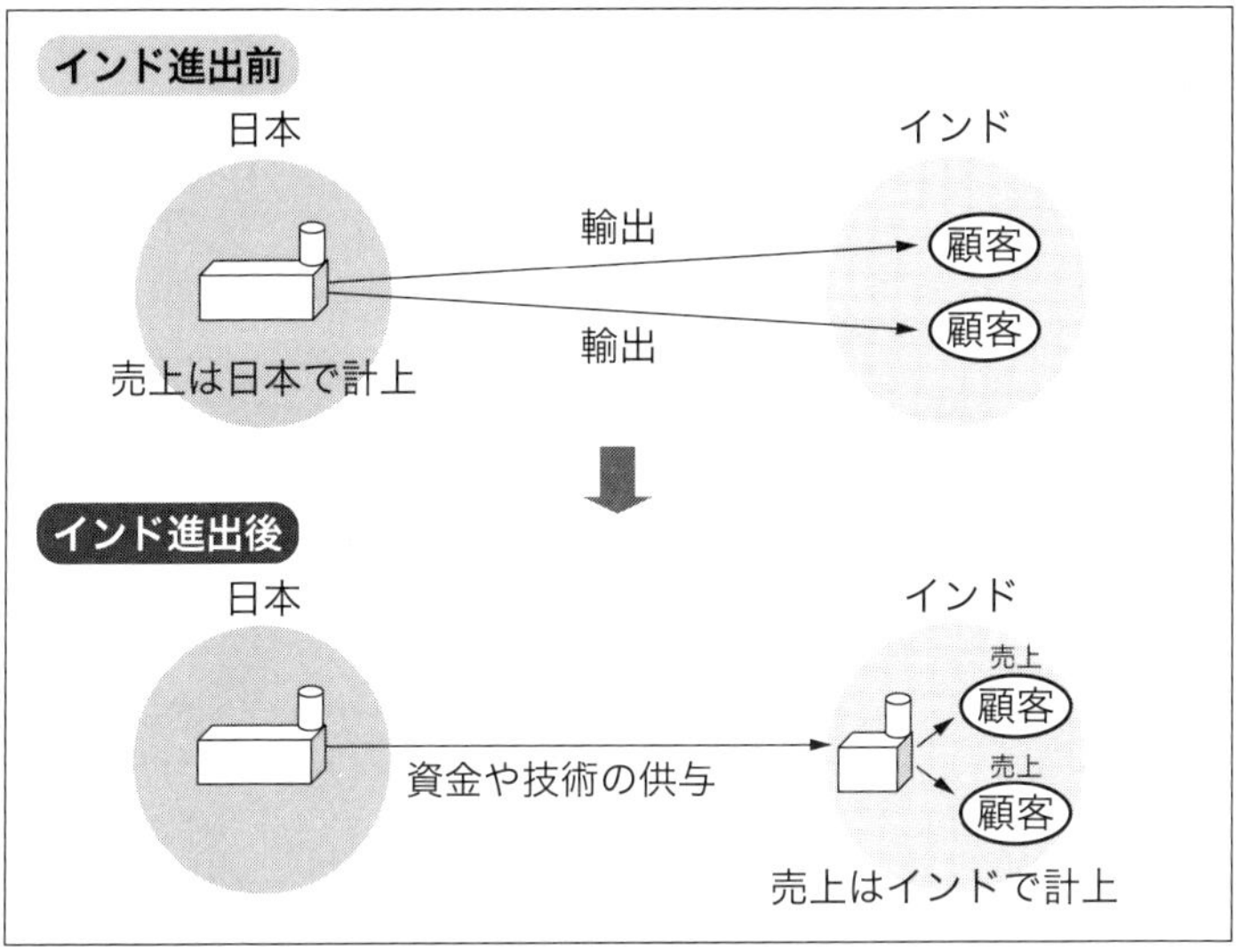
インド進出前
日本
インド
輸出
顧客
輸出
顧客
売上は日本で計上
インド進出後
日本
インド
売上
顧客
資金や技術の供与
売上
顧客
売上はインドで計上

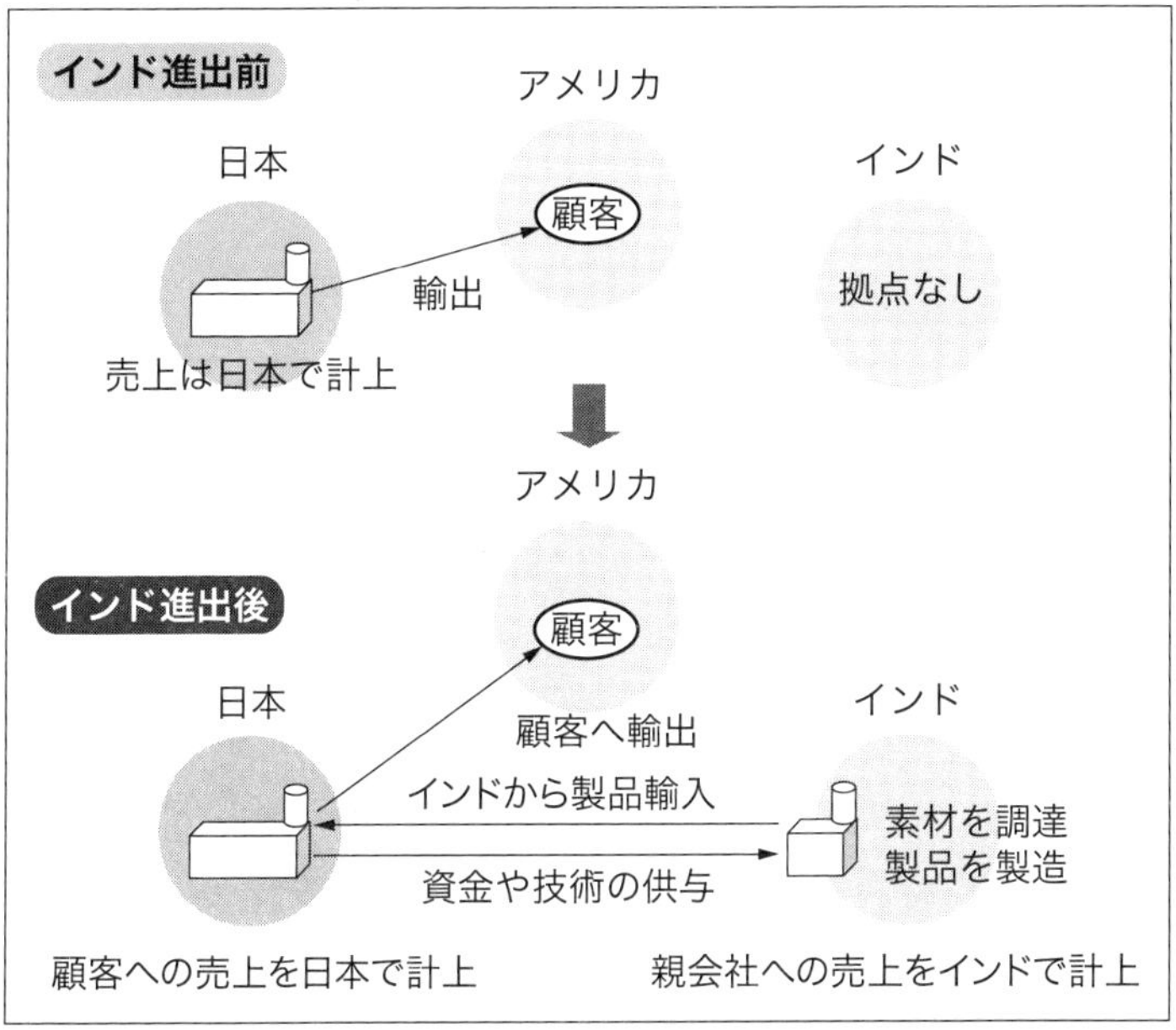
インド進出前
アメリカ
日本
インド
顧客
輸出
拠点なし
売上は日本で計上
アメリカ
インド進出後
顧客
日本
顧客へ輸出
インド
インドから製品輸入
素材を調達
製品を製造
資金や技術の供与
顧客への売上を日本で計上
親会社への売上をインドで計上

という流れに変わる。

この場合、売上高はインドでも日本でも計上されることになる。親会社で売上が計上される点は進出の前後で変わりはないが、インドで新たに売上が発生するのである。個別財務諸表レベルでは、そういう変化になる。

いずれのケースも連結ベースでは両社の合算で考え、かつ親子間の売上は消去されるので、大きな変化は起きない。しかし、決算書ではセグメント情報という財務情報が開示されることになっている。これはたとえば企業グループの連結決算数値を事業内容別に分割したり、あるいは地域別に分割したりして開示する情報である。そうすると拠点別の売上ではインド進出の状況が反映されそうだ。

このような仮定に基づいて日精エー・エス・ビー機械について作成したグラフが**図1-8**である。このグラフは１９９８年から２０１０年までの期間について、各所在地別売上高の全体に占める割合がどのように推移してきたかを示している。

このグラフは日精エー・エス・ビー機械の世界各国の拠点における売上高を４つの地域に分類し、その構成比の推移を示したものである。データの出所は有価証券報告書に記載されているセグメント情報で、そこに載っている所在地別の売上高から構成比を割り出している。ここではインドの売上高は「アジア」に含まれている。

図1-8　日精エー・エス・ビー機械の所在地別売上高構成比率の推移

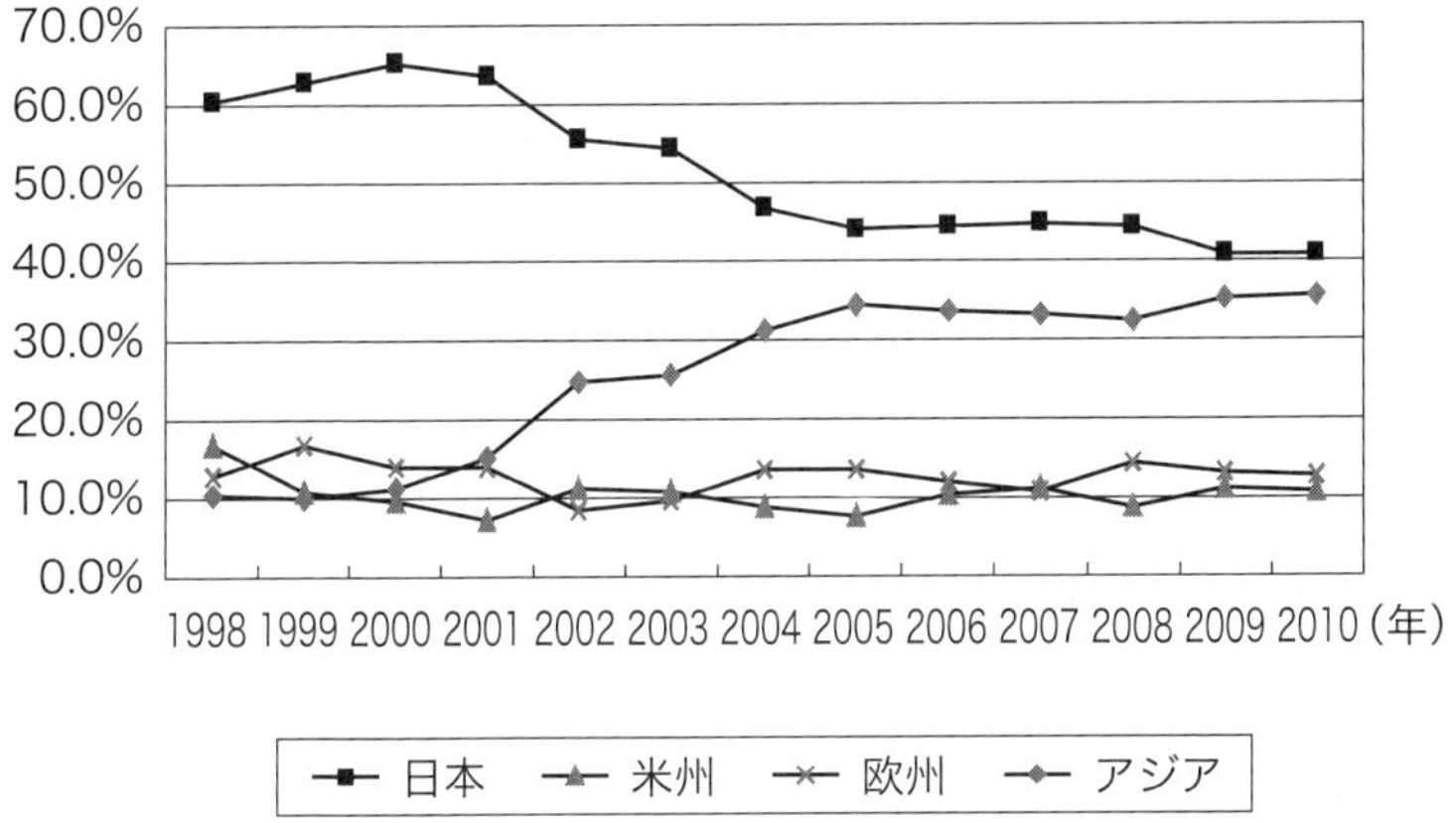

先に述べたように日精エー・エス・ビー機械がインドに生産子会社を設立したのは１９９０年代後半である。グラフを見ると、インドを含む「アジア」地域が２０００年を過ぎる頃から比率を上げ始めていることがわかる。その上昇は２００５年まで続き、以後は横ばいになる。以前はグループ全体の10％に過ぎなかったものが、３倍超の構成比率に成長したことがグラフからわかる。

　これと対照的な動きを示しているのは「日本」である。２０００年を過ぎる頃からその比率が下がりだし、２００５年にようやく下げ止まる。その時点でも「日本」は４地域の中でトップを維持しているが、かつてグループ全体の60％を占めていたものが40％まで構成比が落ちている。

インド進出が決算情報に与えた変化は明瞭である。つまり、この会社はそれまで日本のみに生産拠点をおいていたが、約10年かけてインドに生産拠点を構築し、現在は日本とインドの２本柱でグループ経営を支え、国際展開を図っているということだ。そのことが決算数値から読めるのである。これほどまでに大きな変化が起きていることは、実際に数値で分析してみて始めて実感できるのかもしれない。これは、企業活動について定性的な情報をあらかじめ持っている場合に、それを使って定量的な変化を確認することによりその意味を実感するという一つの例である。

しかもこのグラフの良いところは、インドへの進出というのが大変な苦労の末に達成されたものだということまでわかる点である。グラフを見てみると、「アジア」が上昇するのは２００１年あたりである。しかし有価証券報告書で企業の沿革を見るとわかるが、インドに生産法人を設立したのは１９９７年なので、インド進出の効果が多少なりとも見え始めるまで４～５年もかかったことが読める。

その後、さらに「アジア」は比率を上げ、現在の水準に到達するのが２００５年だ。インドの生産法人で主力製品の商品化に成功したのが２００１年なので、グラフで見る限り、そこからさらに４～５年の歳月をかけてようやく軌道に乗ったということになる。

以上のように、売上高の地域別構成比を分析するだけでかなりのことがわかる。会社の状況を知って、そこから決算書の動きを仮定した上で分析してみるというアプローチは経営分析の手法として役に立つのである。

＊　＊

実際のところ、経営分析というのは限られた情報から企業の経営内容を探ることが求められる。ある程度、仮定を置いて分析を進めることが避けられないといえる。どの経営指標を使って分析をするかという指標の選択に際しても、この指標にはこういう変化が表れるのでは、と予想して選ぶことになるのである。したがって、仮定を置いて予想をつける能力は経営分析において結構重要なのである。

第2章

経営指標のモノサシ

1 経営指標にモノサシはあるのか

(1) 人間ドックに見るモノサシの効用

「経営分析は簡単だが難しい」。これが**第1章**の要点であった。経営指標の算定は簡単だが、その解釈が難しいということである。前章の後半では経営指標解釈の5つのコツを提示したが、本章ではまず、この5つのコツが補助的なツールに過ぎないことを確認するところから始めたい。

もう一度5つのコツを整理しておく。以下のとおりである。

① 社会的背景の考慮
② 経済統計の利用
③ 指標と実数の対比
④ 10年前比較
⑤ 仮定に基づく推理

この5つのコツが経営分析をする上でそれなりに役立つことは前章で確認したが、それらがあらゆるケースに適用できるかというと少々疑問がある。

●「社会的背景の考慮」の欠点

第1のコツである「社会的背景の考慮」には決算数値との因果関係が弱いという欠点がある。三菱鉛筆とパイロット・コーポレーションの事例ではパソコン普及率とボールペンの売上の関係を取り上げた。そこには、一方が増えると他方が減るという相関関係があることを示した。しかし、この関係の真偽は明らかではない。これはたとえば「テレビの視聴時間と学校の成績」のようなもので、興味は引くものの信頼性の高い結論は得難いテーマといえる。数字に対する親しみがわくことはあっても経営分析で使える場面は限られそうだ。

●「経済統計の利用」の欠点

第2のコツである「経済統計の利用」の欠点は、すべての企業への一般化が困難な点である。ＴＯＴＯとＩＮＡＸの事例ではトイレの売上高と新設住宅着工戸数の比較を行ったが、この方法は新設住宅着工戸数の統計と相関性の高い事業を営む企業以外には使えない。もちろん、各企業について相関性の高い統計をそれぞれ探してくれればよいが、すべての企業にそうした統計が存在するかどうかはわからない。また、複数の異なる事業を手がけている企業の場合は、特定の統計だけでは説明不能になるのでこの手法は使えない。

売上高と売上高利益率の組合せ

		売上高利益率	
		上昇	下降
売上高	増加	増加・上昇	増加・下降
	減少	減少・上昇	減少・下降

●「指標と実数の対比」の欠点

第3のコツである「指標と実数の対比」の欠点は、分析の成果の不確実性である。シャープの事例では売上高利益率と売上高の対比を行った。この手法には因果関係も認められるし、どんな企業にも適用できるという利点がある。しかし、必ずしも成果が得られるわけではないという欠点がある。

事例で使った売上高と売上高利益率は、その変動方向により合計4通りの組合せがある。4通りというのは、売上高の「増加」と「減少」と売上高利益率の「上昇」と「下降」の組合せで、2×2＝4通りということだ。この4通りすべてが同じように分析できるかというと、そうではないのである。

このうち分析の対象として面白いのは、「売上高の増加・売上高利益率の下降」の組合せと「売上高の減少・売上高利益率の上昇」の組合せの2ケースだ。この2つは売上高と売上高利益率が逆方向に動く組合せだからである。逆方向に動くのは直感的に考えて何かおかしい。多くの場合、何かおかしいと思うところを調べていくと、その会社の経営の特質や実態に迫ることができるのである。

一方で「増加・上昇」と「減少・下降」については直感的にそうおかしくないので、たいした分析にもならずに終わる可能性がある。「増加・上昇」は規模の利益で説明がつきそうだ。たとえば、事業規模が拡大して売上が増加したことにより工場がフル稼働状態に至ったとする。その場合、減価償却費についてはフル稼働であるか否かにかかわらず以前と同水準の金額が規則的に計上されるだけなので、費用の方はあまり増加しない。その結果、売上高利益率がアップするという理屈である。「減少・下降」はこの逆の理屈で説明できる。

要するに指標と実数の対比を行っても4ケースのうち2ケースはつまらない結果に終わるのである。確実な成果はあまり期待できない。加えて、この分析手法は企業の内部数値だけで完結するため、企業外部の経営環境が何も考慮されないという欠点もある。これらの点を考えると、メインの分析手法に持ってくるわけにはいかないということになる。

●「10年前比較」の欠点

第4のコツである「10年前比較」の欠点は、データの入手が困難なケースがあることだ。上場会社の開示制度で開示が義務付けられているのは5年前の決算書までだ。10年前のデータについては、企業が自主的に開示していれば入手できるにすぎない。データがなければお手上げである。

仮にデータが入手できたとしても、第3のコツと同じ欠点がここでも認められる。分析の効果に確実性がないことと内部数値だけで完結してしまうことだ。

これは企業の成熟度を考えてみるとわかる。成長期にある企業ともはや成長の見込めない企業では「10年前比較」の結果はだいぶ違ってくる。人間の身長もそうだが、20歳の人が自分の10年前の身長と比較する場合は大きな成長を確認できるが、40歳の人が自分の10年前の身長と比較しても面白くもなんともない。経営分析でも「10年前比較」が面白い結果を出す場合とそうでない場合が別れるはずである。つまり、必ずしもすべての企業に効果的な方法ではないのである。

キャノンの事例では地域別売上高の構成比の変化を「10年前比較」し、多少は興味のもてる結果が得られた。しかし、そうであるにしても、企業の内部数値のみによる分析であるという弱点は逃れられない。これらの点から考えて、メインの分析としては弱いと言える。

●「仮定に基づく推理」の欠点

第5のコツである「仮定に基づく推理」の欠点は、分析の初期段階に使えないことである。

5つのコツとその欠点

①	社会的背景の考慮	➡	決算数値との因果関係が弱い
②	経済統計の利用	➡	すべての企業への一般化が難しい
③	指標と実数の対比	➡	成果が不確実
④	10年前比較	➡	データが入手困難なケースがある
⑤	仮定に基づく推理	➡	分析の初期段階からは使えない

この手法は経営分析をある程度進めた段階で、次にどの指標を使って分析するかを考える際に役立つことが多い。したがって、補助的な手法として位置づけられる。会社の特徴がどの経営指標に出やすいかを予想することは経営分析では非常に大事ではあるが、はじめから仮定を置いて推理するのはやはり大変である。

＊　＊

5つのコツの限界がわかったところで、これを乗り越える別の手法がないか考えてみたい。そのためには本章の冒頭に戻ってみればよい。「経営分析は簡単だが難しい」という一文である。経営指標の計算は簡単だがその結果をどう解釈するかが難しいという意味だった。要するに、「測定は簡単だが評価が難しい」ということだ。

そこで、経営分析とは別のもので「測定は簡単だが評価が難しい」場面を探し、そこでどのように数字が取り扱われているかを見てみることにする。典型的な事例が人間ドックである。経営分析は健康診断や人間ドックにたとえられることが多いが、実際のところ、人間ドックの結果通知を見ると経営分析結果の一覧表に見えなくもない。ＢＭＩ、ＧＯＴ、ＧＰＴといったアルファベット３文字の検査項目がいくつも載っている検査結果を見ると、それらが経営分析の指標のように見えてきたりはしないだろうか。

人間ドックを受けたことがある人はわかると思うが、こうした検査項目の「測定」は身体測定、採血、検尿、レントゲン等により行われる。ほとんどが機械的な作業だ。つまり、「測定」は簡単なのである。しかし測定結果の「評価」は簡単ではない。ＧＯＴがいくつと言われても、その数値だけでは正常かどうかわからない人がほとんどだ。

それゆえ、異常値を示す項目がある場合は診断結果にその旨が表示されている。しかしそれだけではない。筆者が受診している人間ドックの検査結果には、気の利いたことに各検査項目の基準値も示されている。基準値というのは、この範囲に入っていれば一応問題ないという数値のことだ。実はこれがポイントである。

基準値が診断結果に掲載されていると、人間ドックの結果はわかりやすくなる。自分が異常値であった場合は、正常な値と比べてどの程度の異常なのかは誰しも知りたいところだ。それを見て再検査に行くかどうかを自己判断する人もいる。正常値だった場合も同じである。正常とはいえ上限に近いのか下限に近いのか、あるいは全く問題ないのかは一応知っておきたい。基準値の値を提示してもらうと、そのことがすぐにわかる。自分の検査結果数値を基準値というモノサシによっておおまかに評価することができるからである。

この基準値は、統計的処理によって決定される。基本的に「平均値±2標準偏差」の値が基準値にされている。健康な人のデータを集めてその95％の人が収まる範囲を基準値としているという意味である。正確さを欠く表現になるが、「健康人の平均値」と言ってよいだろう。経営分析でも多くの企業の平均値をモノサシとすれば、指標の算定結果は同じようにわかりやすくなると考えられる。

(2) 経営指標のモノサシは「平均値のトレンド」

●平均値とバラツキの関係

平均値をモノサシに採用することは、他の分野でもよくあることだ。気象における平年値もその一つである。平年値というのは平均的な気候状態を表すときの用語で、気象庁では過去30年間の平均値としている。平年値は10年ごとに更新され、２０１１年における平年値は１９８１年～２０１０年の平均値である。この平年値をモノサシにして、「今年の夏は平年に

平均はどちらも50！

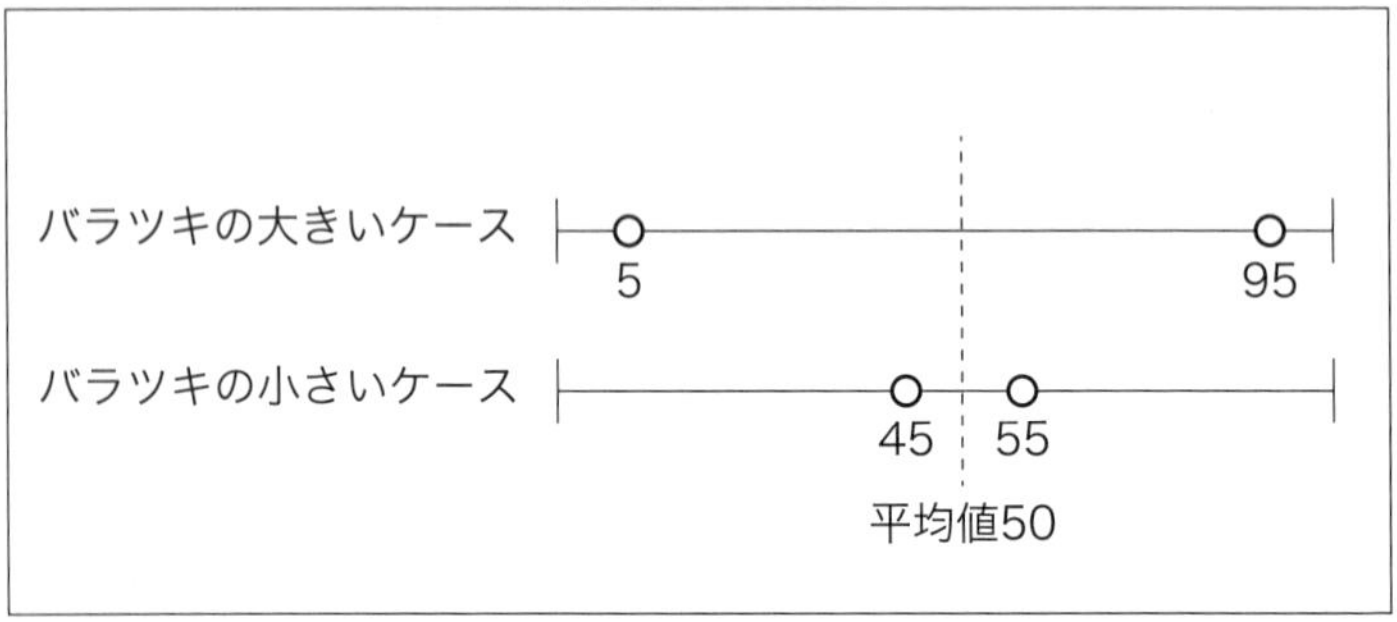

比べて暑い」といった表現をしている。

　平均値をモノサシに採用して判断する方法は便利だが、気をつけなければならない点もある。それは平均を求める対象データのバラツキ度合いだ。平均値が同じであっても、データのバラツキ度合いは様々な範囲をとりうる。

　上の図の「バラツキの大きいケース」では、平均は50だが、各データは5と95である。一方、「バラツキの小さいケース」は、平均は50で同じだが、データは45と55であり、散らばり具合が狭い。平均値の近辺にデータが集まっている集団では、平均値は「最も出現しやすい値」もしくは「正常値」と捉えてもよさそうだが、データが平均値から離れたところにある集団では平均値が何を示すのか見えてこない。

　気象データの場合も、バラツキ方は様々である。たとえば、台風の年間発生数の平年値は25・6個（1981年～2010年の30年平均）だが、実際に26個前後だった年が最も多いかというとそんなことはない。過去のデータを見ると、20個台前半だった年と30個前後だった年が多く見られる。

一方、平均気温の場合はデータのバラツキは比較的小さいと考えられる。冷夏といっても冬のように寒くなるわけではないことからもわかるように、比較的狭い範囲で変動している。

たとえば、2010年夏（6月～8月）は記録的な猛暑となったが、この時の日本の平均気温の平年値との差は＋1・64℃であった。わずか＋1・64℃と思うかもしれないが、これは夏の気温としては統計を開始した1898年以降で第1位である。筆者もこの時期、昼休みに都内をよく歩いていたが、5分以上外を歩くと熱病にかかったような気分になるほどだった。それでも平均気温の平年差はたった＋1・64℃だったのだ。このように狭い範囲で変動するデータを扱う場合は平均値をモノサシにしても意味がある。

では、企業業績はどうかというと、こちらもバラツキの程度は対象とするデータにより様々であるが、やはり平均気温に比べるとブレが大きい。たとえば、2010年の夏はあまりの暑さに赤城乳業の氷菓「ガリガリ君」が品薄になるほど売れたそうだが、報道によると、2010年7月の「ガリガリ君」の売上は前年同月比65%増だったという。非常に大きい振れ幅である。同じ企業の業績でもこれだけ年度格差がある。これに加えて企業間格差もある。こういうデータを含む集団で平均値を求めても、それが何を意味するかは簡単には見えてこない。

しかし、それでも平均値は経営分析において大きな意味を持つ数値なのである。平均値の一番のメリットは個別企業の勝手な要因によるブレが中和される点だ。サイコロを振ったときに１の目が出る確率は理論的には６分の１だが、実際にやってみると初めのうちは確率にブレが生じる。６回振っても１の目が２回出たり、１回も出なかったりするのである。しかし、６００回も試行すればほぼ６分の１の確率で１の目が出る。サイコロの勝手な振舞いが平滑化されて理論値に近づくのである。平均値をモノサシとして採用したい理由はここにある。

●「縦の平均値」と「横の平均値」の違い

平均値についてもう一つ整理しておきたいことがある。「縦の平均値」と「横の平均値」の違いである。

「縦の平均値」というのは、特定の会社について一定期間の決算数値を平均したものである。たとえば、２０００年から２０１１年までのＢ社の経常利益の「縦の平均値」と言ったら、その期間のＢ社の経常利益を平均すれば求められる。

「横の平均値」というのは、特定の年度について一定の集団の決算数値を平均したものである。たとえば２０１０年の経常利益の「横の平均値」と言ったら、２０１０年についてＡ社からＺ社の経常利益を平均したものである。この２つの平均値のうち経営分析で大事なのは「横の平

「縦の平均値」と「横の平均値」

	A社	B社	C社	……	Z社
2011年	***	***	***		***
2010年	***	***	***		***
2009年	***	***	***		***
⋮					
2000年	***	***	***		***

横の平均値（2010年の行）

縦の平均値（B社の列）

均値」である。それは企業にとって経営環境を意味しているからである。世の中の多くの企業の業績が全体としてどういう状況にあるのか、つまり全企業の平均的な業績というものは、個々の企業の業績に大きな影響を与える経営環境なのである。

そう考えると、世の中の企業の平均的業績、すなわち「横の平均値」は個々の企業の業績と密接に関連した平均値ということになるので、経営環境の趨勢を判断するための目安であり、モノサシの候補である。

ただし問題もある。企業の経営指標には企業間の格差や業種間の格差があるので、「横の平均値」は必ずしも正常値というわけではないし、最頻値かどうかもわからない。そうするとある企業の指標をその指標の「横の平均値」と単純

トレンド比較はこうやる

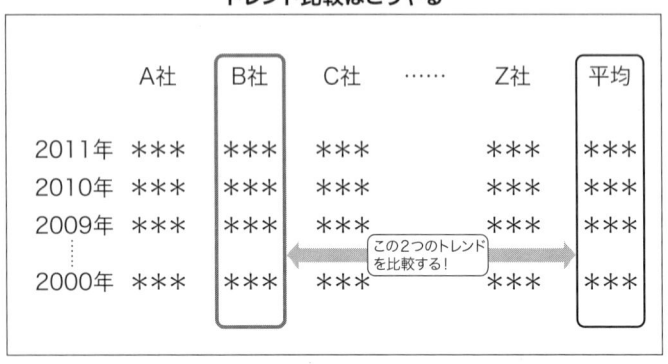

	A社	B社	C社	……	Z社	平均
2011年	***	***	***		***	***
2010年	***	***	***		***	***
2009年	***	***	***		***	***
⋮						
2000年	***	***	***		***	***

この2つのトレンドを比較する！（B社 ⟷ 平均）

に比べても解釈に困るはずだ。

●トレンド比較

そこで、この点を克服するためにトレンド比較という方法が必要になってくる。たとえば、B社の経営指標を算定したとする。この数値が経営環境に比して高いのか低いのかを把握するために「横の平均値」と比べるとする。このとき、特定の年度についてだけ比較したのでは、上に述べたように解釈に困る可能性がある。しかし、一定期間のすべての数値について比較をするとB社の経営状況がよく見えてくるのである。

まず、B社についてたとえば2000年～2011年の各年度の指標を求める。次に「横の平均値」についても同様に2000年～2011年の各年度の値を求める。そしてB社のトレンドと「横の平均値」のトレンドを比べるのである。トレンドという点がポイントだ。B社の値と「横の平均値」の値に乖離があってもトレンドの比較には大きな支障がない。トレンドというのは、その期間において数値が上がっているのか下がっているのか、あるいは波打っているのかといった傾向の話である。単純な水準の比較ではないから乖離していても比較する意味がある。

単純な水準の比較でない以上、「横の平均値」が必ずしも意味のある数値である必要もない。「横の平均値」が日本企業の最頻値や正常値でなくてもよいわけだ。計算上の平均であってもそのトレンドがわかれば十分ということになる。つまり、経営分析のモノサシは「横の平均値」のトレンドを採用すればよいことになる。

(3) モノサシとしての上場企業平均値

●単純平均と加重平均

ここからは、実際にモノサシを作る作業を解説したい。

まず、平均の求め方である。経営指標のモノサシにすることにした「横の平均値」だが、実は「横の平均値」を求める方法は2つある。単純平均と加重平均である。このどちらを採用するかを決めなければならない。

こんなに違う「単純平均」と「加重平均」

	A社	B社	C社	合計
売上高	2,000	6,000	92,000	100,000
利益	100	200	9,200	9,500
売上高利益率	5%	3%	10%	

加重平均
9,500÷100,000=9.5%

C社の値が重視される

単純平均
(5+3+10)÷3=6%

3社が平等に扱われる

単純平均というのは、各企業について計算した財務指標の数値を単純に合計して平均した数値のことである。この場合、大企業も中小企業も同等に扱われることになる。

これに対して加重平均というのは、大企業の数値を重視した平均値である。各企業の決算数値を合算した後、その合算額を使って財務指標を計算することによって求められる。

上の図はA社、B社、C社の3社の売上高利益率について単純平均と加重平均の求め方を図示したものだ。A社、B社、C社の売上高利益率はそれぞれ5％、3％、10％である。単純平均は、この各社の売上高利益率を合計して3で割って求める。その値は6％になる。これに対して加重平均は、3社の売上高合計と利益合計の値を使って算出する。利益合計を売上高合計で割った値であり、9・5%となる。

単純平均6%はいかにも3社の平均値という数字になっているが、加重平均9・5%は3社の平均というよりもC社の売上高利益率に近い値になっている。これは、3社の売上規模に違いがあることによって引き起こされる。3社の売上高を見てみると、C社の売上高が圧倒的に大きい。この売上規模の違いを考慮し、規模の大きい会社の売上高利益率を重視して出した平均値が加重平均である。

経営指標のモノサシにするのに、単純平均がよいか加重平均がよいかは一概に決められないが、本書では加重平均を「横の平均値」として採用する。社会的影響力の大きい大会社を重視する加重平均のほうが、経営環境の実態をよく表すからである。加えて、経営指標の統計データが一般に加重平均を採用しているのでそれに合わせるためでもある。

●決算短信集計結果と法人企業統計

次に、モノサシを作るために利用する統計データについて説明しておく。モノサシは日本企業の加重平均を求めることによって作成される。日本企業の加重平均は、売上高や利益といった決算書の数値の日本企業合計がわかれば求められる。したがって、日本企業の決算数値を集計している統計データを探してくればよいわけだ。

候補は2つある。東京証券取引所（以下「東証」）が公表している決算短信集計結果と、財務

	決算短信集計結果	法人企業統計
公表機関	東京証券取引所	財務省
対象会社	東証内国上場会社 （1部、2部、マザーズ）	営利法人等 （国内に本店を有する会社等）
集計方法	全数調査	標本調査 （資本金5億円以上は全数抽出）
対象財務諸表	連結（単体の集計もある）	単体のみ
対象決算期	平成22年3月 （年度ベースの集計も別途公表されている）	平成21年4月～平成22年3月
対象会社数	1,576社（平成22年3月期）	2万2,757社 （平成21年度・回答法人数）
公表時期	2010年6月（平成22年3月期）	2010年9月1日（平成21年度）

省が公表している法人企業統計である。国立国会図書館のホームページで調べると、企業の経営指標を掲載している資料は他にもあることがわかるが、この２つはインターネット環境があれば誰でも無料で入手できるという点でポイントが高い。しかもＥｘｃｅｌ形式のデータでダウンロードできるため、加工する上でも便利だ。

では、モノサシに採用するには２つのうちどちらがよいだろうか。決算短信集計結果と法人企業統計はどちらも日本企業の決算数値の統計だが、対象会社や対象データ等、いくつかの点で違いがある。具体的な違いを表にまとめると上のようになる。

結論から言うと、両者の一番の違いは海外子会社のデータが含まれるかどうかという点である。

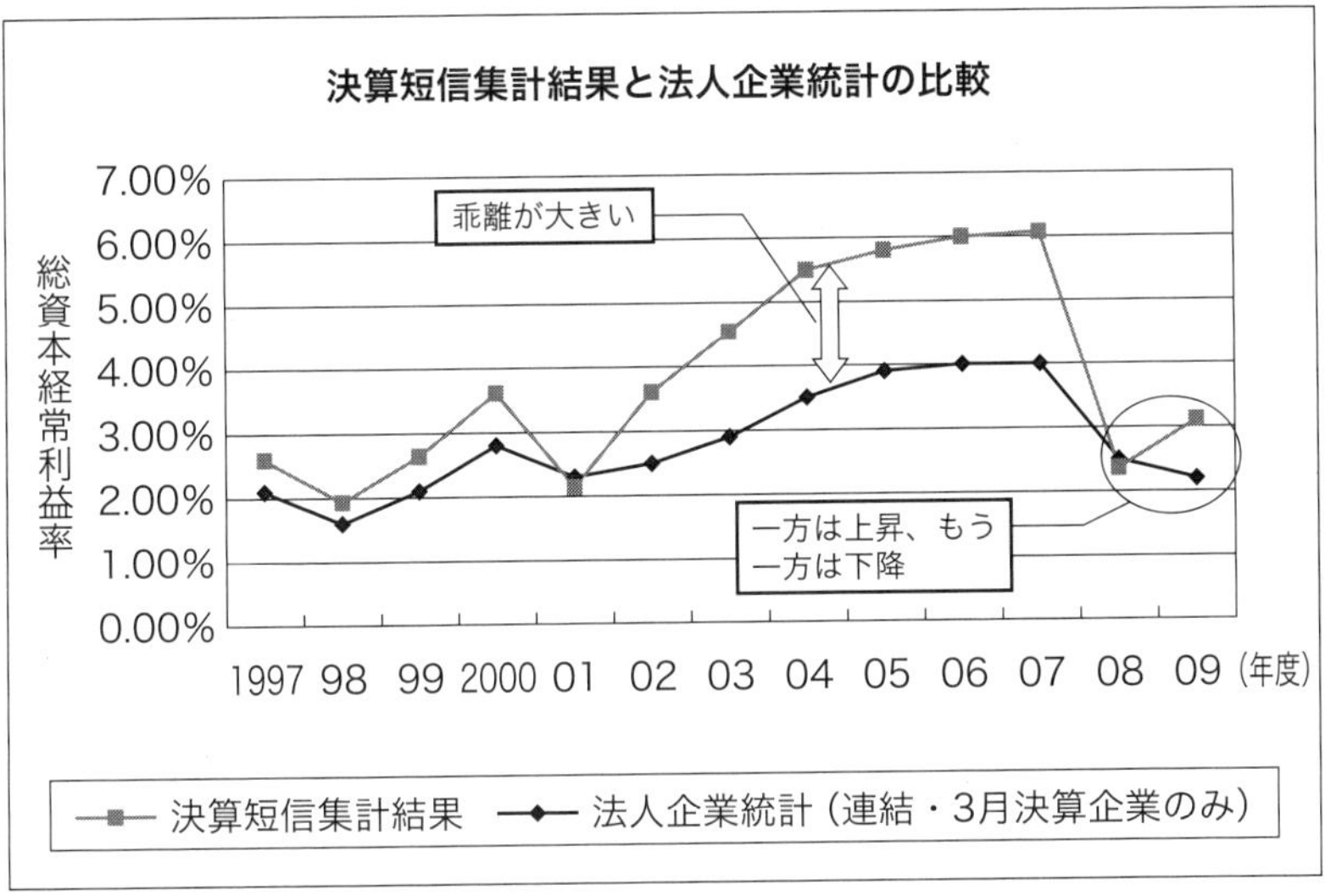

決算短信集計結果は連結財務諸表を対象とした集計があるので、そこでは海外子会社は親会社に連結されることによってデータに取り込まれている。これは国内子会社についても同様で、やはり連結財務諸表に取り込まれることによりデータに集計されている。したがって、対象は上場企業のみとなっているが、実際には上場企業の子会社も含む内容となっており、対象企業数も実質的には１５７６社よりもずっと多いと考えられる。

一方、法人企業統計は国内法人を対象とした調査であるため、海外子会社は含まれていない。国内子会社については親会社とは別個に単体ベースで集計されていると解されるが、海外子会社は対象外なのである。

●総資本経常利益率に見る決算短信集計結果と法人企業統計の違い

実際に、違いを確かめてみる。総資本経常利益率を例に、決算短信集計結果と法人企業統計の値を比較してみる。いずれの統計でも総資本経常利益率はすでに計算された値がデータとして載っているので比較はすぐできる。総資本経常利益率については次章で解説するので、ここではその意義までは考える必要はない。2つの統計で違いが出るのか出ないのか、という点だけに注目すればよい。なお、どちらの統計も金融業を除いたベースとなっている。

前頁のグラフがその結果である。2つの折れ線グラフを比較すると、そのトレンドには明らかな違いが2つある。

第1は、2002年度から2007年度までの部分だ。2つのグラフは乖離している。2002年度以降、グラフの上昇度合いは決算短信集計結果の方が大きい。つまり、決算短信集計結果の方が収益性の上昇率が高いのである。

第2はリーマン・ショックが起きた2008年度以後である。決算短信集計結果の方は、2008年度で底打ちし、2009年度は前年と比べて上昇しているが、法人企業統計では2009年度になっても下げ止まりが見られない状態である。

この2つの違いが何に起因するのかはここでは深く分析しないが、海外子会社のデータが含まれるかどうかの違いが関係していると仮定してもそうおかしくはない。2000年代の世界経済の成長は中国をはじめとする新興国の成長によるところが大きいし、リーマン・ショック後に経済がいち早く回復したのも、そうした新興国やオーストラリアのような資源国である。こうした海外要因が、日本企業に大きな影響を与えたことは想像に難くない。いずれにしても法人企業統計に海外子会社の数字が含まれないことは事実であり、以上を考慮するとモノサシとしては決算短信集計結果に軍配が上がる。

決算短信集計結果には、公表のタイミングが法人企業統計よりも早いという利点もある。法人企業統計は毎年9月頃公表のようだが、決算短信集計結果は毎年6月頃に公表されている。こうした点も含めて、決算短信集計結果はモノサシとしての条件を最も備えていると言ってよい。

2 上場企業平均値を使ったあぶり出し分析法

(1) ユニクロの収益性の高さを実感する方法

第1章で常務に呼び出された2人の部長はその後どうなっただろうか。前出の中堅企業の本社ビルを再びのぞいてみたい。

ユニクロの収益性を分析してほしいという常務の要望に十分に応えることができなかった経理部長と財務部長は、いったん役員室をあとにした。

「うちの常務はしまむらに行ったことがないなんて、そもそもそれが間違いなんだよなぁ。そう思わないか」

日頃から文句の多い財務部長は経理部長にそう言った。

「しまむらに行ったことがなくても常務は常

務ですからねェ。文句は言えないでしょ」

「常務だからといって、なんでもかんでも自分を基準にしていいわけないだろ」

「相変わらず文句が多いですね。しかし、まあ、その言い分もわからなくもないんで、一緒に考えましょうか」

「考えるって、何を？」

「決まってるでしょ、常務への回答。はっきり言って部長２人を呼び出すほどの話じゃなかったですけど、このまま放っておくわけにもいかないし」

　経理部長は何事も現実的だ。

「それじゃ、経理部長には何か別案があるの？」

「具体的には思いつきませんが、しまむらじゃなくて別のものと比較すればよかったような気がしますね」

「別のものっていうと？」

「常務が知ってるものっていうことですよ。ここまでの流れを考えると」

「常務の知ってるものか……」

　財務部長はそう言って少し考えていたが、ふいに経理部長の方を向き直ってこう言った。

「それなら日本企業の平均値と比べればいいだろ。常務は個別の企業名を出してもわからないけど、平均値ならその心配はない。ネットで平均値のデータをすぐ取れるところはどこかある？」

「えぇ、簡単に取れますよ。東証のページに上場企業の短信の集計データが出てますからね」

「さすが経理部長だな。そういう情報はよく知ってるねェ。早速やってみようじゃないか」

「じゃあ、これから私が上場企業のＲＯＥのデータを取ってきて、すぐに財務部長のメールに送りますよ。そしたらそちらでグラフを作ってください」

「そうしよう。いや、ちょっと待った」

「何ですか」

「東証のデータっていうのは、タダで取れるのか？　もし有料なら、君が言い出したんだから経理部の経費にしておけよ」

「ご心配なく。無料ですよ」

こうしたやり取りの後、２人が作成したグラフは次のようなものであった。ファーストリテイリングのＲＯＥ（自己資本当期純利益率）と東証上場企業平均のＲＯＥを並べたものだ。ファーストリテイリングは8月決算、東証上場企業平均については3月決算企業のみのデータなので、5か月の差はあるが、２つのデータをグラフにして並べると、ファーストリテイリングの

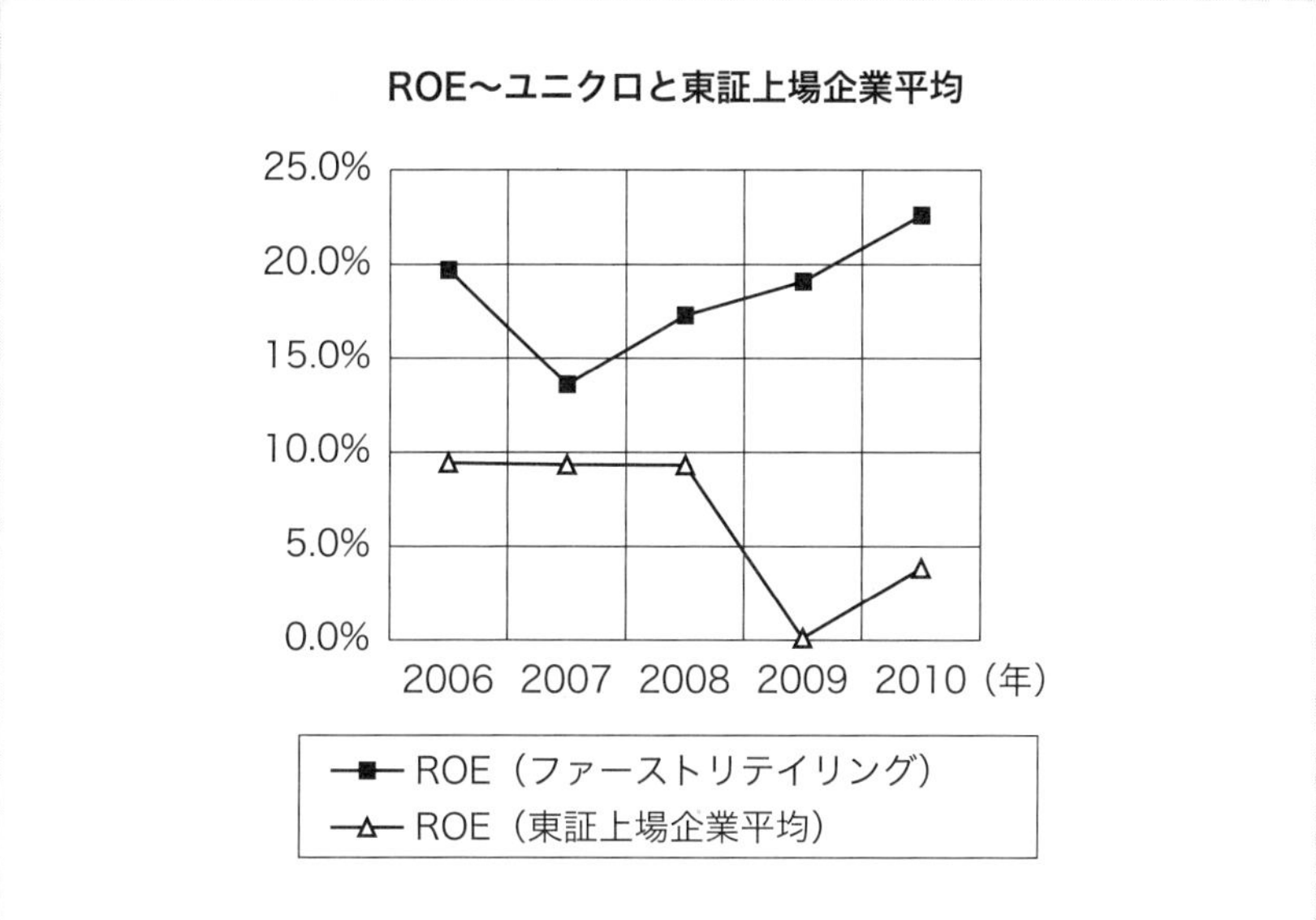

ＲＯＥの特徴が見えてくる。

まずグラフの水準の話である。ファーストリテイリングの２０１０年の20％超えがすごいことなのかどうかというのが、前章で議論になった点であった。ここではグラフの形を見ることにより、そのことを客観的に把握してみたい。

２つの折れ線グラフの乖離幅に注目してほしい。そうすると、２００８年以前と２００９年以降では明らかにその幅が違うことに気付く。２００９年以降、ファーストリテイリングと東証上場企業平均の乖離幅は２００８年以前に比べて広がっている。つまり世の中全体の企業の平均に対するファーストリテイリングの上回り方が以前よりも大きくなったということになる。これはマラソンでもそうだが、リードを広げるというのはそれだけですごいことであろう。ファーストリテイリングのＲＯＥの水準は、20％超えしたかどうかではなく、平均との差をどれだけ広げたかで判断できるのである。

次はトレンドである。個別企業の経営指標を日本企業の平均値と比較する場合、単年度の比較ではなく一定期間のトレンドを比較するのが大事である。

ファーストリテイリングは２００８年以降３期連続で数値が上昇しているが、この傾向は東証上場企業平均のトレンドとはかなり違う。東証上場企業平均は、横ばいで推移してきたのが突然０％近辺まで下落し、その後、回復してはいるものの５％に満たない水準で低迷している。ファーストリテイリングのようなコンスタントな上昇は見られないのである。ファーストリテイリングは世の中の企業の平均が０％近辺まで急落した年度を含む期間でも安定的に数値を上昇させている。１人勝ちの状態である。

以上2点は、ユニクロの収益性の高さを十分に実感させる分析結果であったと言える。こうした結果の具体的要因を知りたいなら、ポイントを絞って詳細な分析を行えばよい。このケースでは、２００９年にファーストリテイリングのＲＯＥがなぜ落ちなかったのかというのが、特に気になる点であろう。

2人の部長がこの回答で常務に満足してもらえたかどうかはともかく、上場企業平均値をモノサシにして経営内容をあぶり出すことができる点については理解したはずだ。

(2)「巨富への道」7社の収益性分析

上場企業平均を使った経営分析は、別の会社でもうまくいくだろうか。これは2人の部長にとっても重大な関心事であろう。また、いつ何どき呼び出されて別の会社の分析を頼まれるかわからないからだ。

そこで、この分析法がどんな会社にも有効であることを確かめるため、上場企業を7社ほど選び、総資本経常利益率について分析してみることにする。

選んだのは以下の7社である。

- AOKIホールディングス
- ニトリ
- ファンケル
- カプコン
- スターツコーポレーション
- ドトール・日レスホールディングス
- 富士ソフト

7社とも業種はすべて異なっている。右から順に、紳士服、家具、化粧品、ゲームソフト、

いろいろな会社の総資本経常利益率

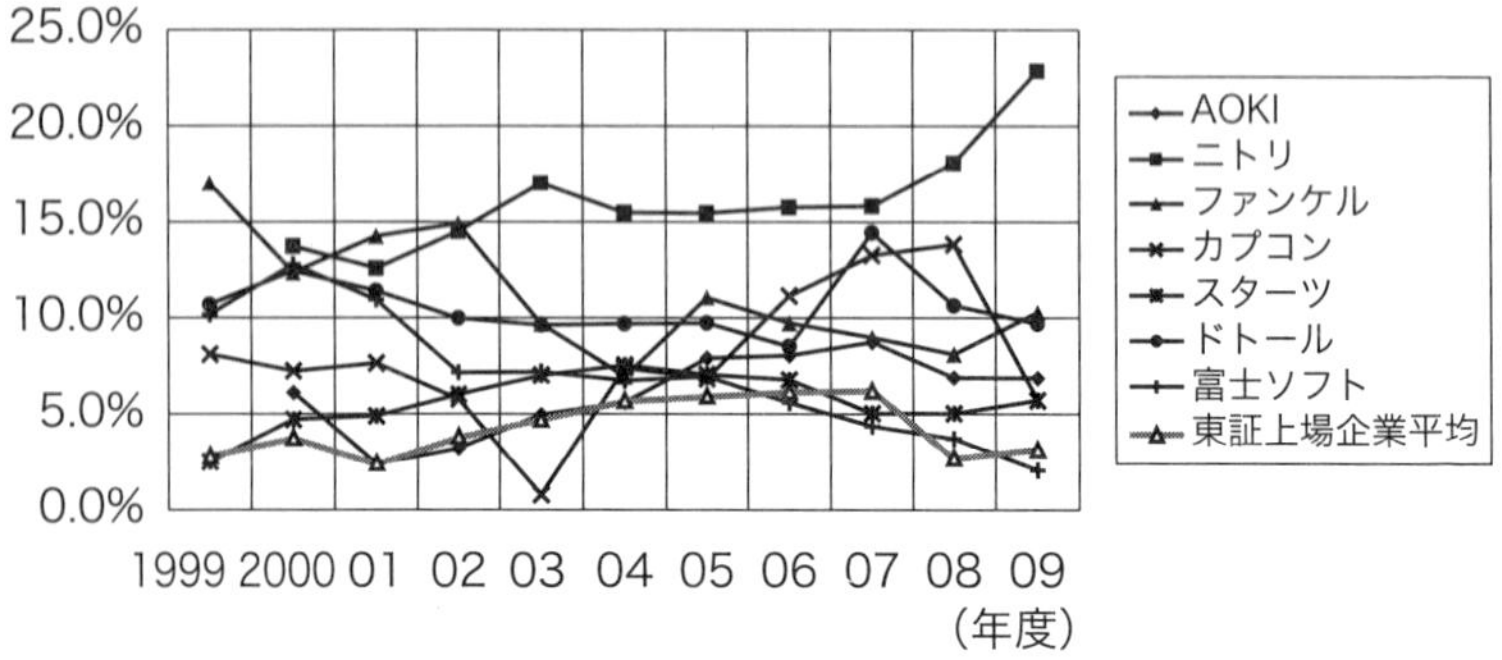

不動産、コーヒー店、ソフトウェア開発である。非常に多岐にわたっている。

これは分析法の有効性を確かめる上では大事なことだ。経営指標には業種間格差が大きいものがあるので、様々な業種に適用可能なことを確かめておくべきなのである。

ではさっそくご覧いただきたいが、上記7社について総資本経常利益率のグラフを作成してみた。もちろん、上場企業平均のグラフもこれに加えている。上図のとおりである。

総資本経常利益率の意味は次章で述べるが、とりあえず、高ければ高いほど収益性が高いと捉えればよい。7社の中で、期間を通じてトップをほぼ維持しているのはニトリだ。ニトリはリーマン・ショック後の不況においても業績好調で、勝ち組企業の代表としてよく知られている。グラフからもその点はよくわかると思う。
それ以外の会社についてはかなりごちゃごちゃしていて見にくいが、細かい部分は無視して、全体的な傾向だけを見ればよい。東証上場企業平均をモノサシにして、それとの比較で見るということだ。

そうするとどうであろう。グラフは１９９９年度から２００９年度までの推移を示しているが、東証上場企業平均の値がまるで下限値のようになっていることに気付いただろうか。7社のグラフはそれぞれ勝手な動きをしているが、いずれも基本的に東証上場企業平均よりも上の範囲で変動している。つまり、世間一般から見るとこの7社はかなり業績が良いということになる。これが、このグラフの分析からわかることである。

この分析は果たして当たっているだろうか。7社はそんなに業績が良い企業なのだろうか。といった具合に推論していけばよいが、ここではその必要はない。この7社はこういう分析結果が出ることを予想して選んだ会社だからである。

実はこの7社は、堺屋太一氏の著書『巨富への道』で取り上げられている成功企業7社である。この本は、成功した企業の創業者7人へのインタビューを通して、堺屋氏が創業の極意と巨富を得る原理を探るという内容になっている。そこでは主に創業者の人間的資質にスポットが当てられているが、財務分析的にアプローチしても上のような明瞭な結果が得られるのである。

作成したグラフからは7社の優位性が客観的にわかる。このように、当然出るべき結果が確かに出たわけだから、上場企業平均を使ったあぶり出し分析法は問題なく使えそうである。特に、業種が多岐にわたっているにもかかわらず、予想通りの結果が得られている点はかなり安心できる。この分析法は他にもいろいろな会社に適用することができそうである。

(3) 業界分析への応用～菓子メーカー4社の分析

●何があぶり出せるか

あぶり出し分析法がいろいろな会社に適用できることがわかったが、普通、前述の7社のような全く関連のない会社同士を比較することはあまりない。経営分析が必要とされる場面はいろいろあるだろうが、たいていの場合、同業他社分析をすることが多い。

そこで、次は、同じ業界に属する複数の会社を選んでこの分析法を適用してみることにする。同業であるので、おそらく各社のグラフはそれほどバラバラな結果にはならないと予想される。「巨富への道」7社の分析グラフよりももう少し収束してくるであろう。おそらく、トレンドがはっきりするので分析しやすいはずだ。

例として、菓子メーカーを4社ほど取り上げる。以下の会社である。

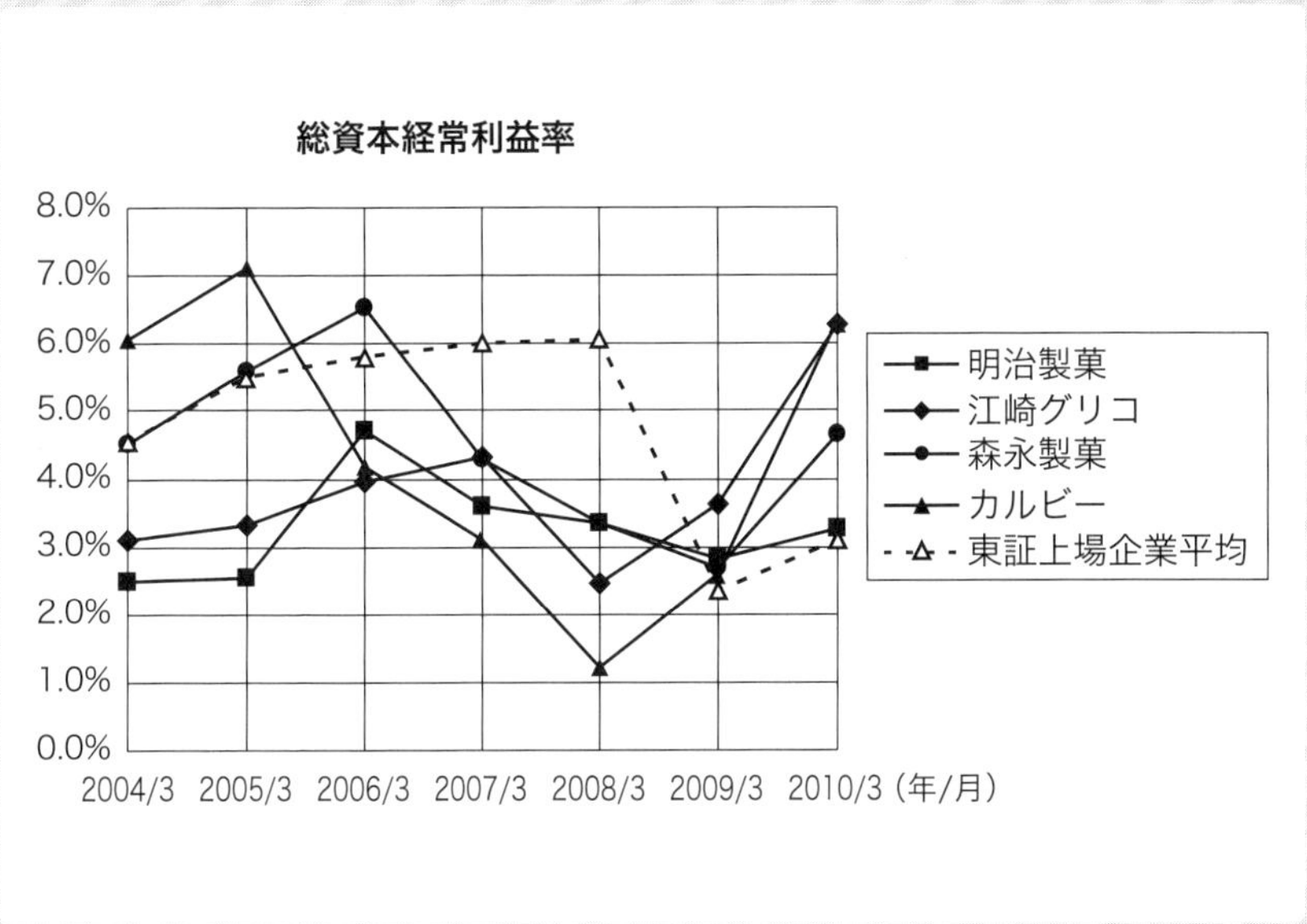

- 明治製菓
- 江崎グリコ
- 森永製菓
- カルビー

この4社について、総資本経常利益率のグラフを作成すると上図のようになった。もちろん、東証上場企業平均のグラフも合わせて表示してある。これをモノサシにして4社のグラフの特徴をあぶり出すのである。

折れ線グラフが5本あるので、やはり見にくいグラフかもしれない。これを見ても何も見えてこないと思った人もいるだろうが、まず、破線のグラフを見てほしい。これが総資本経常利益率の東証上場企業平均を示している。このグラフを基準にして、残りの4本の実線の折れ線グラフを見ればよい。

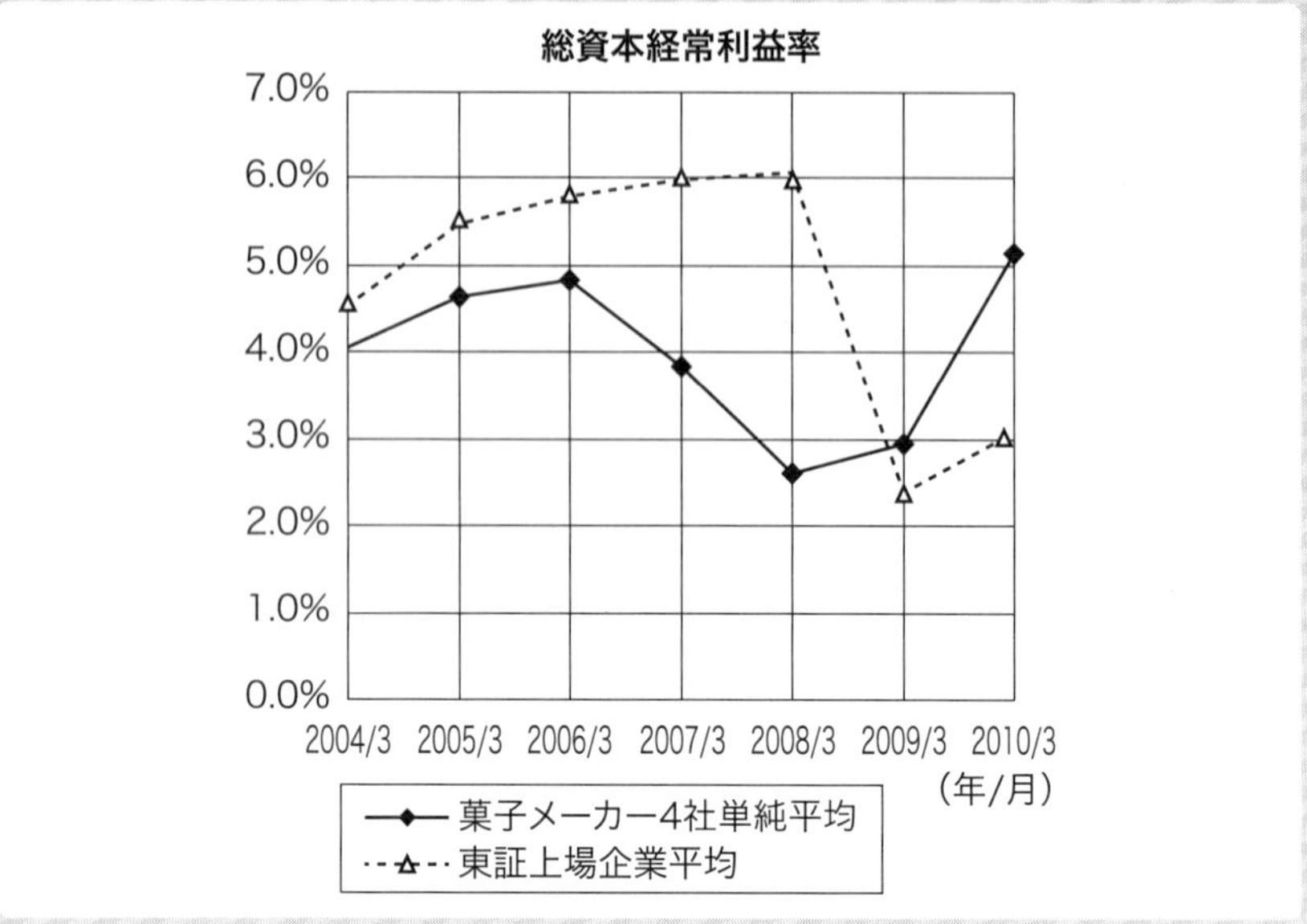

そうすると、非常に大雑把な見方になるが、２００９年３月期を境にグラフの位置関係が逆転している様子が捉えられる。２００８年３月期以前は、東証上場企業平均が上で菓子メーカー４社が下になっている。しかし２０１０年３月期はその逆で、菓子メーカー４社が上で東証上場企業平均が下である。２、３の例外はあるが、トレンド的には明らかにそうなっているのである。「巨富への道」７社のグラフと比べるとトレンドを捉えやすい。

　この点をもっとわかりやすく示すために、グラフをもう１つ作成してみる。菓子メーカー４社のデータを単純平均してグラフを１本にまとめるのだ。上図のとおりだ。

　実線のグラフが、菓子メーカー４社の総資本経常利益率の単純平均値である。破線のグラフは先ほどと全く同じもので、東証上場企業平均の総資本経常利益率のグラフである。

これなら明らかであろう。前に述べたように２００９年３月期を境にグラフの位置関係が逆転したことがはっきりわかる。モノサシの効果が実感できるはずだ。

転換点になった２００９年３月期は、リーマン・ショックが起きた２００８年９月を含む会計年度である。東証上場企業平均の総資本経常利益率は急落している。しかし、菓子メーカー４社平均はそんなことはない。わずかであるが、前年よりも上昇している。そしてその翌年、２０１０年３月期にはさらに上昇し、直近７年間で最も高い水準に達したのである。

これがモノサシによってあぶり出されたグラフの特徴である。ここではあぶり出しの効果を確認するのが目的であって、菓子メーカーの収益性分析そのものは材料にすぎない。とりあえず目的は達成されたわけだが、せっかくなので、逆転現象の背景を少し考えてみる。

２００７年３月期から２００８年３月期までのグラフの下降は収益性の低下を示している。収益性が低下する場合、売上高が増加しているか減少しているかによって、その意味合いが違ってくる。収益性といってもその構成要素はいろいろあるが、最も代表的なものとして粗利率を例に考えてみる。粗利率が下落した時、その原因は売上高が増加しているか減少しているかによって次のように原因が分かれる。

売上高が増加した場合は、その増加度合い以上に費用が増加して粗利率が下がったと推定さ

利益率と売上高の組合せによる原因分析

		粗利率下落
売上高	増加	売上の増加度合い以上に費用が増加する
	減少	売上の減少度合いに比べると費用の減り方が少ない

れる。一方、売上高が減少した場合は、その減少度合いに比べて費用の減り方が少ないために粗利率が下がったと推定される。

では、菓子メーカー4社の売上高は２００７年3月期から２００８年3月期にかけて、増加していたのだろうか、あるいは減少していたのだろうか。

結果は前頁のグラフのとおりである。増加である。劇的に増えていたというような状況ではないが、２００９年3月期まで着実に売上高が伸びている。そうすると収益性低下の要因として、売上高の増加度合い以上に費用が増加したと推測してもよさそうだ。

●コスト増の要因

お菓子の製造販売において費用とは何か。4社のうちの1社、たとえば明治製菓の決算書

菓子メーカー4社の売上高合計推移

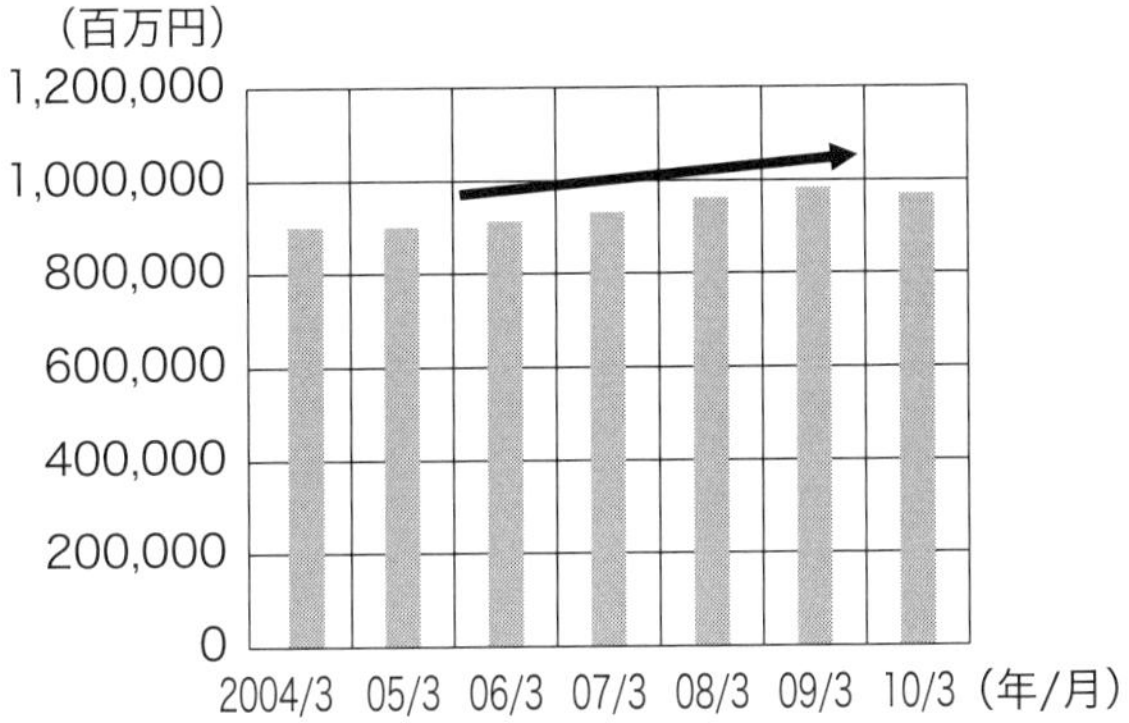

（2008年3月期有価証券報告書の個別財務諸表）を参照してみる。それほど難しい話ではない。

まず、費用を見るのだから損益計算書を見る。そして、その中で金額の大きい費用が何かを探せばよいのである。

2008年3月期（平成20年3月期）の損益計算書（個別）で特に大きな費用は、当期製品製造原価、当期商品仕入高そして販売費である。当期製品製造原価については製造原価明細書にその内訳が載っている。最も大きい費目は材料費である。販売費については注記にその内訳が載っている。最も大きい費目は販売促進費である。

この3つの費用、材料費・当期商品仕入高・販売促進費について、2006年3月期（平成18年3月期）と比べてどれが特に増えたのかを調べてみる。前頁の表のとおりだ。

明治製菓の主な損益項目の比較

	2006年3月		2008年3月	
	金額(百万円)	売上比	金額(百万円)	売上比
売上高(個別)	289,125	100.0%	301,558	100.0%
材料費(個別)	39,486	13.7%	54,448	18.1%
当期商品仕入高(個別)	66,604	23.0%	74,071	24.6%
販売促進費(個別)	44,874	15.5%	49,696	16.5%

この差に注目！
材料費が急増している。

結果は明白である。材料費の対売上高比率が増加している。材料の値段が上がったということだ。収益性低下の理由は原材料価格の高騰ということがわかる。この時期、カカオ豆、乳製品、小麦などの価格高騰のほか、原油価格の高騰による包装資材の価格上昇などがよく話題になったことが思い出される。

他の3社もほぼ同じ状況と考えて間違いない。原材料高騰という経営環境が共通しているからだ。もちろん、各社の対処の仕方の違いによってそれぞれ違った結果となった部分もあったとは思うが、おおまかな傾向としてはこんなところであろう。そして、この原材料高騰という経営環境を何らかの形で解消していったことにより、その後の収益性回復がもたらされたと読めるのである。

以上の分析内容は、有価証券報告書をはじめ、決算の開示書類にも書いてあることなので説明するまでもなかったかもしれないが、モノサシを使った分析法の効果がわかったはずだ。しかも、その分析の手順はそれほど難しいものではないということも確認できた。まずはモノサシを使って分析対象企業のグラフの特徴をあぶり出し、あとは疑問に感じた部分を一つひとつ丁寧にほどいていけばよいのである。

本書の一番の目的は、個別の会社の決算分析そのものではなく、個別の分析事例から一般的な経営分析の技法と手順を考えることにある。本章ではアバウトながらもその技法と手順を導き出してみた。上場企業平均値を使ったあぶり出し分析法である。この方法の効果をさらに確かめるためには、引き続き別の会社の決算書を分析してみたいところだ。

しかし、その前にやっておくべきことがある。代表的な経営指標について東証上場企業平均の値を出し、直近10年間程度のトレンドを確認する作業だ。モノサシとして上場企業平均値を採用する以上、そのモノサシのことをあらかじめよく研究しておく必要がある。

したがって、次章では、いったん個別企業の分析から離れ、その代わりに、東証上場企業平均値の分析を行う。東証上場企業平均値をあたかも1つの企業であるかのようにみなして経営分析するのである。それは、すなわち日本の上場企業全体の分析であり、その分析結果に日本経済の姿を垣間見ることができるであろう。

第3章

5つの経営指標で日本企業を総観する

1 ROAに写った景気循環の波

（1）ROAを見ればリーマン・ショック後の谷の深さがわかる

●経営指標を1つだけ選ぶとしたら⁉

先日、ある企業から奇妙な依頼を受けた。

「うちの会社の経営改善に役立てるために財務分析をやってほしいのですが、引き受けていただけますか。ただし、ある条件がありますが……」

「条件といいますとどのようなものでしょうか？」

不審に思って聞いてみると、その依頼者はこう答えた。

「当社の決算短信に載っている数字のうち、分析に使用するものはどれか一つだけにしていただきたいのです。それ以外の数字は一切見ないようにしてください」
「一つだけですか…」
「えぇ、そうです。一つだけ選んで、それで当社の分析をしてほしいんですよ」

もちろんこれは架空の話である。こんな依頼があるはずがない。しかし、もしこのような依頼があったら決算短信のどの項目を選べばよいだろうか。

決算短信で最も重要なページは第1ページ目である。決算短信の「表紙」と呼ばれているページだ。ここには、主だった決算数値と経営指標の数値が一覧できるように掲載されている。大変便利なページだ。〝どれか1ページだけ〟と言われたなら迷わずこのページを選ぶ。しかし条件は、「どれか1ページ」ではなく「どれか1項目」である。

これは無理難題だ。ここまで極端な話ではないにしても、どこかの企業をいざ経営分析してみようと思うと、実際のところなかなか難しい。数ある経営指標のうち、どれを使って分析すればよいか迷うことになるだろう。

しかし、もしその中であえて1つの経営指標を選ぶなら、決算短信の1ページ目に載っている「総資産経常利益率」が最も有力な候補である。

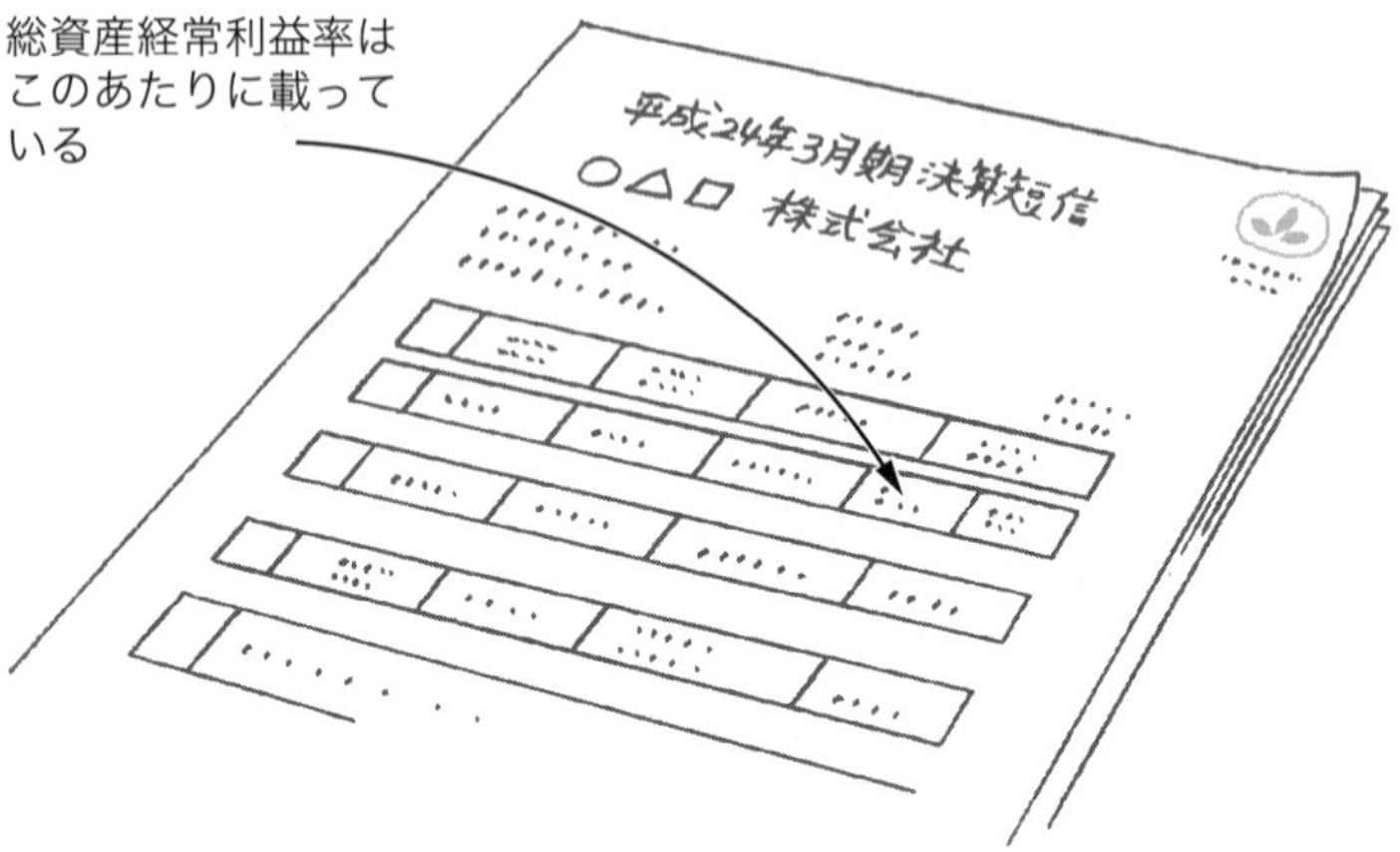

●経営指標の一般的傾向

その理由は、総資産経常利益率の重要な性質と関係している。それは総資産経常利益率の一般的傾向とでも言えばよいかもしれないが、企業の財務分析をする場合にぜひ知っておきたいことである。

経営指標には、一般的傾向というものがある。たとえば、ある指標の日本企業の平均値は何％であるといったようなものだ。個別企業の財務分析をすると、当然ながら固有の要因によってその一般的傾向から外れる値が出てくる。しかし、実はその点にこそ企業の特徴を示している事象が隠されていることが多い。

したがって、そこに気付くためにはまず一般的傾向を知っておく必要がある。本章では、５つの経営指標についてその一般的傾向を明らか

にするため、主に東京証券取引所（以下「東証」）の統計データを使って上場企業平均による分析を提示する

まず、総資本経常利益率である。総資本経常利益率の「総資本」はここでは「総資産」とイコールと考えてよい。総資本経常利益率は、決算短信で総資産経常利益率と呼ばれている指標のことだ。英語で表記するとReturn on assetとなり、その頭文字をとってＲＯＡと呼ばれたりする。

●日本経済の傾向を反映する経営指標

総資本経常利益率の意味するところは後述するとして、まずは**図3-1**をご覧いただきたい。これは東証上場企業の総資本経常利益率を全産業平均、製造業平均および非製造業平均の３つについてグラフ表示したものである。

グラフの期間は、１９９８年3月期から２０１０年3月期までであるが、日本ではこの期間に景気の谷が3回あった。１９９９年1月、２００２年1月そして２００９年3月（暫定）である。グラフにも、はっきりとこの谷が現れている。

90年代の日本経済は、バブル崩壊の後遺症から抜け出すことのできない状況が慢性的に続いていたわけだが、97年～99年には金融機関の倒産を伴う深刻な不況となった。巨額の不良債権を始めとする様々な問題を先送りにしたツケが一気に噴出したのである。こうした状況を受け

図3-1　総資本経常利益率

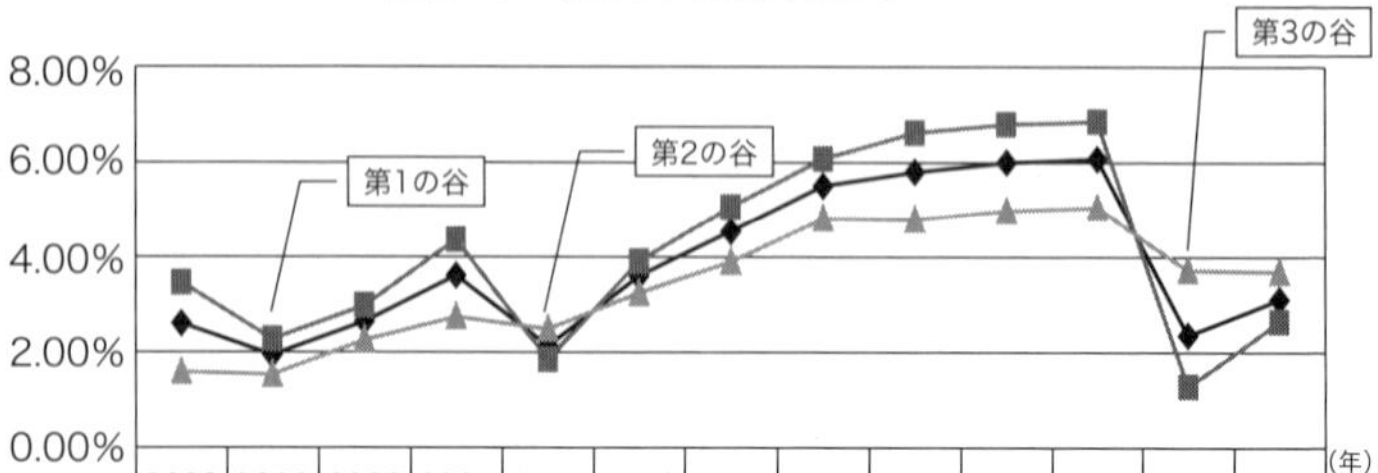

	1998	1999	2000	2001	2002	2003	2004	2005	2006	2007	2008	2009	2010
◆ 全産業	2.60	1.93	2.64	3.61	2.14	3.60	4.54	5.50	5.80	6.00	6.07	2.36	3.11
■ 製造業	3.46	2.27	2.98	4.36	1.84	3.91	5.06	6.07	6.62	6.79	6.85	1.28	2.64
▲ 非製造業	1.58	1.53	2.25	2.74	2.49	3.24	3.90	4.81	4.79	4.97	5.04	3.72	3.68

（単位：%）

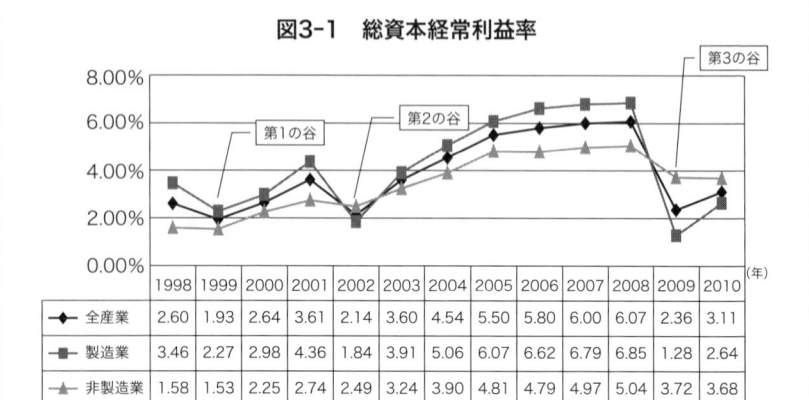

このグラフからわかること

- 1999、2002、2009に見られるグラフの谷は日本経済の景気の谷と一致する。
- 2009はリーマン・ショック（2008年9月）後の不況で深い谷となっている。
- 2009で落ち込みが激しかったのは製造業であった。
- 全産業平均で見ると2～6%の間で推移している。
- 不景気の時期は製造業が非製造業を下回る傾向がある。
- 2010は持ち直しの兆しが見られるが本当に景気は回復に向かったのか。

景気基準日付

	谷	山	谷
第12循環	1993年10月	1997年 5 月	1999年1月
第13循環	1999年 1 月	2000年11月	2002年1月
第14循環	2002年 1 月	（2007年10月）	（2009年3月）

（　）は暫定

て実施された政府の大規模な不況対策によって、景気は99年1月に底入れすることになる。そして、米国を中心とした世界的なＩＴ関連需要の増大により、その生産拠点である東アジア地域への輸出が増大して景気が回復する。これが**図3−1**のグラフに現れている1番目の谷と対応している。

２０００年後半以降は、米国のＩＴバブル崩壊を受けて日本の輸出も急減し、景気は再び後退する。

景気はその後、アジアやアメリカの経済が回復したことを受けて下げ止まり、２００２年１月に底入れすることとなった。これがグラフの2番目の谷である。

以後は、ゼロ金利政策（量的緩和政策）を背景に、長期だが実感のない景気拡大期間に入る。しかし、２００７年あたりからのサブプライム問題の表面化や原油の高騰、さらには２００８年秋の金融危機により、世界経済は深刻な不況に陥った。これが3番目の谷である。

この3番目の谷に見られるような激しい落ち込みはグラフの表示期間内では他に存在せず、１００年に1度かどうかはともかく、大変な出来事であったことは間違いない。上場企業平均の総資本経常利益率のグラフは、リーマン・ショック後の経済の落ち込みがいかに急激かつ深いものだったかをよく示している。

このように、上場企業全体の総資本経常利益率のグラフは日本経済全体の中長期の動向を的

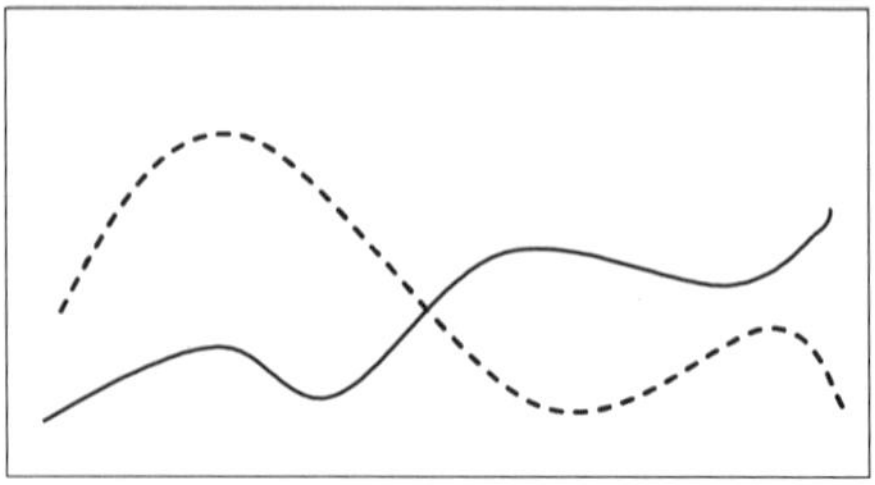

企業のROAを上場企業平均のROAと比べるのがコツ

---- 破線：Ａ社のROA
── 実線：上場企業平均のROA

確に反映しており、総資本経常利益率は景気の変動を反映する経営指標であるといえる。これが総資本経常利益率の最も重要な特徴である。同時に、経営分析の技法をマスターするうえでも大変重要な知識である。個別企業の経営分析を行う場合は、その企業の総資本経常利益率について景気循環の山谷に対応した変動があるかどうかをまず確かめておきたい。

●個別企業と上場企業平均を比較する

具体的には、個別企業の5年ないし10年といった一定期間について、各年度の総資本経常利益率を求め、それを折れ線グラフに表すわけだが、その際に上場企業平均のグラフも合わせて表示し、両者を比べてみるのだ。2つのグラフに同じような山谷が見られれば、その企業が景気変動の影響を受けやすいことを示してお

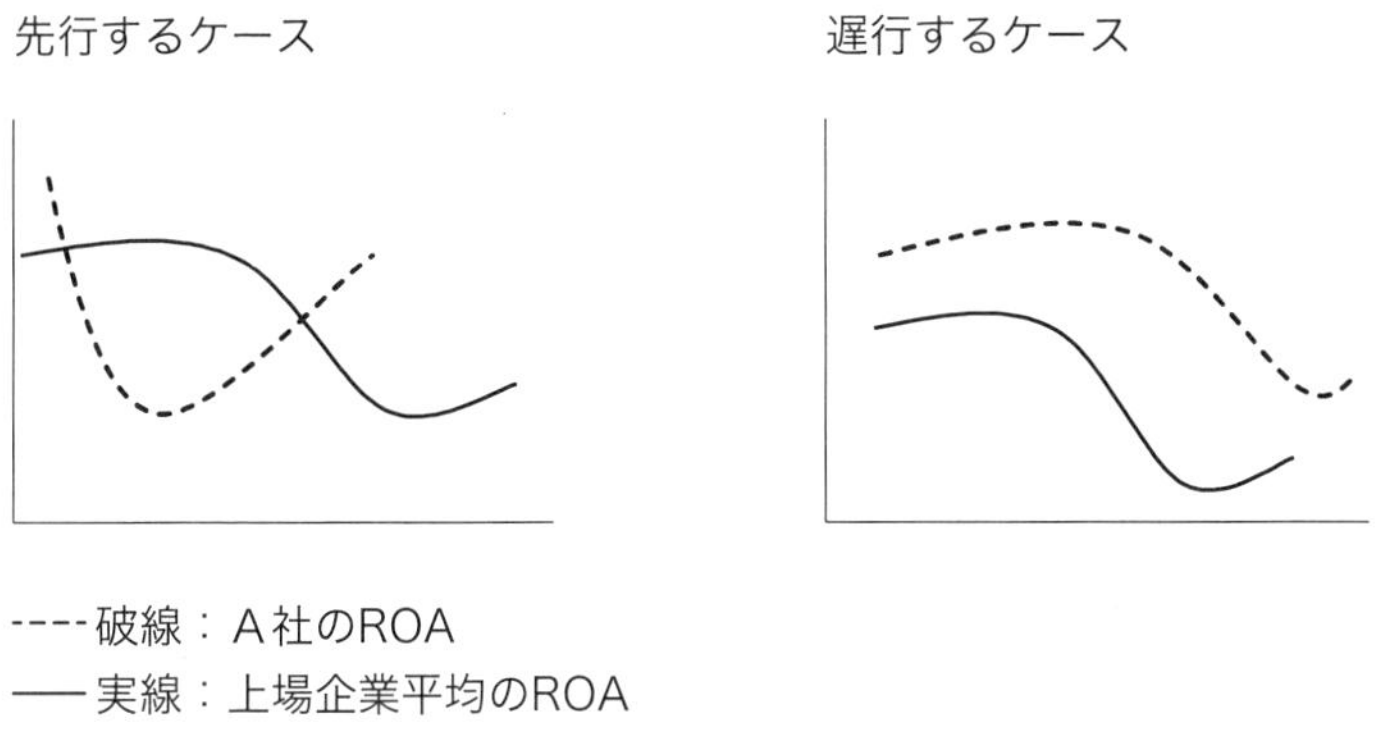

り、それがなければ景気変動の影響を受けにくいことを示している。

谷の位置がずれているような場合は、その企業の収益性が景気に先行して落ちるのか景気に遅行して落ちるのかが判断できる。分析対象企業のグラフの谷が上場企業平均のグラフの谷より前なら景気に先行して落ちるといえ、後ろにあるなら遅行して落ちるといえる。

そうすると今度は、なぜそうなるのかを考えるわけだが、たとえばその企業の事業上の特質と関係はないかとか、新たな事業を始めていないかとか、大規模な設備投資を行っていないかといったことを調べてみればよい。

経営分析というのはまず何から手をつければよいかということが意外に難しいが、最初のとっかかりがつかめればあとは芋づる式に進んでいく。いくつもある財務指標のうち何から分析してよいかわからないときは、まず総資本経常利益率から始めてみるとよい。

(2) 総資本経常利益率の動きに見る法則性

●資本利益率とは

企業というのは営利を目的とした組織であるので、その収益性が高いか低いかは関係者にとっては大きな関心事である。企業の収益性を見るためには、何よりもまずその企業が利益を出しているかどうかということが重要になる。黒字なのか赤字なのかということだ。

一方で、仮に黒字だとしても、その黒字を稼ぐのにどれだけ資金を要したのかということも考慮に入れたい。同じ稼ぎでもなるべくなら少ない元手で済ませたいからだ。経営分析ではこれを資本利益率という指標で測定している。

●企業活動の2つのサイクル

企業活動を単純化すると次の2つのサイクルに要約できる。第1は資本を調達してそれを運用し利益を獲得するサイクル。これは株主が拠出した資本金や銀行から融資してもらった借入金で事業に必要な資産を購入し、それを使って営業し収入を得るサイクルである。第2は獲得した利益を資本の調達先に還元するサイクル。これは獲得した収入の中から資金提供者に配当

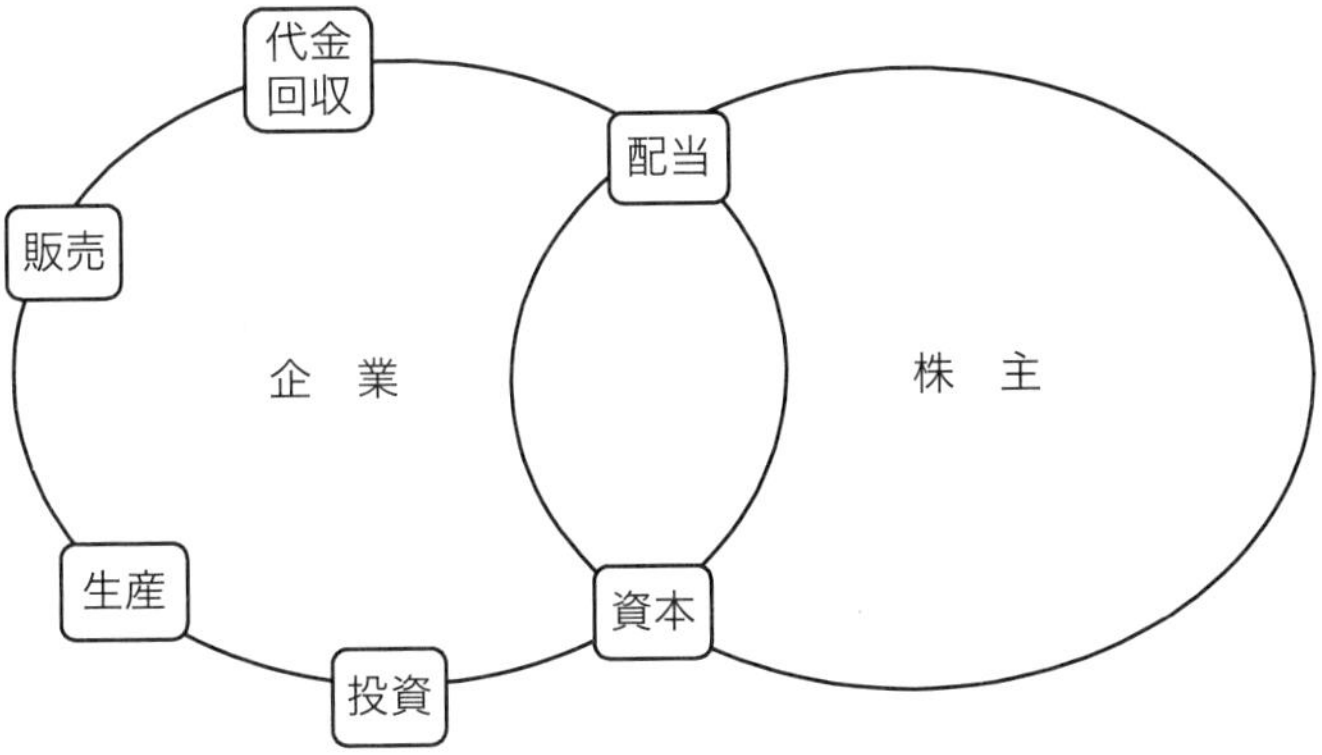

第1のサイクル　第2のサイクル

金や支払利息という形で使用料を払うサイクルである。

資本利益率は第1のサイクルに関する経営指標であり、企業に投下された資本からどれだけの利益が生み出されたかを見る比率である。これは、利益を資本で除すことにより求められる。では、利益や資本として決算書のどの数値を使えばよいか。

●総資本経常利益率とは

企業全体の収益性を見る場合は、分母の資本には使用したすべての資本を持ってくればよい。すなわち総資本である。これには異論はない。貸借対照表でいうと負債純資産合計か資産合計の額であり、総資本によって計算される資本利益率を総資本利益率という。

一方、分子にはそれに対応する利益として、

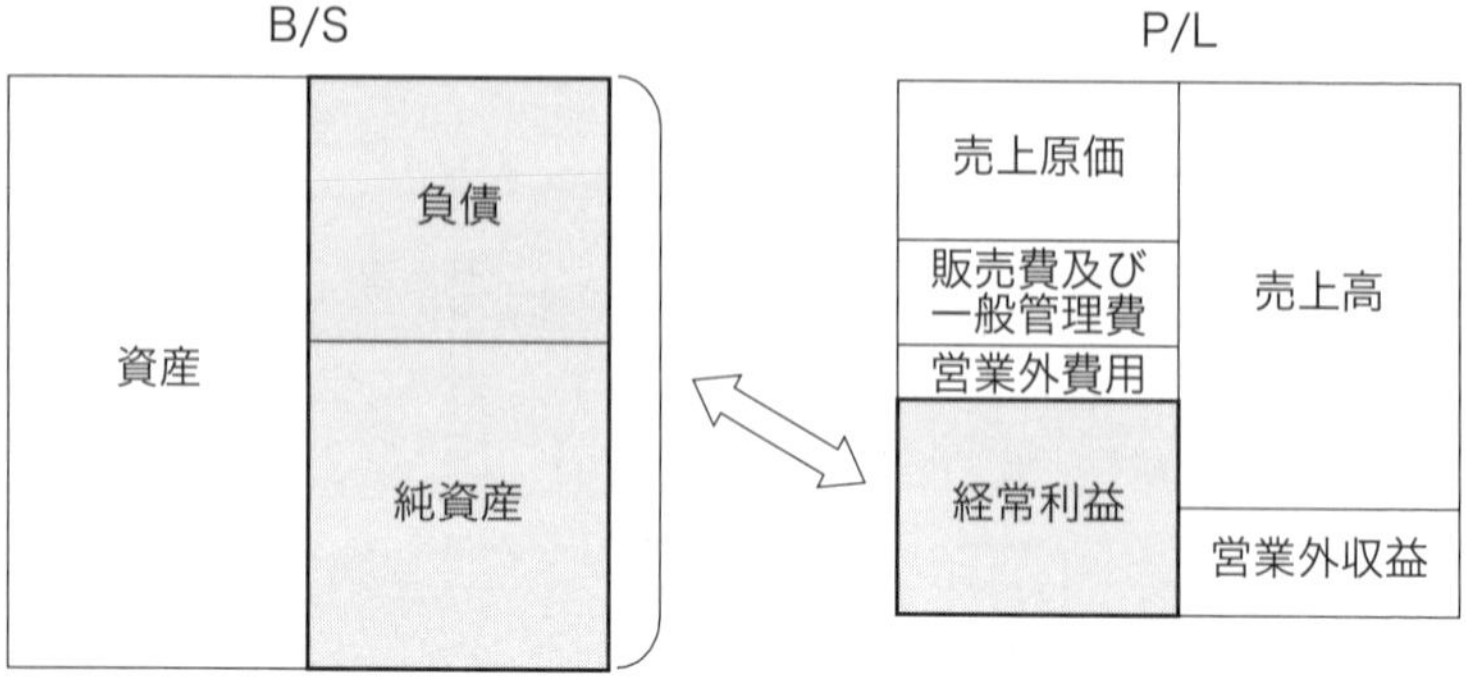

総資本によって稼いだ利益を持ってくる。総資本によって稼いだ利益として何を使うかであるが、ここでは損益計算書の経常利益を採用する。

総資本によって稼いだ利益を経常利益とするのは理論上正確ではないと言われるが、それでも経常利益というのは企業の経常的な活動から得られた利益としては広く認知されている。総資本経常利益率もその使いやすさから決算短信をはじめとして企業のディスクロージャー実務で定着している。よって、ここでも総資本に対応する利益として経常利益を採用することについて特に問題とはしないことにする。

総資本経常利益率の算式は、以下のとおりである。

総資本経常利益率＝経常利益÷総資本×100％

言うまでもないが、この率が高ければ高いほど効率的に利益を上げており、資本の利用効率が良いということを意味する。

この算式の分母である総資本については、決算短信では期首残高（前期末残高）と期末残高の単純平均としている。これは期末残高のみで計算した値が間違いであるということではない。どこまで厳密に計算するかという話であって、四半期平均や月次平均も考えられるが、事務的な手間も考慮して期首と期末の単純平均を採用している。

●総資本経常利益率の水準

個別企業の総資本経常利益率を求めてみると必ず気になるのがその水準である。総資本経常利益率は何％あれば十分なのかという話だ。これはぜひとも知りたいことだが、総資本経常利益率が経済環境によって毎年変動するとなると、何％以上あれば十分かということは一概には言えない。

理論的には、総資本の調達コストを考えて決定するが、**図３-１**のグラフで過去の実績値を見てみると総資本経常利益率が概ね２％から６％の間で推移しているので、不況時には２％以上、好況時には６％以上というのが一つの答えになる。そう考えるなら、６％以上であれば好不況にかかわらず上場企業平均を上回っているということで、６％以上というのが目標値と言えなくもない。学校のテストでいえば平均点といったところだ。

6％という水準は目安にはなるが、中長期のトレンドに着目するともう少し別のこともわかる。グラフを一見すると、グラフ期間のほとんどの箇所で製造業が非製造業を上回っている。産業間に総資本経常利益率の差があるということだ。一方、この関係が逆転している年度もある。それは2002年、2009年および2010年の3回だけで、いずれも不況の時期と重なる。

おそらく、不況になって売上高が急激に減少すると、製造業の場合はそれと同じスピードで設備の縮小ができないために固定費負担が増え、急激な収益性低下に陥るのであろう。つまり総資本経常利益率は好況時には製造業が非製造業を上回り、不況時にはその逆になるという法則性が見出せるのである。

(3) グラフ型でわかる「世界同時不況の勝ち組業種・負け組業種」

製造業と非製造業では総資本経常利益率のトレンドに違いがあることを見たが、これをさらにブレイクダウンし、業種別の総資本経常利益率についても見てみよう。

以下では、リーマン・ショック後の世界同時不況を例に業種別分析を行い、世界同時不況下の日本企業の収益性を見ていきたい。具体的にどういった業種でダメージが大きかったのだろうか。あるいは不況の影響をほとんど受けなかった業種もあるのだろうか。

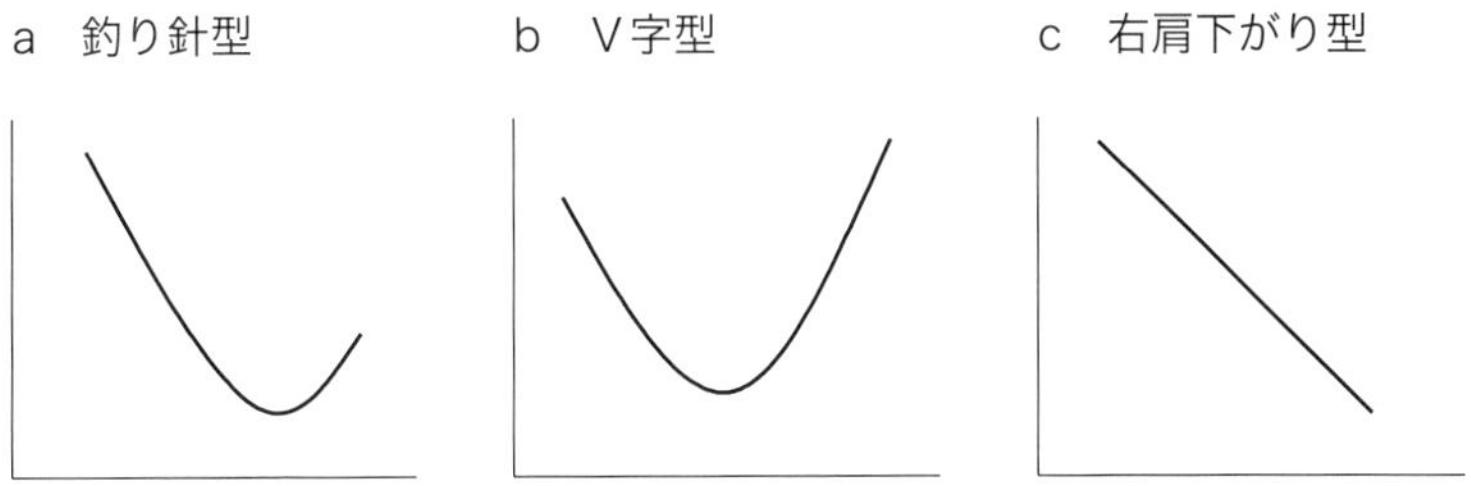

図3-2-1～3-2-3は29の業種別に直近5年間の総資本経常利益率の推移を算出してグラフ化したものである。29の業種とは、東証が採用する業種分類による全33業種から金融・保険業に属する4業種を除いた29業種のことである。各グラフには各業種の総資本経常利益率のほかに、その業種が製造業なら製造業平均、非製造業なら非製造業平均の総資本経常利益率も載せている。

この29枚のグラフをグラフの形によって分類してみたい。２００８年から２０１０年にかけてのグラフの形状がどうなっているかに着目し、大きく3つに分類してみる。

a 「釣り針型」

２００８年から２０１０年にかけてグラフの形が「釣り針型」になっていて２０１０年の回復度合いが弱い。

b 「V字型」

２００８年から２０１０年にかけてグラフの形がV字で２０１０年の回復度合いが強い。

c 「右肩下がり型」

２００８年から２０１０年にかけてグラフの形が右下がりである。

＊　＊

●釣り針型

「釣り針型」に含まれる業種は製造業で９業種、非製造業では４業種、あわせて13業種と３つの分類の中では最も多い。特に典型的なのは「石油・石炭製品」「輸送用機器」「電気機器」である。この３業種の共通点は２００９年３月期に総資本経常利益率がマイナスになったことである。このうち「輸送用機器」と「電気機器」はリーマン・ショック後の世界的な景気後退による需要の急減が大幅な業績の落ち込みの原因となった。たとえば国内の新車販売台数は、日本自動車販売協会連合会および全国軽自動車協会連合会によると、２００８年度は４７０万台（登録車＋軽自動車）で前年比88・４％であった。自動車輸出台数については、日本自動車工業会によると、２００８年度は５６０万台（四輪車輸出台数合計）で、前年比82・８％であった。「輸送用機器」に属する代表的企業であるトヨタ自動車の２００９年３月期の業績は、売上高が前年比21・９％減で営業損失が４６１０億円となった。営業損失４６１０億円を１台

図3-2-1　釣り針型（製造業）

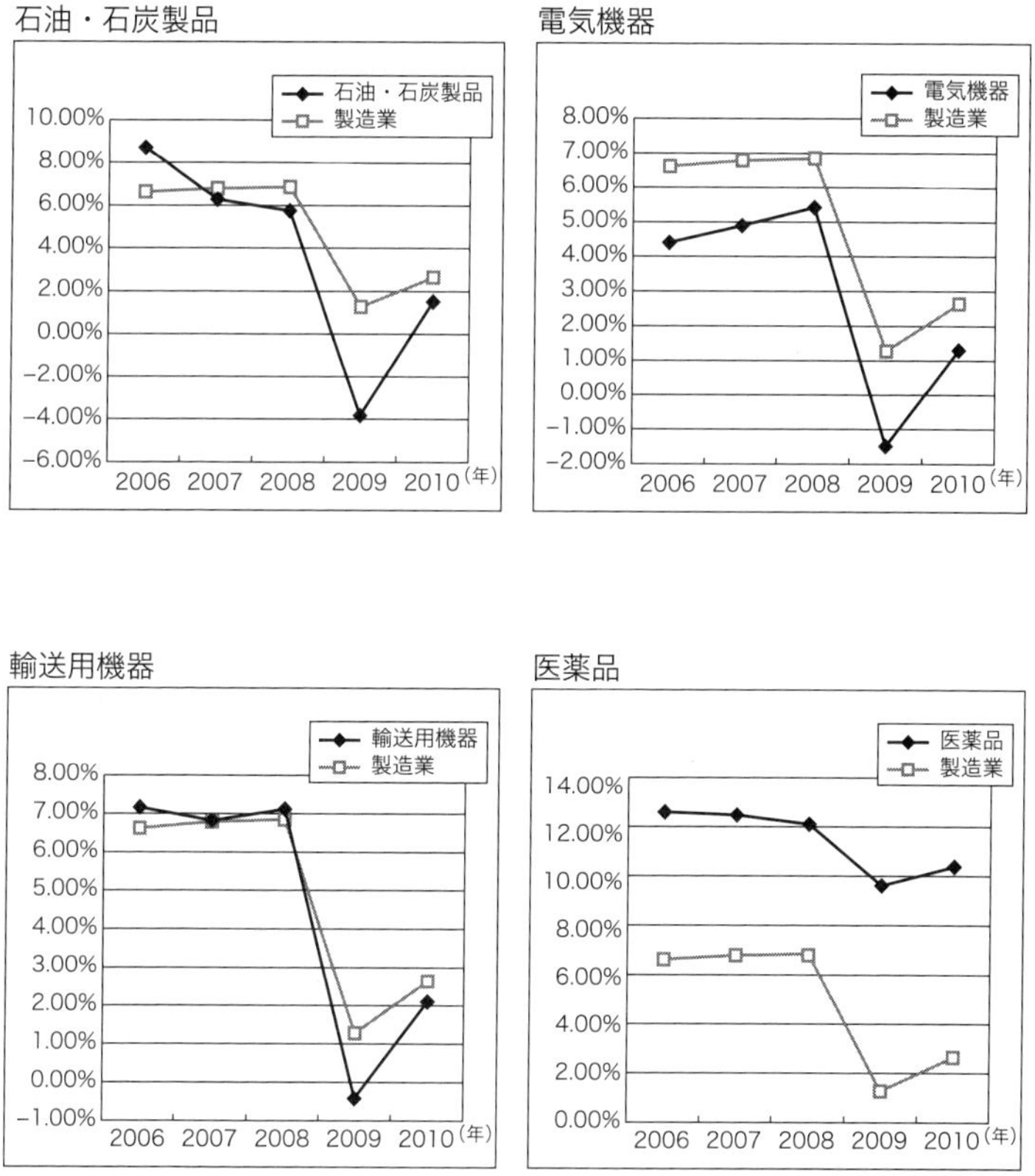

図3-2-1　釣り針型（製造業）（続き）

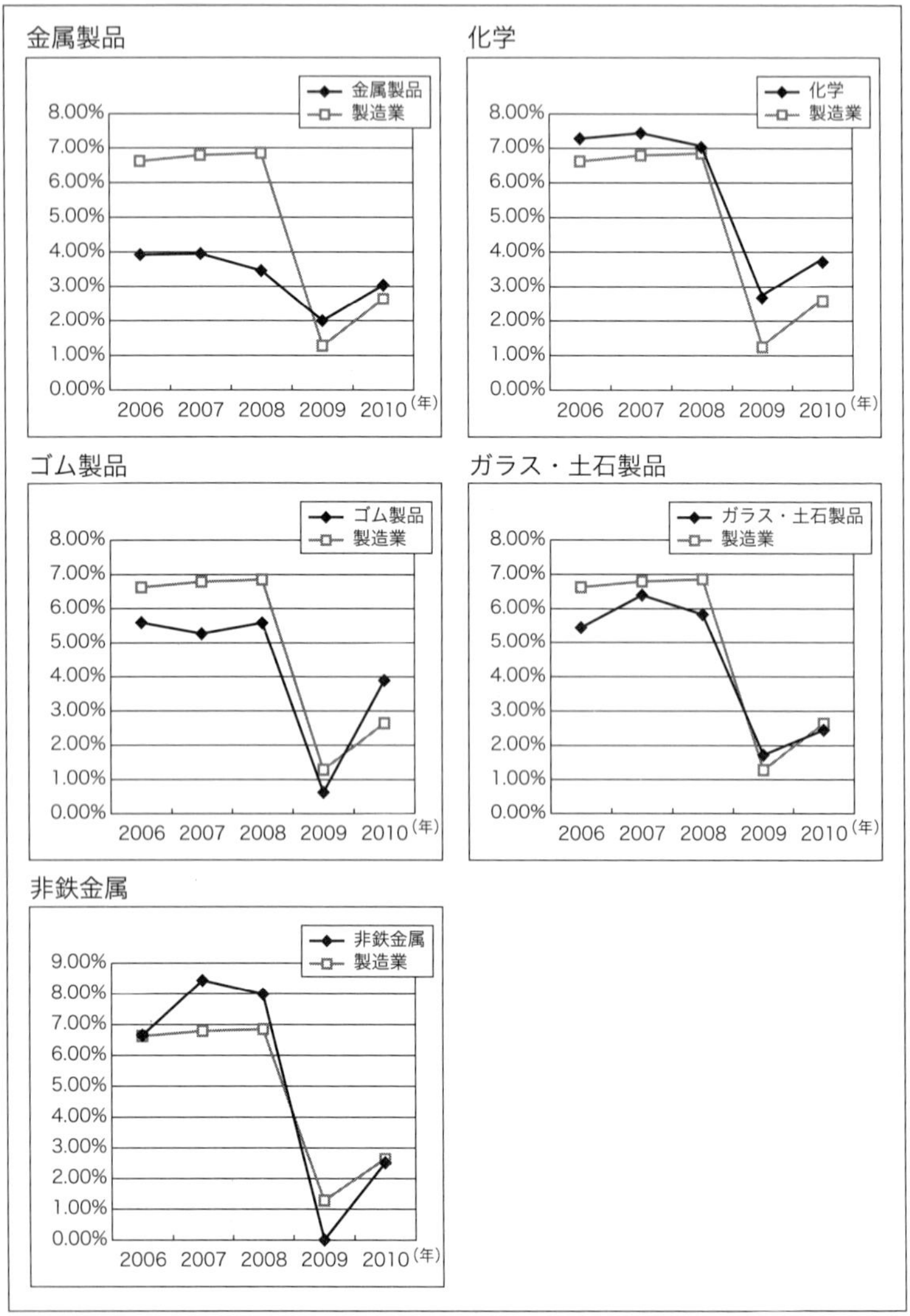

図3-2-1　釣り針型（非製造業）（続き）

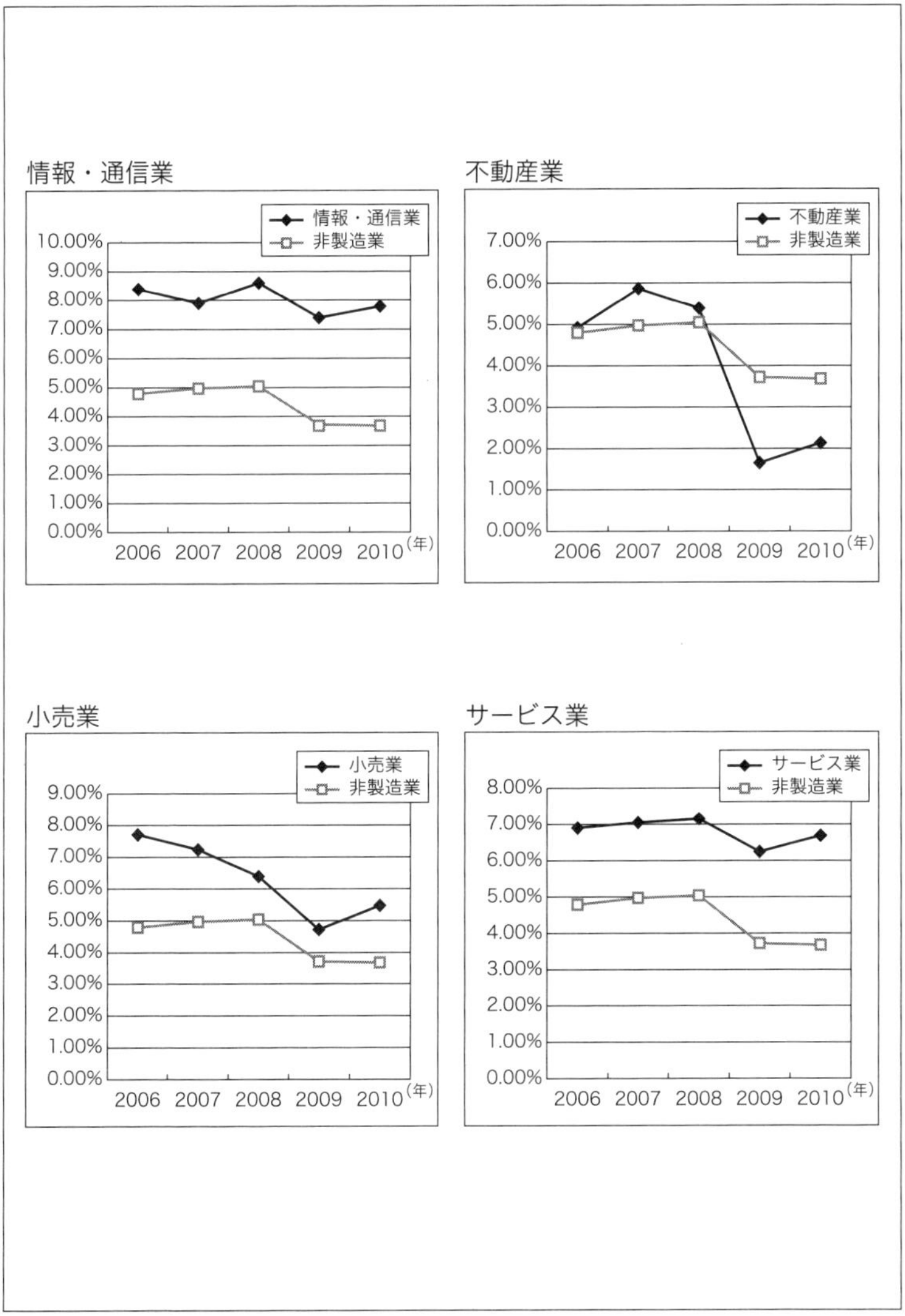

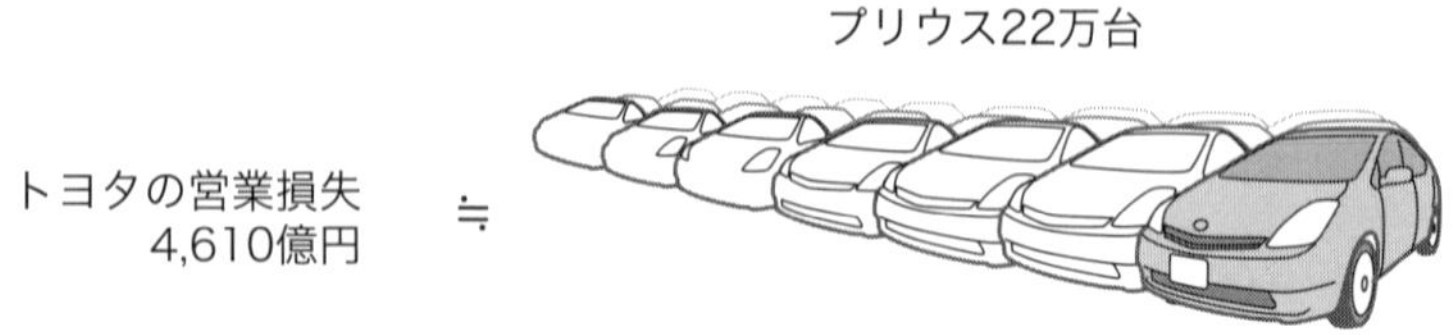

２０５万円のプリウスに置き換えると22万台に相当する。

こうした状況は「電気機器」に関しても同様で、売上高トップの日立製作所の２００９年３月期は、売上高が前年比10・９％減、当期純損失は７８７３億円となっている。同時期のヨドバシカメラの売上高が７０１２億円（２００９年３月期）であることを考えると、いかに巨額の損失であったかがよくわかる。同業他社も同様に厳しい結果となっており、電機大手９社（日立製作所、パナソニック、ソニー、東芝、富士通、日本電気、三菱電機、シャープ、三洋電機）の２００９年３月期決算で最終黒字となったのは三菱電機のみだった。

「石油・石炭製品」については景気悪化による消費不振もあるが、在庫の評価方法が損益に与えた影響がかなり大きい。石油会社では在庫の評価方法として総平均法を採用する会社が多く、２００８年夏以降の原油価格の下落局面では売上原価が押し上げられて収益が圧迫されている。

総平均法では期末時に一括して期首在庫と当期仕入の合算

額からその平均単価を求め、それに在庫数量を掛けて在庫金額を確定する。したがって、原油価格上昇時は期首在庫の単価が期中仕入分よりも安値になり、その影響で売上原価が原油価格の上昇に比べて緩やかに上昇し損益が良化する。一方、原油価格下落時は期首在庫の単価が期中仕入分よりも高値になり、その影響で売上原価が原油価格に比べて緩やかに下落し損益が悪化する。

上記3業種はいずれも２０１０年はプラスに転じているが、２００８年のレベルにはとても手が届いていない。その結果、グラフの形が「釣り針型」になった。

●V字型

「V字型」に含まれるのは製造業で2業種、非製造業でも2業種、あわせて4業種である。

その4業種というのは「パルプ・紙」「食料品」「水産・農林業」「電気・ガス業」である。

このうち「電気・ガス業」については原燃料費調整制度という政府の制度があってやや特殊である。この制度は電気やガスの原燃料である原油や液化天然ガスの価格変動を電気・ガス料金に反映させる仕組みで、電力会社とガス会社は原燃料価格が高騰しても一定の利益が確保できるようになっている。

しかし２００９年3月期以前については、価格調整が四半期毎にしか行われていなかったため原油等の価格の急騰に電気・ガス料金の値上げが追いつくことができず、業績が一時的に悪

図3-2-2　V字型（非製造業）

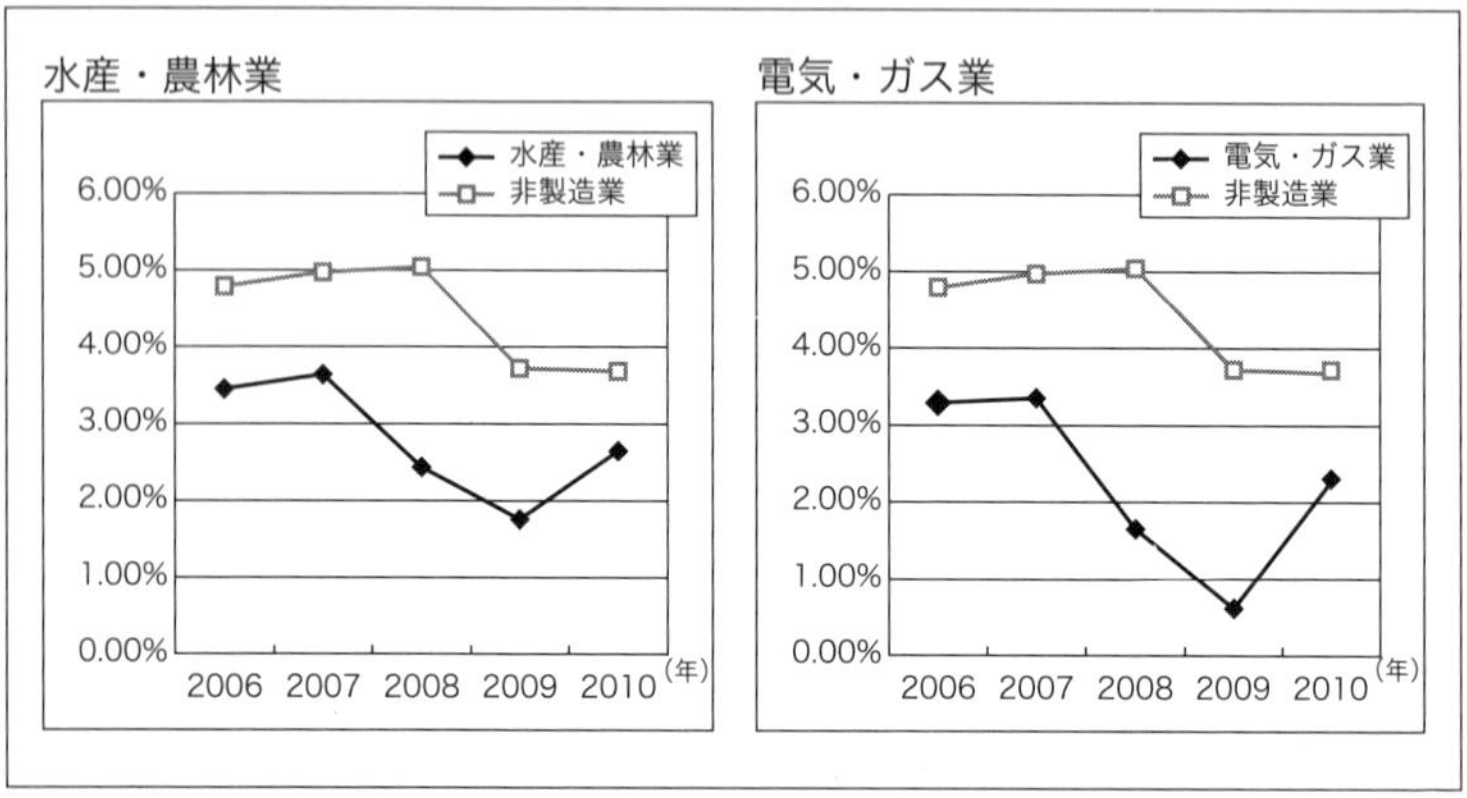

図3-2-2　V字型（製造業）

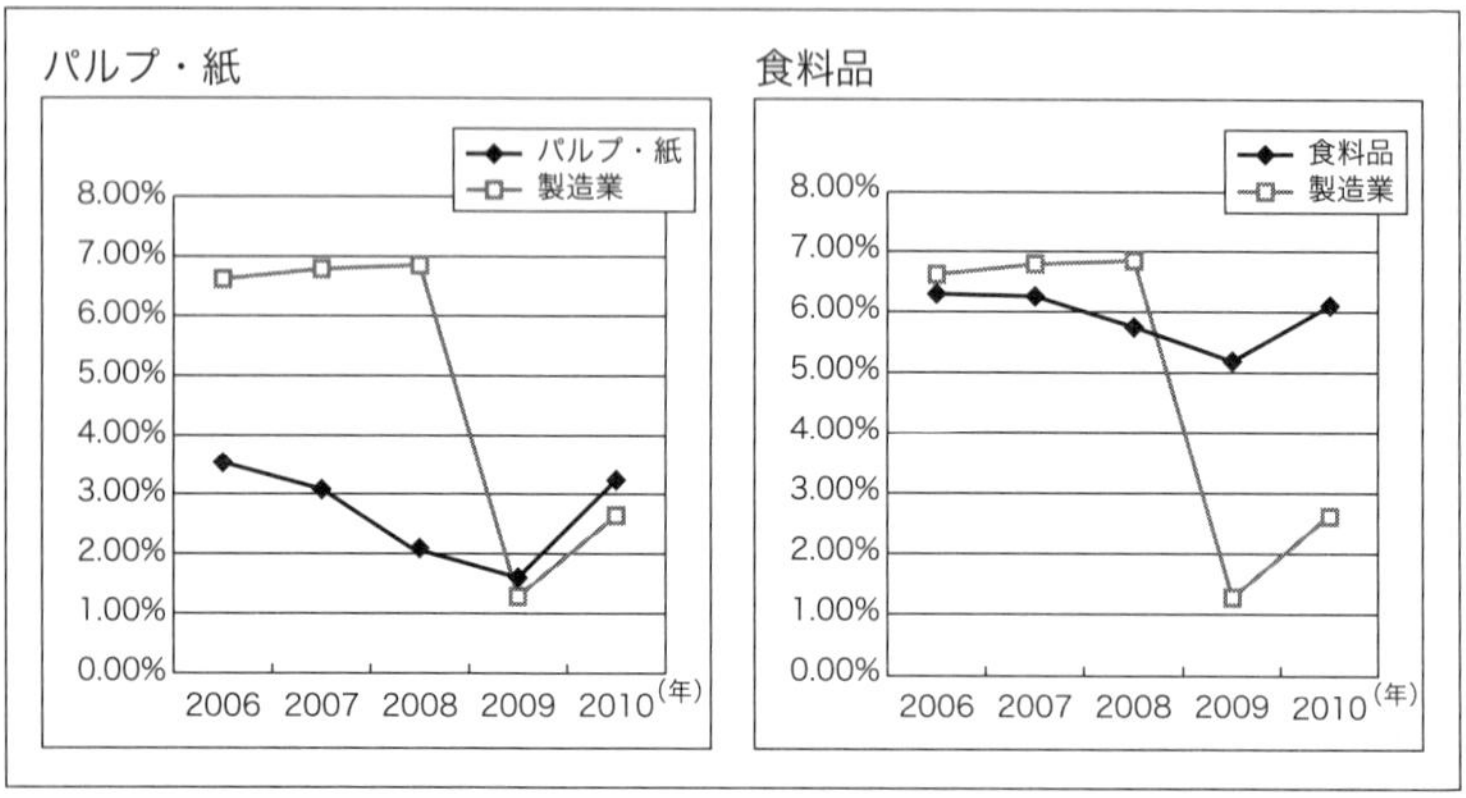

化した。V字回復にはこのタイムラグが関係しているものと考えられる。なお、その後に制度の見直しがあって価格調整が毎月行われるようになり、タイムラグは短縮されている。

「水産・農林業」に含まれる東証上場企業はここでは5社のみである。そのうち2社はシメジやマイタケといったきのこのメーカーである。この2社は鍋物需要に依存するところが大きく年商の6割強を秋冬で稼いでいるため、2009年3月期は一番の稼ぎ時がリーマン・ショック直後と重なったが、結果的には内食回帰を背景に業績は堅調に推移した。他の3社は水産業系の会社で、このうち1社が2009年3月期に経常損失を出していることが「水産・農林業」のグラフの形に影響を与えたようだ。

「パルプ・紙」と「食料品」の2業種については回復度合いが4業種の中で相対的に高い。この2業種の総資本経常利益率は2008年以前において製造業平均を下回っていたが、2009年以降、製造業平均を上回るレベルに達している。リーマン・ショックを境に平均を超えてきているという珍しい業種である。この2つの業種については次章で詳しく分析する。

●右肩下がり型

「右肩下がり型」に含まれるのは製造業で5業種、非製造業では7業種、あわせて12業種である。非製造業は13業種あるのでそのうち半数以上がこの「右肩下がり型」に入っている。右肩下がりの傾向が顕著なのは「鉄鋼」「海運業」「空運業」の3業種である。この3業種に共通す

図3-2-3　右肩下がり型（製造業）

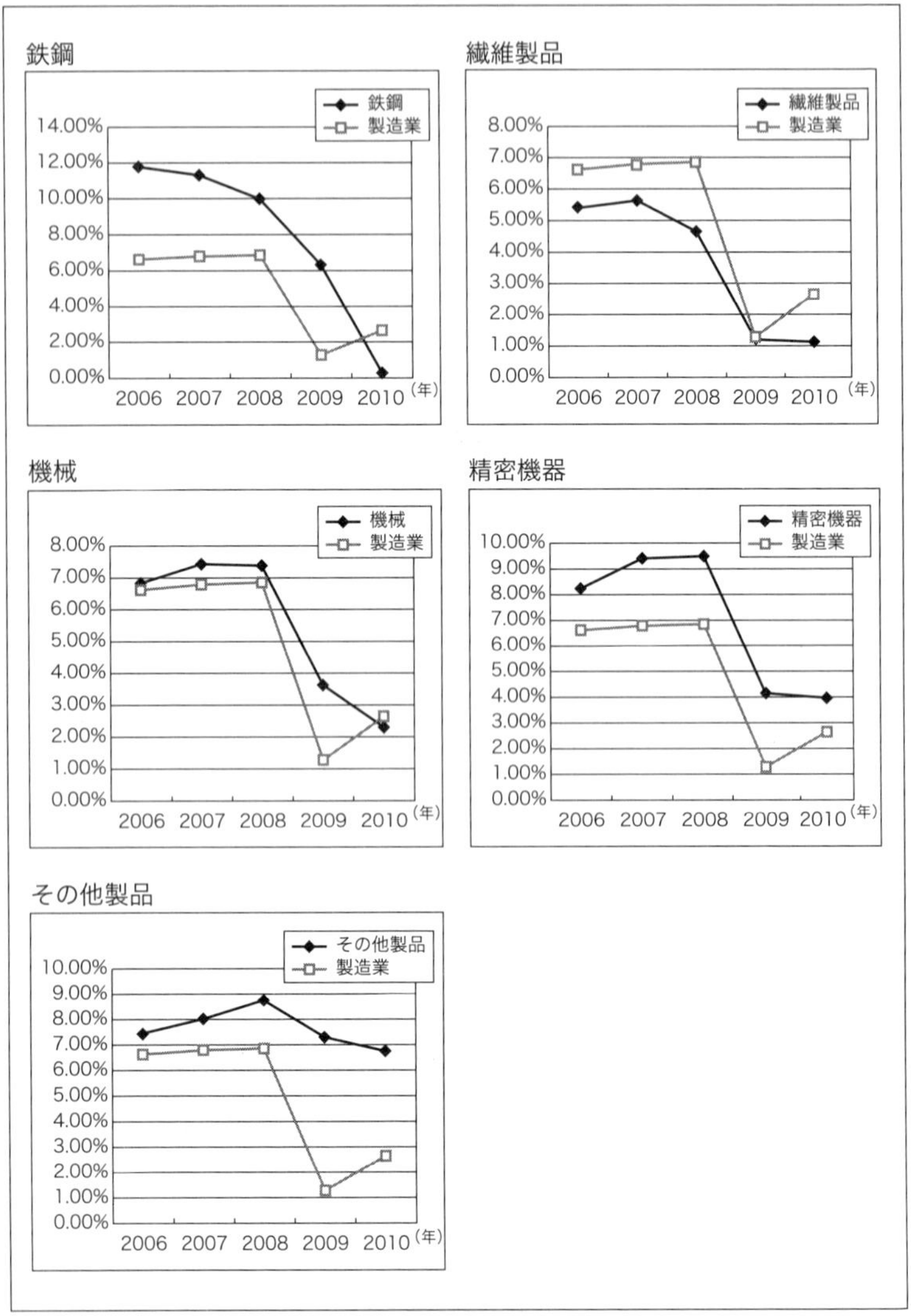

図3-2-3　右肩下がり型（非製造業）(続き)

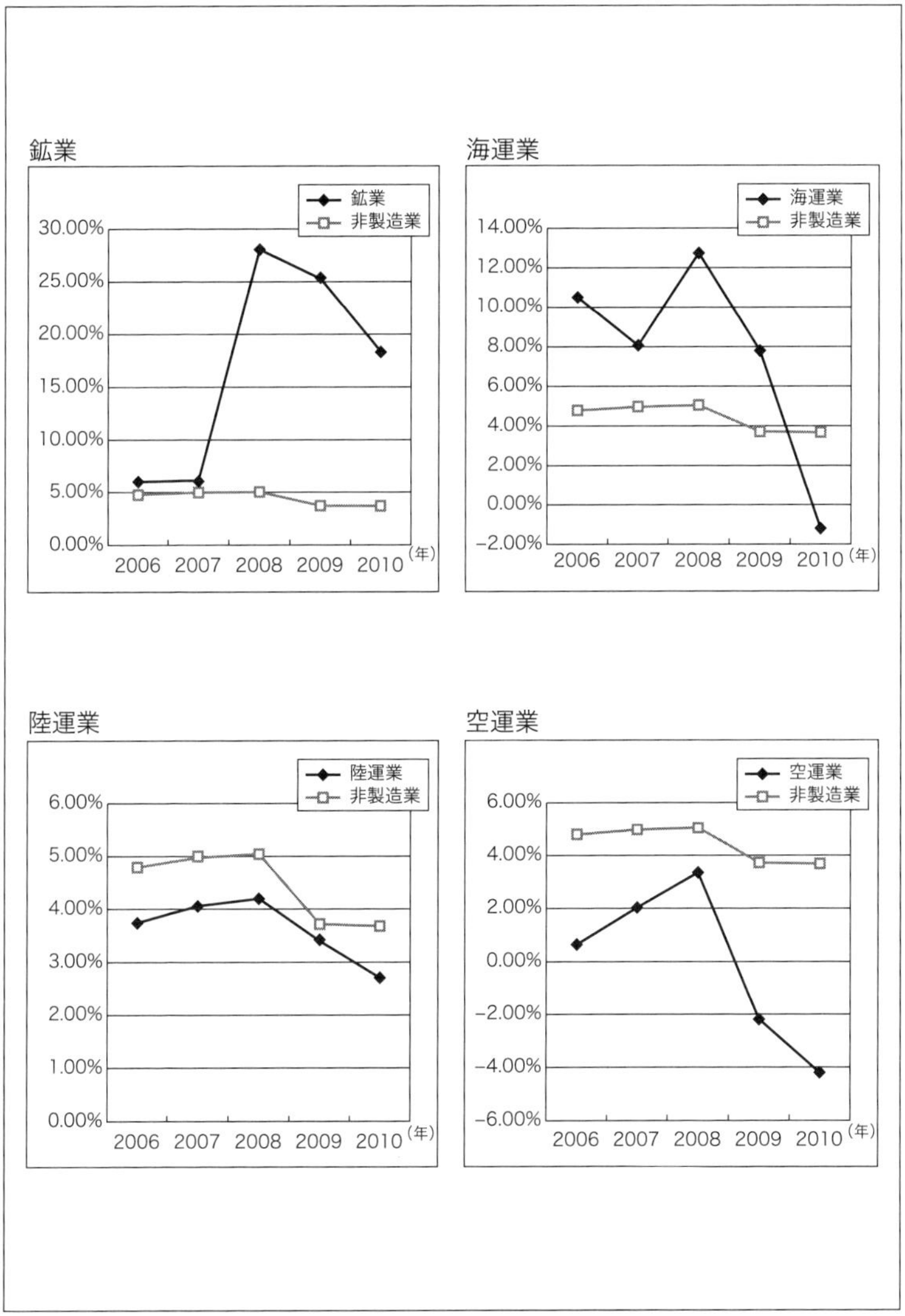

図3-2-3　右肩下がり型（非製造業）（続き）

建設業

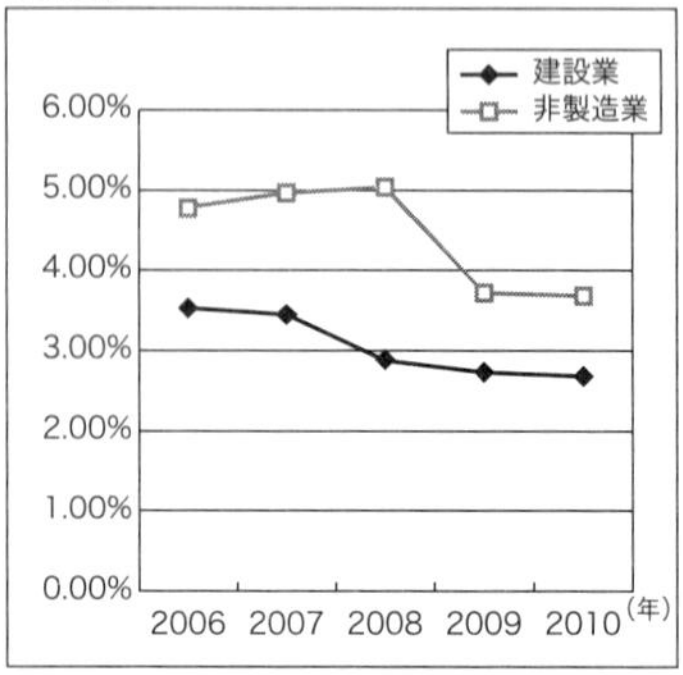

卸売業

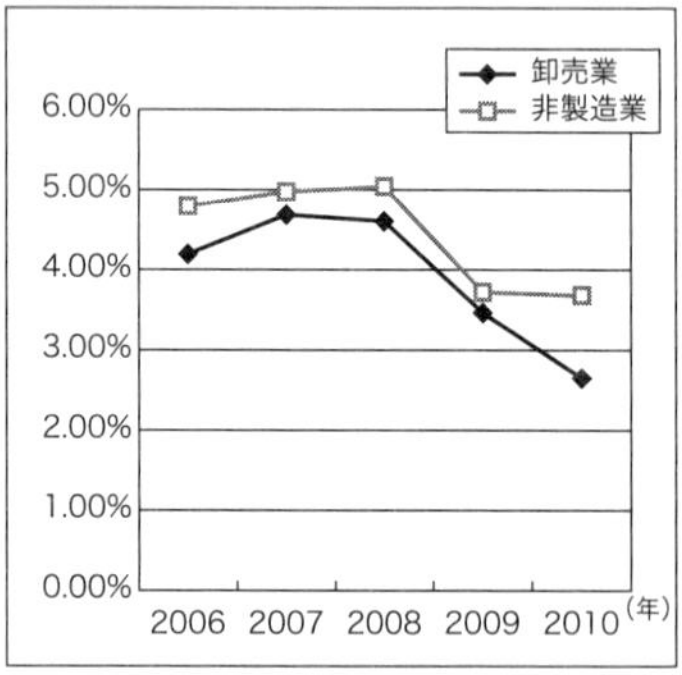

倉庫・運輸関連業

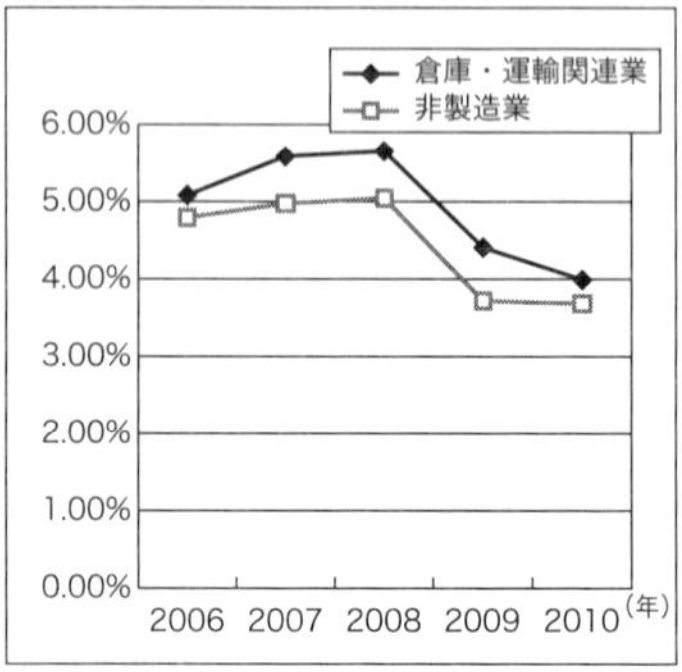

総資本経常利益率のパターン分類

	製造業	非製造業	**合　計**
釣り針型	9	4	**13**
V字型	2	2	**4**
右肩下がり型	5	7	**12**

るのは景気が底入れした後の会計年度である2010年3月期でもグラフが下げ止まらずマイナスもしくは限りなく0に近いプラスにまで落ち込んでいる点だ。

「空運業」については雑誌や報道でも取り上げられる機会が多かったが、リーマン・ショック後の国際線の利用者減が売上を大幅にダウンさせたことが大きな原因である。たとえば企業の海外出張などは不況になるとすぐに減りだすが、そうした利用者減の結果、運航コストがカバーできなくなったと言われている。

「鉄鋼」「海運業」については日常生活の中であまりなじみがないが、「空運業」と並んで不況の影響を大きく受けていることから、財務分析をすると何か見えてきそうである。次章で具体的な事例を

使って詳しく見ていきたい。

＊　＊

このように、世界同時不況といっても業種によりその影響は結構バラツキがあることがわかる。指標が示す上記の結果には思い当たる点もあるだろうが、意外な点もある。「輸送用機器」や「電気機器」が落ち込んだことは家電メーカーや自動車メーカーが不振に陥ったことが報道でも取り上げられているので違和感がないが、「パルプ・紙」と「食料品」の回復が早いというのは実感があまりない。また、「空運業」が不調なのはＪＡＬの経営問題がさんざん報道されたこともあって実感できるものの、「海運業」が不調というのは船に乗る機会がめったにないので身近に感じられない。

経営分析の示す結果が実態を表しているかどうかはわからない部分も多いが、経営分析という機械的作業によって得られた結果には一定の客観性もあり、個別企業の分析をする場合、その企業の属する業界の経済環境を掴んでおくという意味で参考になるはずである。

(4) 分析をもう一歩進めるための算式の分解法

企業の経営分析を総資本経常利益率からスタートすれば、企業と景気循環の対応関係をつかむことができることについてはよくわかったと思う。そうすると次にやるべきことはその対応関係を掘り下げていくことである。具体的に、どの経営指標を使って分析すればよいだろうか。

実はその方法はほぼ決まっている。総資本経常利益率についてさらに分析を進める方法として、総資本経常利益率を２つの経営指標に分解するというアプローチが一般的に行われているからだ。式を以下のように展開する。

総資本経常利益率＝経常利益÷総資本×100％
＝（経常利益÷売上高）×（売上高÷総資本）×100％
＝売上高経常利益率×総資本回転率×100％

これは経営分析の教科書には必ず載っている式だが、総資本経常利益率を売上高経常利益率と総資本回転率に分解し、そのいずれが前期と比べて変動したかを調べることにより、総資本経常利益率の変動要因を探るというものである。売上高経常利益率が変動したのであれば儲けの率が変動したことを意味し、総資本回転率が変動したのであれば営業循環の回数が変動したことを示す。

すでに見たとおり、上場企業全産業平均の総資本経常利益率は世界同時不況下の２００９年3月期において大きく下がり、その後２０１０年3月期において回復したわけだが、その要因についてもこの分解式を使うと企業の経営実態が見えてくる。それについては後述する。

2 不況下で注目される売上高利益率

(1) 企業が経営に際して重視する経営指標の第1位

経営指標にも人気ランキングがある。

平成21年度の生命保険協会の調査「株式価値向上に向けた取り組みについて」によると、「企業が経営に際し重視している経営指標は何か」という上場企業へのアンケートに対し、最も多かった回答は「売上高利益率」だったそうだ。しかも前年度の調査と比較しても「売上高利益率」は増加基調であり、不況下の時代において企業が重視する傾向が強くなっている。その背景に何があるのかはともかく、企業が最も重視する指標に選ばれている以上、この指標の一般的傾向はぜひ把握しておきたい。

売上高利益率とは売上高から費用を引いた利

経営指標ランキングTOP３（企業が重視するもの）

順　　位		経営指標名
H21年度	H20年度	
①	③	売上高利益率
②	②	利益額・利益の伸び率
③	①	ROE

アミ部分は前年より順位を上げたもの

益がどのくらい出るのかを示す財務比率で、利益を売上高で除して求める。

分母の売上高については損益計算書の一番上の数字を持ってくることで異論はないが、分子の利益に関して言えば、現在の日本の会計基準では売上総利益、営業利益、経常利益、当期純利益などがあって、どの利益を使用するかによって求められる比率の意味が異なってくる。

ここではまず、分子に経常利益を持ってくる売上高経常利益率を取り上げる。これは総資本経常利益率を構成する２つの要素の１つである。

(2) 売上高経常利益率から何が読めるか

●経常利益の取扱い方

売上高経常利益率は、経常利益を売上高で除

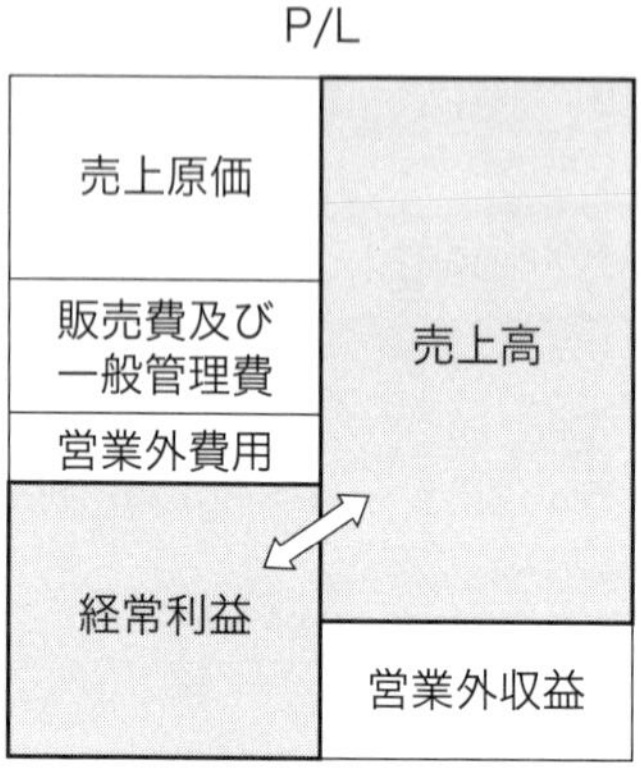

して求める。算式を示せば、以下のとおりである。

売上高経常利益率＝経常利益÷売上高×100％

この率が高ければ高いほど経常的な事業活動による儲けが大きいことを意味する。では、その算式の分子に来る経常利益とはどのような利益なのか。経常利益というのは企業の経常的な事業活動から得られた利益のことである。

つまり経常利益というのは「常に一定の状態で稼ぐ利益」「平常時の利益」であり、「毎期継続的に稼ぐ利益」と言い換えることができる。さらに、もう少しかみ砕いて言えば、「いつもの利益」と表現することもできる。

ただし厳密に言えば、経常利益というのは必ずしも会社が継続的に稼ぐ利益とは言えない。

しかし経営分析をする上では、損益計算書で経常利益と表示されている数字を拾って算式に入れればそれでよい。過年度との比較や他社との比較をする上では、同条件であれば特に問題にならないからである。そうして求めたパーセンテージが売上高経常利益率であり、事業活動による利ザヤが売上高の何%に当たるかを示す経営指標ということになる。

●売上高経常利益率の傾向

売上高経常利益率は、一般に何%程度あれば十分なのだろうか。**図3−3**は東証（以下「東証」）上場企業の売上高経常利益率について、1998年3月期から2010年3月期の期間の推移をグラフにしたものだ。これを見ると、全産業平均では2〜6%の間で推移している。総資本経常利益率とほぼ同じ水準である。グラフのトレンドについても総資本経常利益率とほぼ同様で、好況時においては製造業が非製造業を上回り、不況時にはその逆になるというパターンも同じように見られる。売上高経常利益率は、総資本経常利益率とかなり似通った傾向を示す経営指標であると言える。これが売上高経常利益率の特徴だ。

この特徴は個々の年度で見ても確認できる。特に、2009年3月期の急激な下降はわかりやすい。この下降の仕方は同じ年度の総資本経常利益率の動きと全く同じである。これはリーマン・ショックの影響が大きく表れた年度であるわけだが、ここから何がわかるかというと、総資本経常利益率が大きく下落したのは売上高経常利益率の下落に引っ張られたことによるも

図3-3　売上高経常利益率

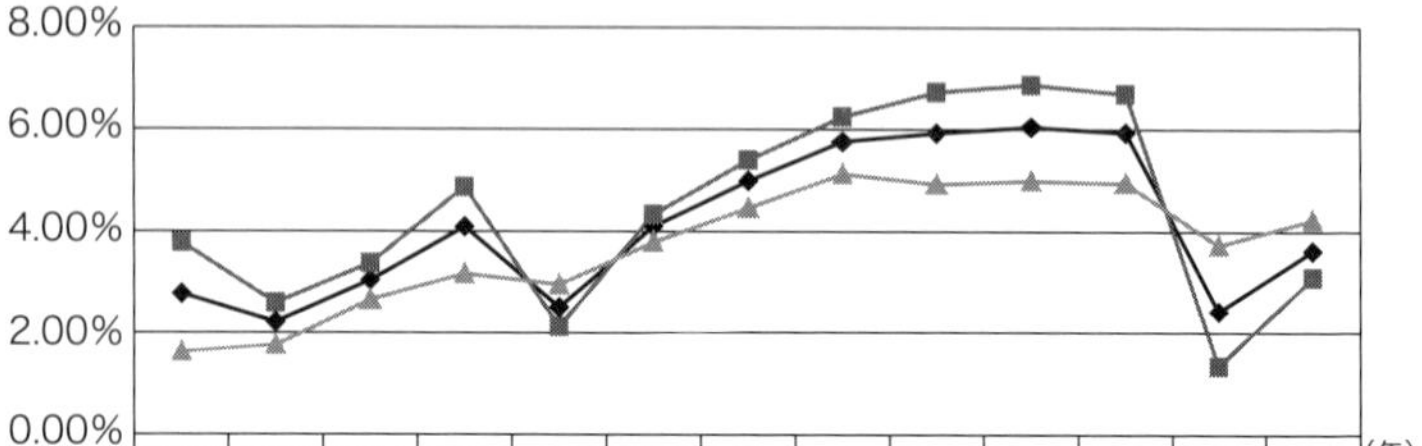

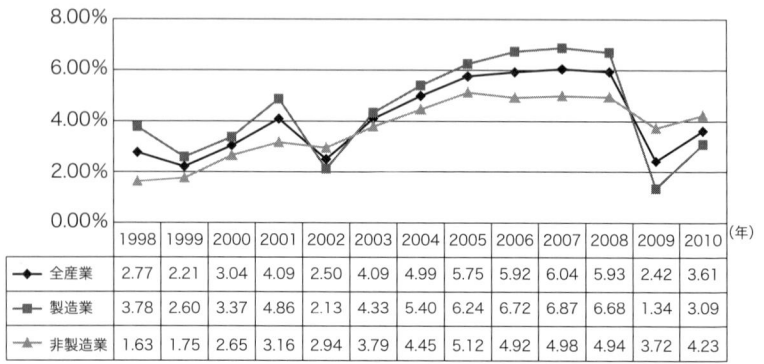

	1998	1999	2000	2001	2002	2003	2004	2005	2006	2007	2008	2009	2010
全産業	2.77	2.21	3.04	4.09	2.50	4.09	4.99	5.75	5.92	6.04	5.93	2.42	3.61
製造業	3.78	2.60	3.37	4.86	2.13	4.33	5.40	6.24	6.72	6.87	6.68	1.34	3.09
非製造業	1.63	1.75	2.65	3.16	2.94	3.79	4.45	5.12	4.92	4.98	4.94	3.72	4.23

（単位：%）

このグラフからわかること

- グラフの形は総資本経常利益率と似ている。
- 全産業平均で見ると概ね2～6%の間で推移している。
- 2010は製造業、非製造業ともにはっきりとした回復が見られる。
- 製造業は2010に回復しているものの非製造業を下回った状態は変わっていない。

非製造業の2010年3月期の各指標の動向

指　　標	前期比
総資本経常利益率	下降
売上高経常利益率	上昇
総資本回転率	下降

のだということがわかるのである。

しかし、細かく見ていくと異なる点もある。たとえば、２０１０年の非製造業に関する点である。非製造業の総資本経常利益率は２０１０年にわずかに率を下げており、下げ止まりが見られなかった。しかし、売上高経常利益率を見るとそうではない。２０１０年に率が上がっているのである。戻り方は弱いが持ち直しの兆しが見える。つまり、２つの指標が逆方向の動きを示しているのである。それは総資本経常利益率のもう１つの構成要素である総資本回転率が下がっているからに他ならないのだが、この点については総資本回転率のところで確認してみたい。

(3) 売上高営業利益率がマイナスだとイエローカード

上場企業の決算短信で開示されている売上高利益率は、売上高経常利益率ではなく売上高営業利益率の方である。

売上高営業利益率の算式は以下のとおりである。

売上高営業利益率＝営業利益÷売上高×100％

営業利益というのは企業が本業で稼いだ利益のことである。売上高から仕入原価や製造原価、

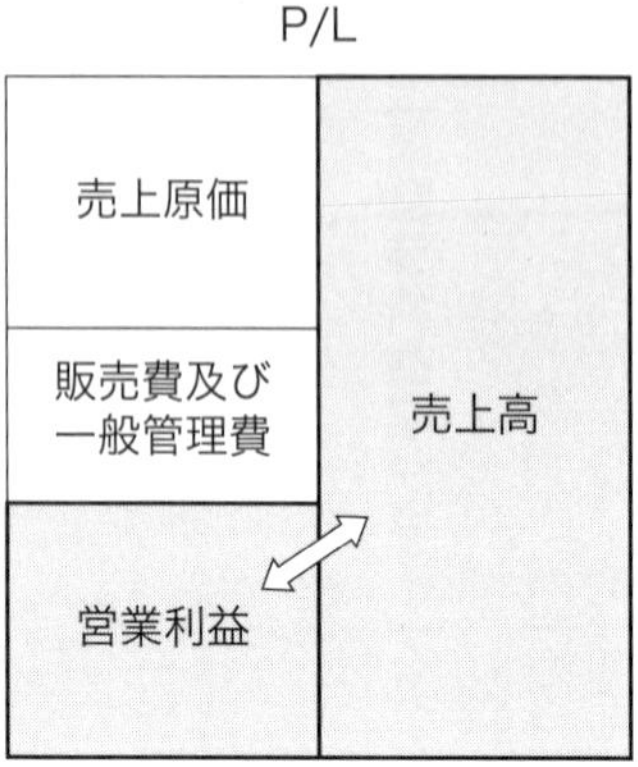

販売費及び一般管理費を差し引いて求める。経常利益と違って、営業利益には受取利息や支払利息といった財務活動に伴う損益等、営業外収支は含まれない。営業利益は営業活動から得た利ザヤを示しており、売上高営業利益率が高ければ高いほどその利ザヤの率が高いことを意味する。

営業利益がプラスかマイナスかというのは、企業の継続能力を判定する際にも重視される。その会社がビジネスとして成立しうるかどうかの見極めに使われるのだ。会社がむこう1年以内に倒産する可能性が高い場合、決算書には「継続企業の前提に関する注記」が記載されるが、その記載の要否の判定に際して、重要な営業損失や継続的な営業損失は、「継続企業の前提に重要な疑義を生じさせるような事象又は状況」

に該当する項目とされている。

また、収益性の低下した固定資産の簿価を引き下げる「固定資産の減損」においても、営業活動から生じる損益が継続してマイナスの場合は「減損の兆候あり」と判定される。この場合、営業活動から生じる損益というのは、厳密には管理会計上の概念を使うので損益計算書（財務会計上）の営業損益とは異なるが、それでも基本的に大きな差はない。

このように営業利益は会計的にも非常に重視される項目であり、売上高営業利益率はそのような意味で会社のビジネス基盤の良し悪しを見る指標である。

(4) 売上高営業利益率と売上高経常利益率の差はどうして生まれるか

図3-4に、東証上場企業の売上高営業利益率の推移を示した。

このグラフによると、売上高営業利益率は概ね3％から6％くらいのところで推移している。売上高経常利益率と比べるとやや推移の幅が狭いかもしれないが、ほとんど同じような水準である。

グラフの形状は、売上高経常利益率と同様の特徴が認められる。製造業平均と非製造業平均のグラフの位置関係に関する法則性も同様に見られる。こうした特性を踏まえると、個別企業の経営分析を行うときは、売上高営業利益率と売上高経常利益率の両指標に大きな差が認められた場合に、その差がどこから来たものかという点に注意するとよい。

日本企業の場合は特に、為替の影響が大きくなると両指標の差が広がる。為替差損益は営業外損益の区分に計上されるので、売上高営業利益率にその直接的影響は含まれないが、売上高経常利益率にはこれが含まれてくる。たとえば、円高が急激に進んだ年度では輸出企業で多額の為替差損が発生し、売上高経常利益率が悪化するということも起きる。

また、借入金の利息の支払が多い会社も両指標に差が出やすい。支払利息は、損益計算書では営業外費用（営業利益と経常利益の間）に計上されるからである。借入金が多額にある企業

図3-4　売上高営業利益率

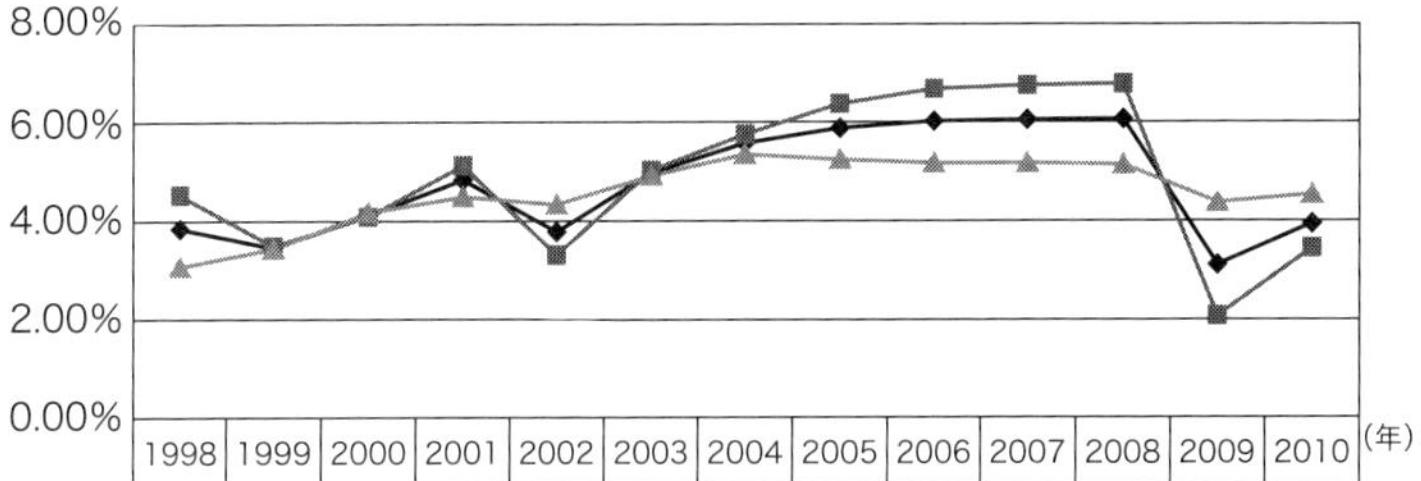

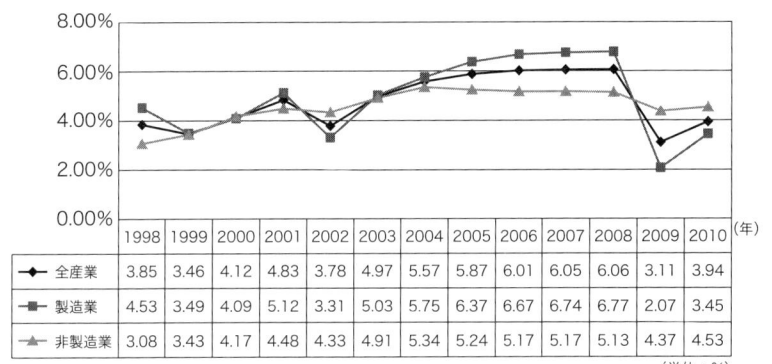

	1998	1999	2000	2001	2002	2003	2004	2005	2006	2007	2008	2009	2010
全産業	3.85	3.46	4.12	4.83	3.78	4.97	5.57	5.87	6.01	6.05	6.06	3.11	3.94
製造業	4.53	3.49	4.09	5.12	3.31	5.03	5.75	6.37	6.67	6.74	6.77	2.07	3.45
非製造業	3.08	3.43	4.17	4.48	4.33	4.91	5.34	5.24	5.17	5.17	5.13	4.37	4.53

(単位：%)

このグラフからわかること

- 全産業平均で見ると概ね3～6%の間で推移している。
- 売上高経常利益率に比べると変動幅はやや狭くなっている。
- 非製造業は動きが緩やかである。

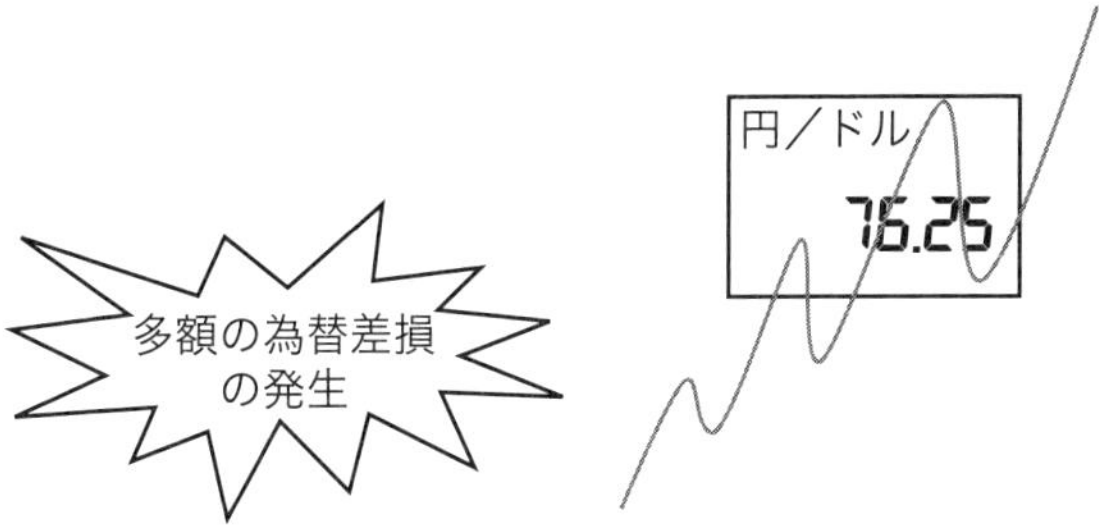

売上高営業利益率　>　売上高経常利益率

連結損益計算書

（自　平成23年4月1日至　平成24年3月31日）

（単位：百万円）

科　目	金　額	
売上高		10,000
売上原価		6,000
売上総利益		4,000
販売費及び一般管理費		3,200
営業利益		800
営業外収益		
受取利息	20	
その他	10	30
営業外費用		
支払利息	25	
為替差損	32	
その他	2	59
経常利益		771

では、売上高経常利益率が売上高営業利益率を下回ることが常態化していることがある。

3 総資本回転率でリーマン・ショック後の経営実態を読む

（1）マイナーだが侮れない経営指標

不況下において企業が売上高利益率を重視してきていることを紹介したが、その背景を読み解く鍵が以下で述べる総資本回転率にある。

総資本回転率は売上高経常利益率と同じように、総資本経常利益率を構成する2つの要素の1つである。この関係を生物の親子関係に当てはめるなら、売上高経常利益率と総資本回転率の子どもが総資本経常利益率ということになる。

総資本回転率は資本の効率性を見るための指標で、企業の総資本が売上高を通じて何回入れ替わったかを回転数によって表している。つまり総資本が営業循環に何回使われたかを意味し、回転率が高いほど総資本が効率的に活用さ

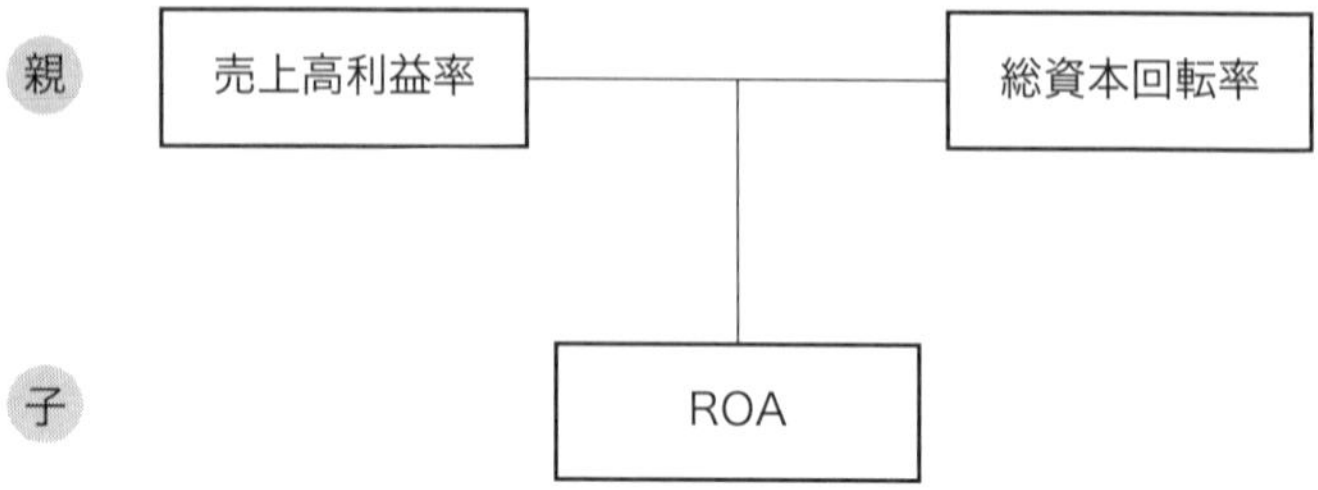

れていることを示す。

総資本回転率の算式は、以下のとおりである。

総資本回転率＝売上高÷総資本

この指標は利益率の指標とは少し違い、単に回転率が高いというだけで企業として優れているかというとそういう意味ではない。多額の設備を必要とする業種では回転率が低くなるのが一般的で、業種や企業によってそれぞれ固有の回転率があると捉えるべきである。

指標のこのような性格から、総資本回転率は求めてみてもその数値の意味合いがわからず、他社と比較してもその数値で優劣を判断することもできない。そのため、企業の開示資料などでも総資本回転率が前面で取り上げられる機会はやや少ない。しかしこの指標を時系列で見た

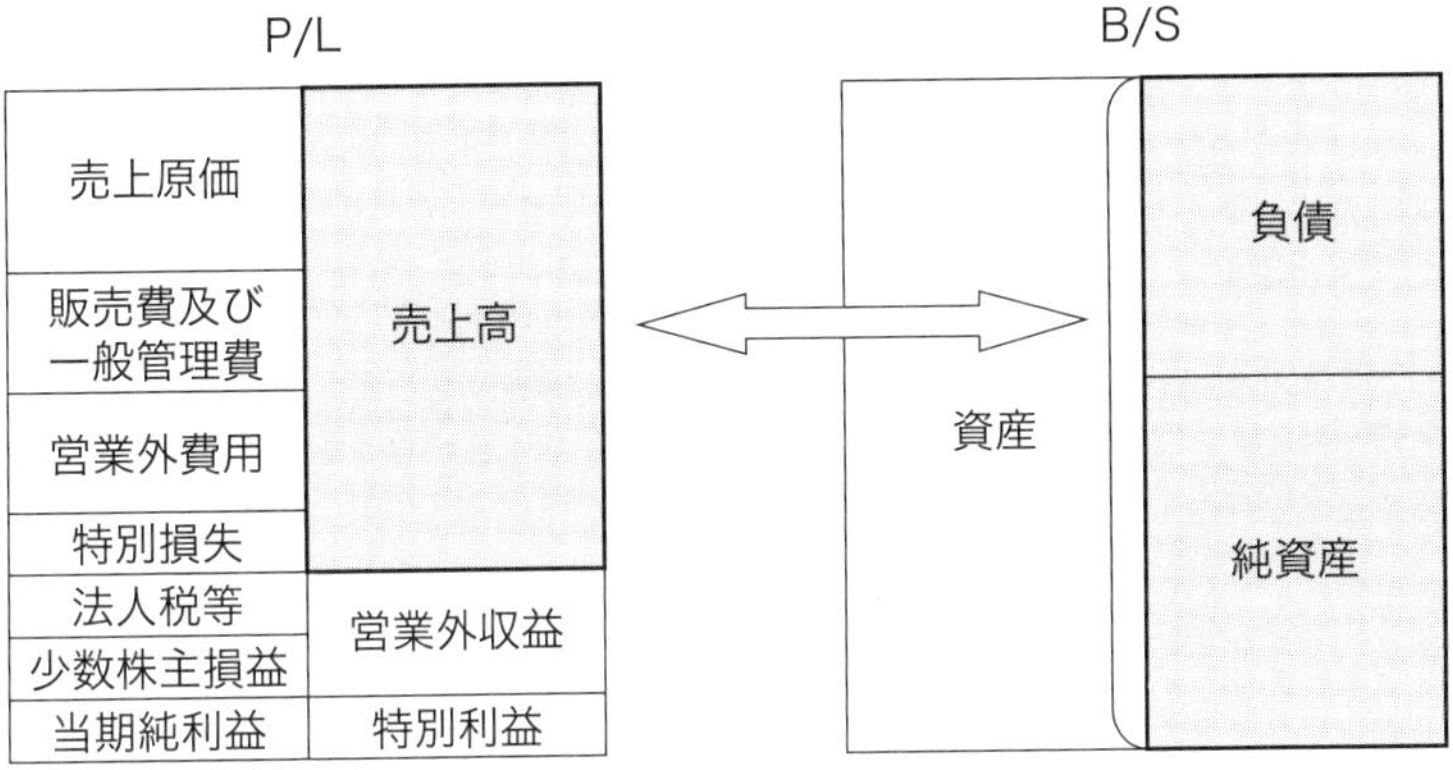

ときに大きな変化が表れているならば、その企業の財務内容や営業活動に重要な変化が起きていると考えてよい。

(2) 総資本回転率の悪化が示す見せかけの景気回復

日本の上場企業の総資本回転率は何回転くらいなのであろうか。**図3-5**は、東京証券取引所（以下「東証」）上場企業の総資本回転率を１９９８年３月期から２０１０年３月期までの期間について、グラフ化したものである。全産業平均、製造業平均および非製造業平均の３つについてグラフを表示している。

これを見るとはっきりしたトレンドが認められる。１９９９年から２００２年あたりまでは回転数が少なく、２００２年以降２００８年までは回転数が右肩上がりで増加している。不況

図3-5　総資本回転率

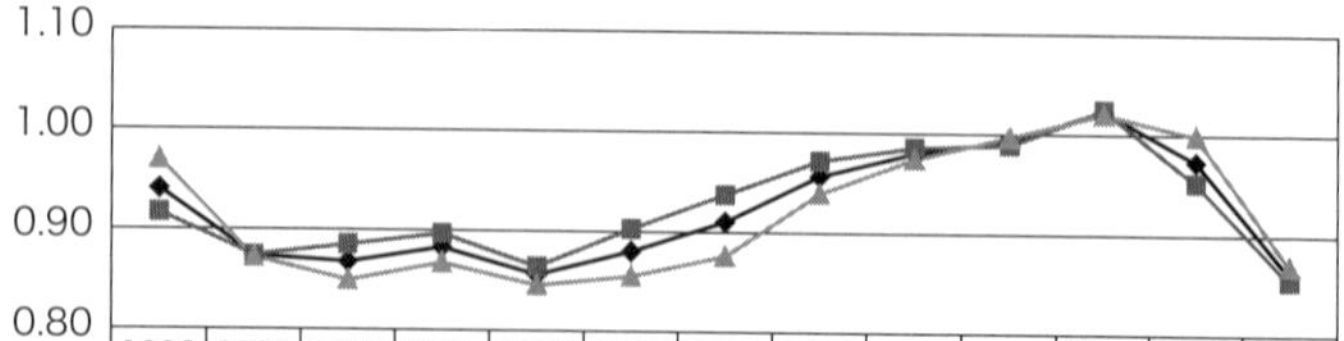

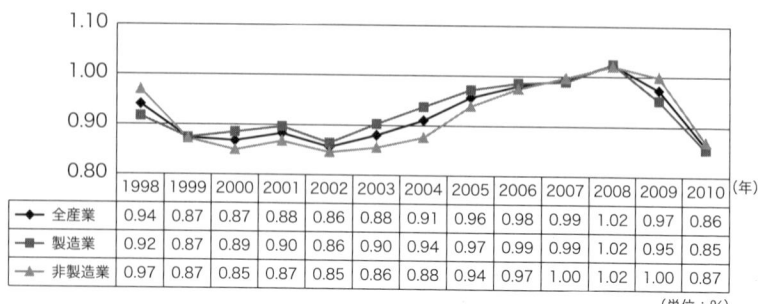

	1998	1999	2000	2001	2002	2003	2004	2005	2006	2007	2008	2009	2010 (年)
◆ 全産業	0.94	0.87	0.87	0.88	0.86	0.88	0.91	0.96	0.98	0.99	1.02	0.97	0.86
■ 製造業	0.92	0.87	0.89	0.90	0.86	0.90	0.94	0.97	0.99	0.99	1.02	0.95	0.85
▲ 非製造業	0.97	0.87	0.85	0.87	0.85	0.86	0.88	0.94	0.97	1.00	1.02	1.00	0.87

（単位：%）

このグラフからわかること

- 景気の良いときは上昇、悪いときは下降する傾向が見られる。
- 概ね0.9前後から1.0前後で変動しており、大きな動きは見られない。
- リーマン・ショックの影響を受けた2009以降、下げ止まりが見られない。

時には回転数が低迷し、好況時には回転数が上がるというトレンドだ。

　しかしその変動幅は小さい。総資本回転率はだいたい０・９〜１・０回前後で推移しており、年度により大きな変動はないと言える。この点は利益率の指標とは少し違う。

　変動幅が小さい理由は、算定式に戻って考えてみるとわかる。総資本回転率は売上高と総資本の２つの項目から算定されるが、この２つの項目というのは会社の規模を表す数値なのだ。会社の規模というのは創業間もない企業の場合など一部の例外を除けば毎期大きく変動するようなことはあまりない。売上高については多少の波もあるが、それでも前年比で２倍になったり２分の１になったりというようなことは通常起こらない。それゆえ、総資本回転率には時系

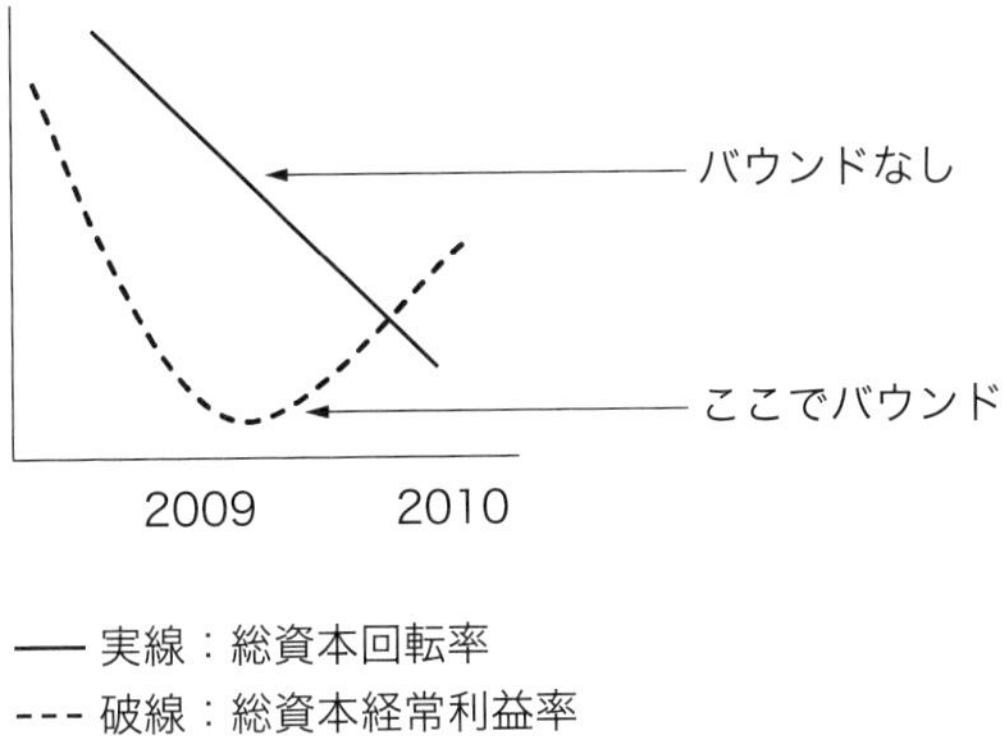

列で大きな変化が起きないのである。

このグラフの最大の特徴は、２０１０年にある。２０１０年の部分には総資本経常利益率や売上高経常利益率と明らかに違う動きがあることに気付いただろうか。総資本経常利益率や売上高経常利益率では、全産業で見ると、２００９年にグラフが大幅に落ち込んだが、２０１０年にはボールがバウンドするように率が上がっていた。しかし総資本回転率ではそのバウンドが見られないのである。

２００３年以降、総資本回転率は景気の拡大に伴って着実に上がっていたが、２００９年にリーマン・ショック後の不況で落ち込み、２０１０年はさらに大きく落ち込んでいる。２００２年から6年間かけて上げてきたものが2年間で元の水準に戻り、しかもグラフの形状

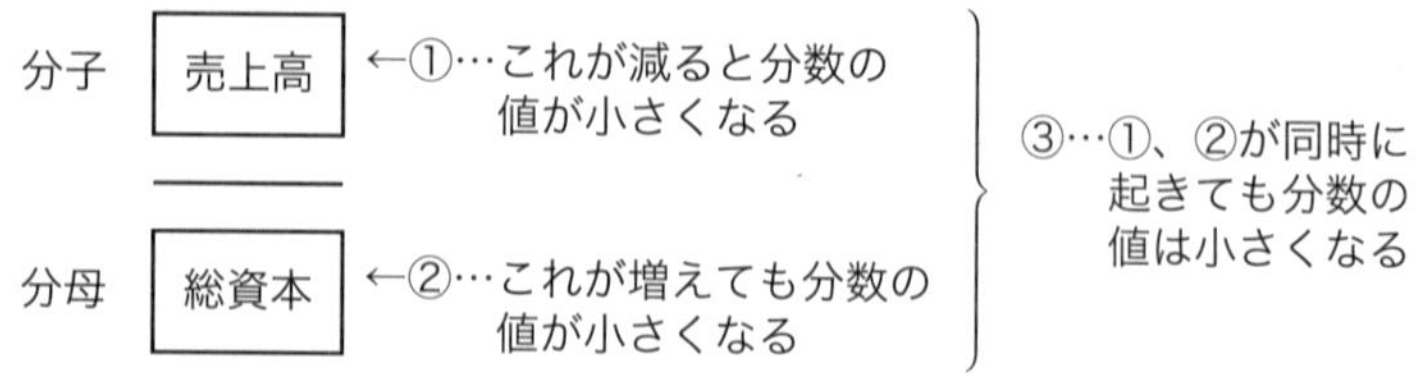
分子
売上高
←①…これが減ると分数の
値が小さくなる
分母
総資本
←②…これが増えても分数の
値が小さくなる
③…①、②が同時に
起きても分数の
値は小さくなる

から見てまだ下がりそうな気配さえある。

つまり、全産業ベースで総資本経常利益率が２０１０年に回復したのは、もっぱら売上高経常利益率の回復によるものであって、総資本回転率の方は実はかなり悪化しているのだ。

総資本回転率が下がるということは、分子の売上高が減るか分母の総資本が増えるか、あるいはその両方が起こるかのいずれかである。だが、普通、一般事業会社の場合、上で述べたように総資本に大きな変化はないので、売上高の減少がその主たる要因である。実際、全産業ベースの連結売上高は２００９年、２０１０年と2年連続減少している。

要するに、２０１０年の総資本経常利益率の回復は、２期連続で売上高が減少していく中で固定費削減効果が追いついてきたことにより利益が何とか確保できたという状況にすぎないのである。２０１０年の収益性の回復は見せかけの回復に他ならないことが総資本回転率の分析からわかる。

(3) 世界同時不況からの収益性回復パターン

ここまで全産業、製造業および非製造業の別に収益性に関する経営指標を見てきた。これらの指標から、リーマン・ショック後の世界同時不況の日本の上場企業への影響を簡単にまとめてみる。

２００９年３月期は、売上高経常利益率と総資本回転率の両方の落ち込みによって総資本経常利益率が落ち込んだ。つまり利ザヤが減ってしまった上に、営業循環回数も減り、資本が効率的に利益を生み出せなくなってしまったのである。翌年の２０１０年は、売上高経常利益率は回復したものの総資本回転率については前年以上に急激に落ち込んだ。つまり利ザヤを確保したものの営業循環はますます減ってきた状況で、そのいずれが大きいかにより、総資本経常利益率の動きが決まった。製造業では総資本経常利益率を回復方向に転じることができたが、非製造業ではわずかながらも総資本経常利益率が悪化するという結果になった。

以上が全体の概況だが、これを29業種別に見ると**図3-6**のようになる。これらの図は各業種別に直近5年間の売上高経常利益率と総資本回転率をセットで表示したものである。この29枚のグラフをその形状により分類してみたい。２００９年から２０１０年のグラフの動き方の

a. 売上高経常利益率が上がったが総資本回転率が下がった業種
（利益率回復型）

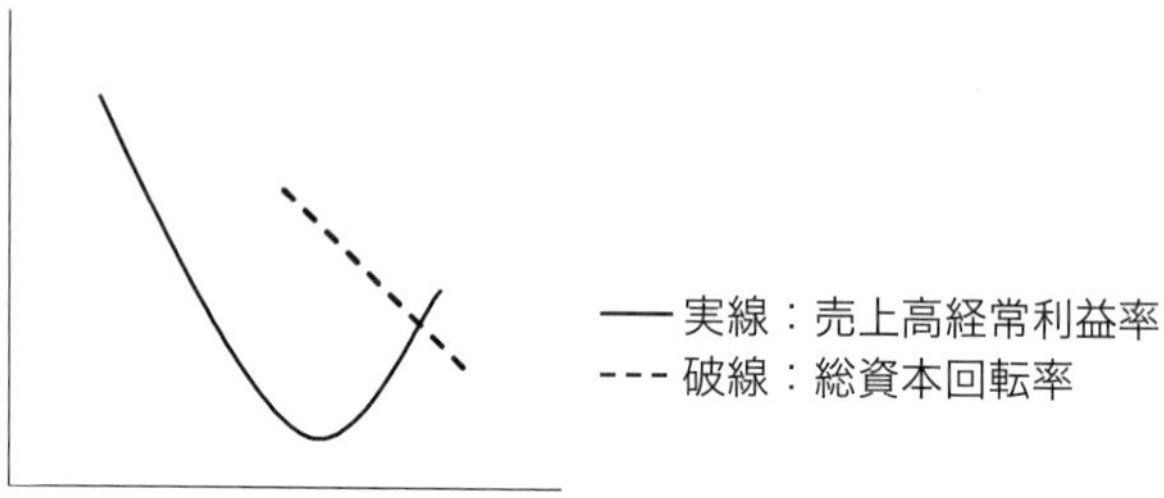

b. 売上高経常利益率が著しく上がり総資本回転率が下がった業種
（利益率大幅上昇型）

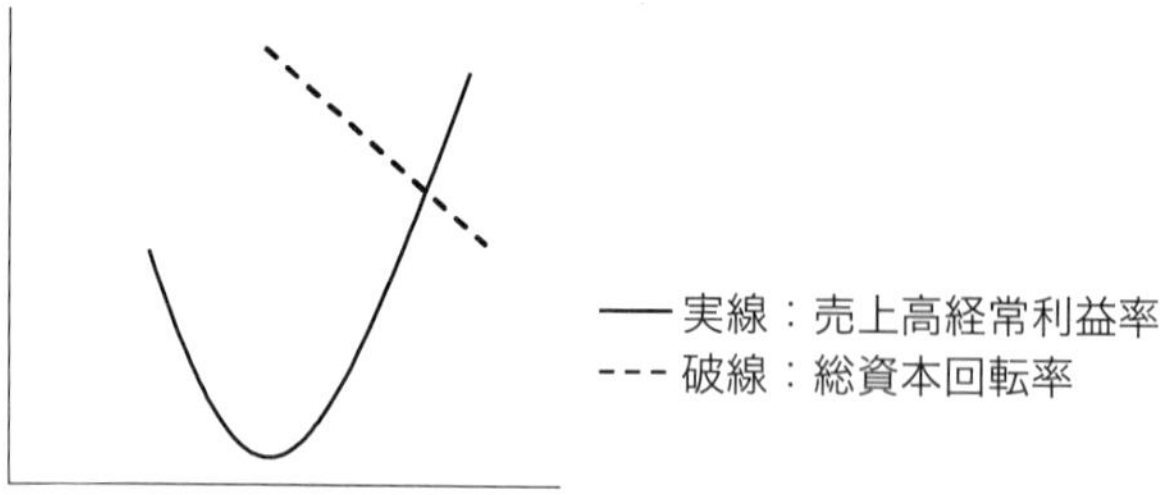

c. 売上高経常利益率も総資本回転率も下がった業種
（先行き不透明型）

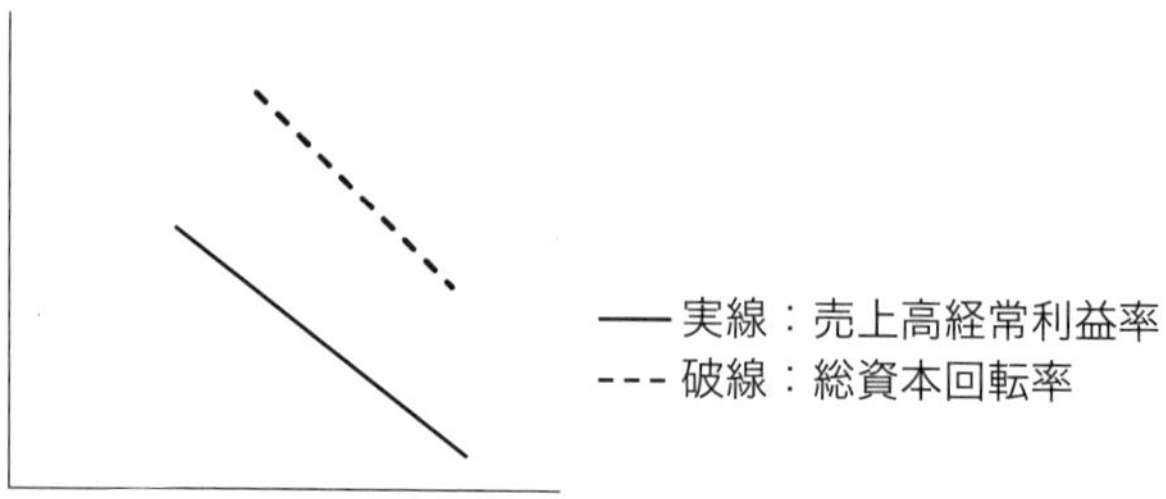

組合せにより3つに分類する。

●利益率回復型

「利益率回復型」は18業種が該当する。29業種のうち半分以上がこれである。売上高経常利益率が上がって総資本回転率が下がるという形態だ。ただし細かい点を見ると売上高経常利益率の上がり方と総資本回転率の下がり方は業種別にそれぞれ程度の差があり、すべての業種が同じグラフ形態というわけではない。

●利益率大幅上昇型

「利益率大幅上昇型」は、基本的には1番目の分類である「利益率回復型」と同じグラフ形態である。売上高経常利益率が上がって総資本回転率が下がるという形態だ。しかし、売上高経常利益率の上がり方が急激であり、２０１０年の水準がリーマン・ショック前の水準を超えている点に特徴がある。これは4業種しかない。「水産・農林業」「食料品」「パルプ・紙」「電気・ガス業」である。これは総資本経常利益率のところで「V字型」に分類された業種と全く同じである。

つまり、これら4業種は総資本経常利益率がV字回復したとはいえ、それは売上高経常利益率の大幅な回復によるものであって、総資本回転率に関してはかなり下げていることがわかる。

実は業種別グラフを全部見てみるとわかるのだが、総資本回転率が２００９年から２０１０年

図3-6-1　利益率回復型

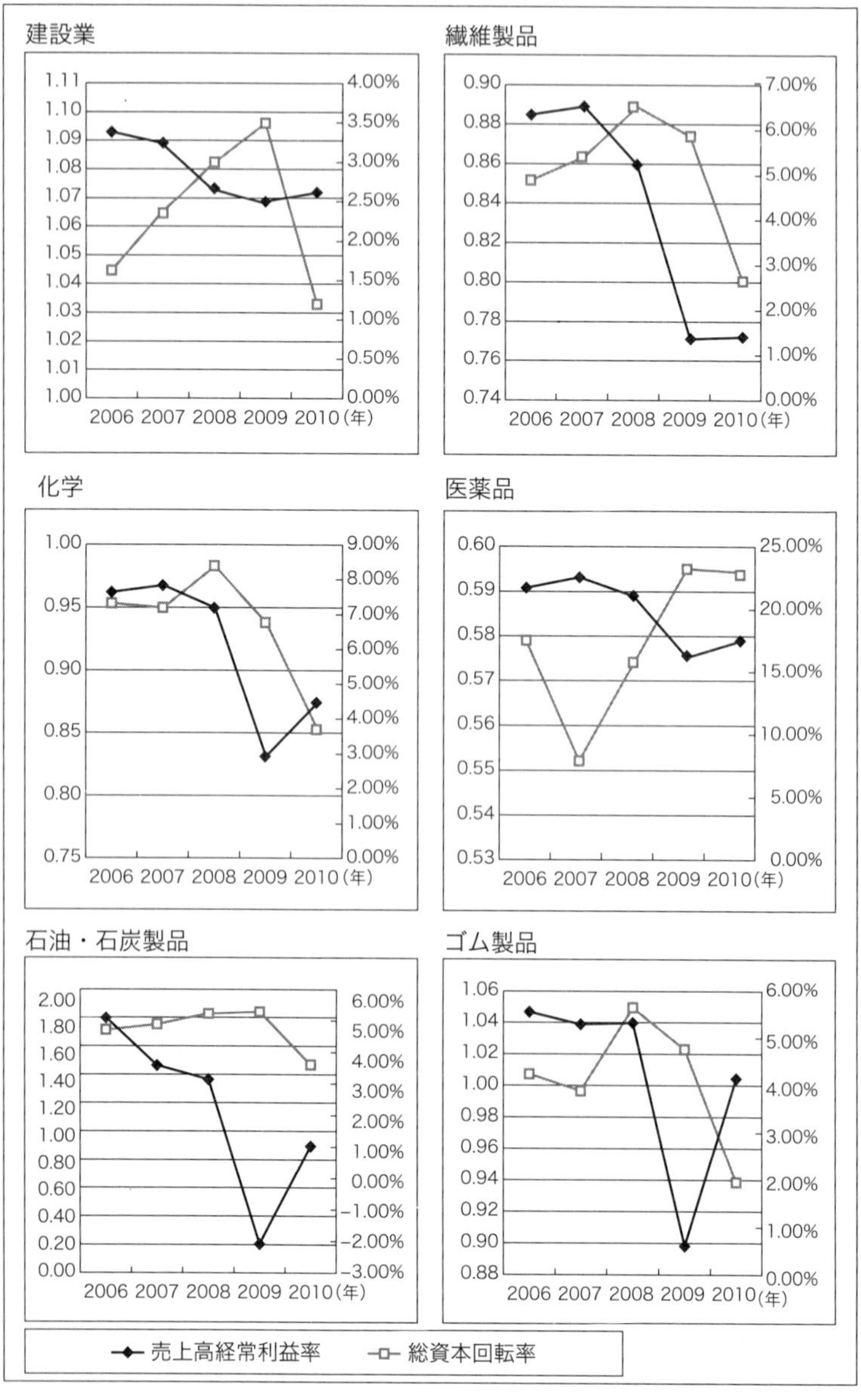
建設業
1.11
1.10
1.09
1.08
1.07
1.06
1.05
1.04
1.03
1.02
1.01
1.00
4.00%
3.50%
3.00%
2.50%
2.00%
1.50%
1.00%
0.50%
0.00%
2006 2007 2008 2009 2010（年）
繊維製品
0.90
0.88
0.86
0.84
0.82
0.80
0.78
0.76
0.74
7.00%
6.00%
5.00%
4.00%
3.00%
2.00%
1.00%
0.00%
2006 2007 2008 2009 2010（年）
化学
1.00
0.95
0.90
0.85
0.80
0.75
9.00%
8.00%
7.00%
6.00%
5.00%
4.00%
3.00%
2.00%
1.00%
0.00%
2006 2007 2008 2009 2010（年）
医薬品
0.60
0.59
0.58
0.57
0.56
0.55
0.54
0.53
25.00%
20.00%
15.00%
10.00%
5.00%
0.00%
2006 2007 2008 2009 2010（年）
石油・石炭製品
2.00
1.80
1.60
1.40
1.20
1.00
0.80
0.60
0.40
0.20
0.00
6.00%
5.00%
4.00%
3.00%
2.00%
1.00%
0.00%
−1.00%
−2.00%
−3.00%
2006 2007 2008 2009 2010（年）
ゴム製品
1.06
1.04
1.02
1.00
0.98
0.96
0.94
0.92
0.90
0.88
6.00%
5.00%
4.00%
3.00%
2.00%
1.00%
0.00%
2006 2007 2008 2009 2010（年）
売上高経常利益率
総資本回転率

図3-6-1　利益率回復型（続き）

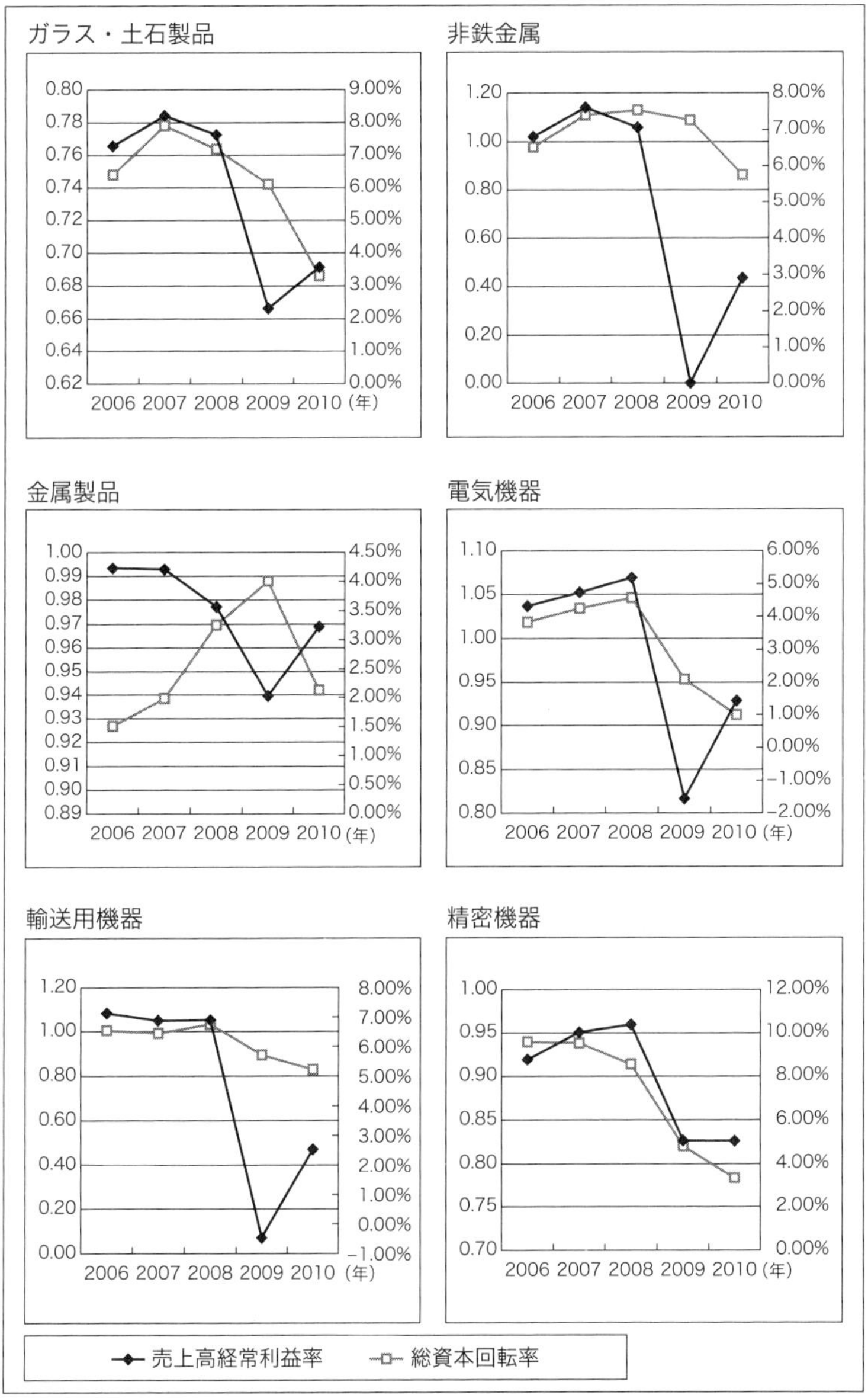

図3-6-1　利益率回復型（続き）

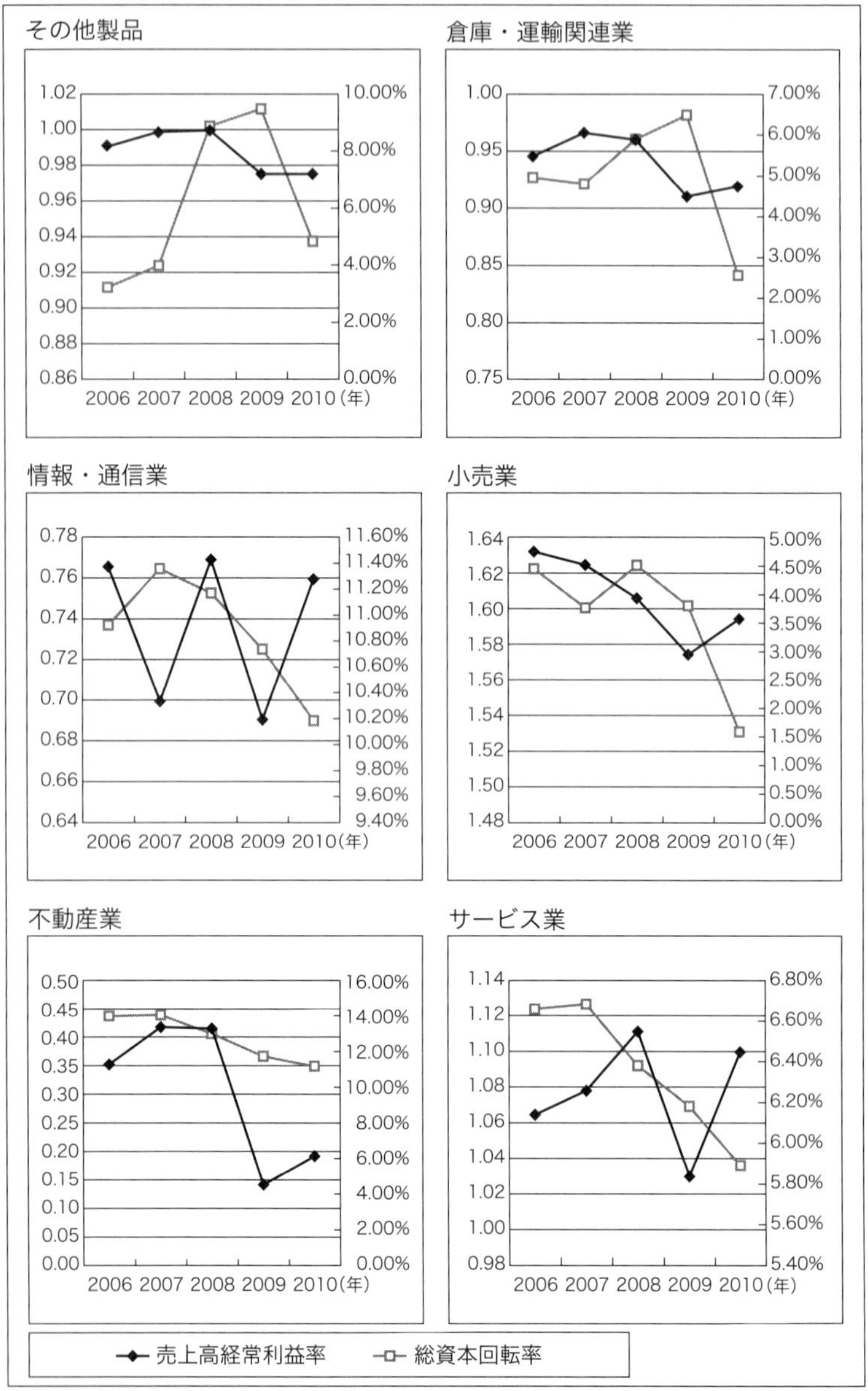

図3-6-2　利益率大幅上昇型

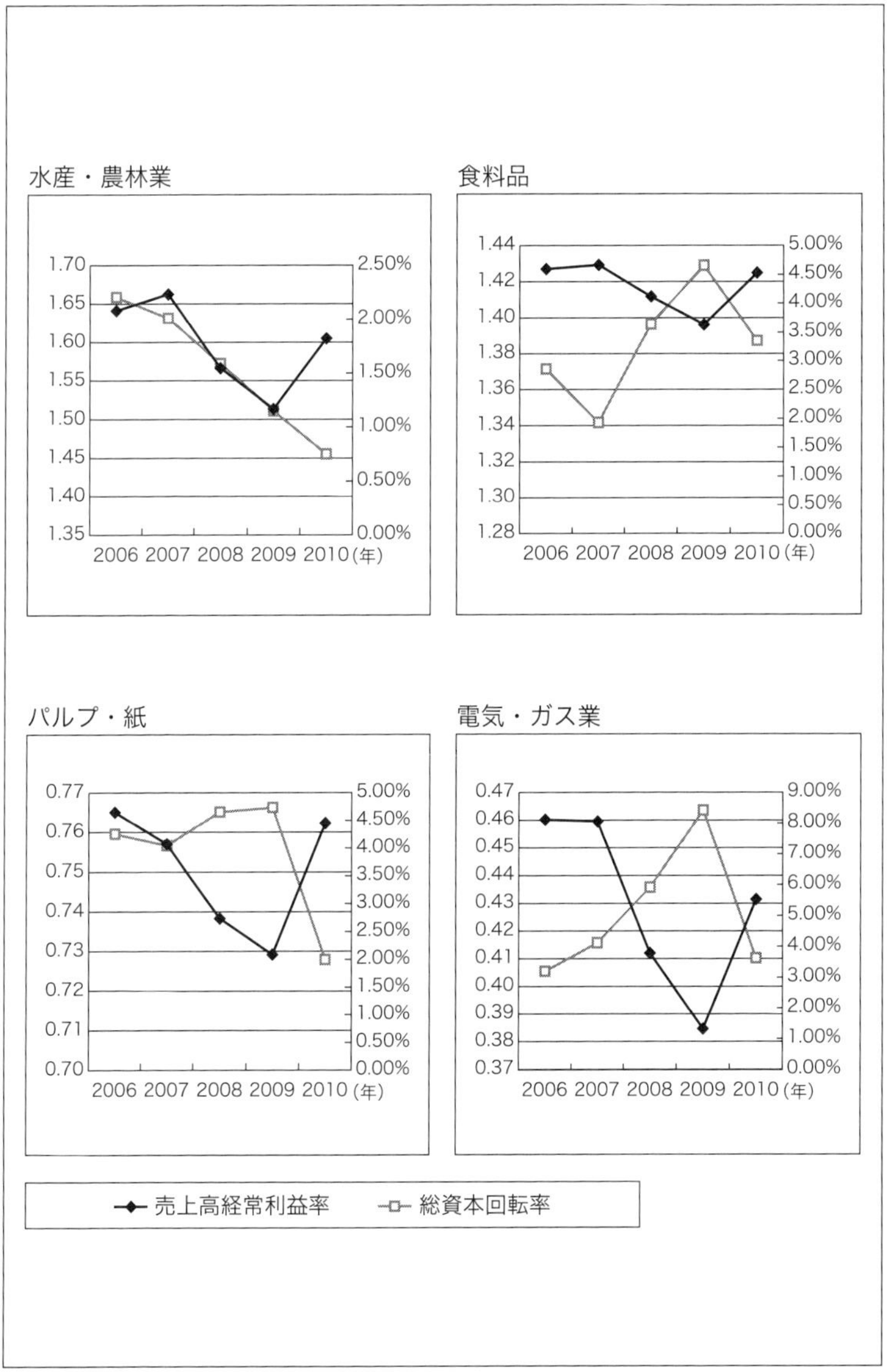

図3-6-3　先行き不透明型

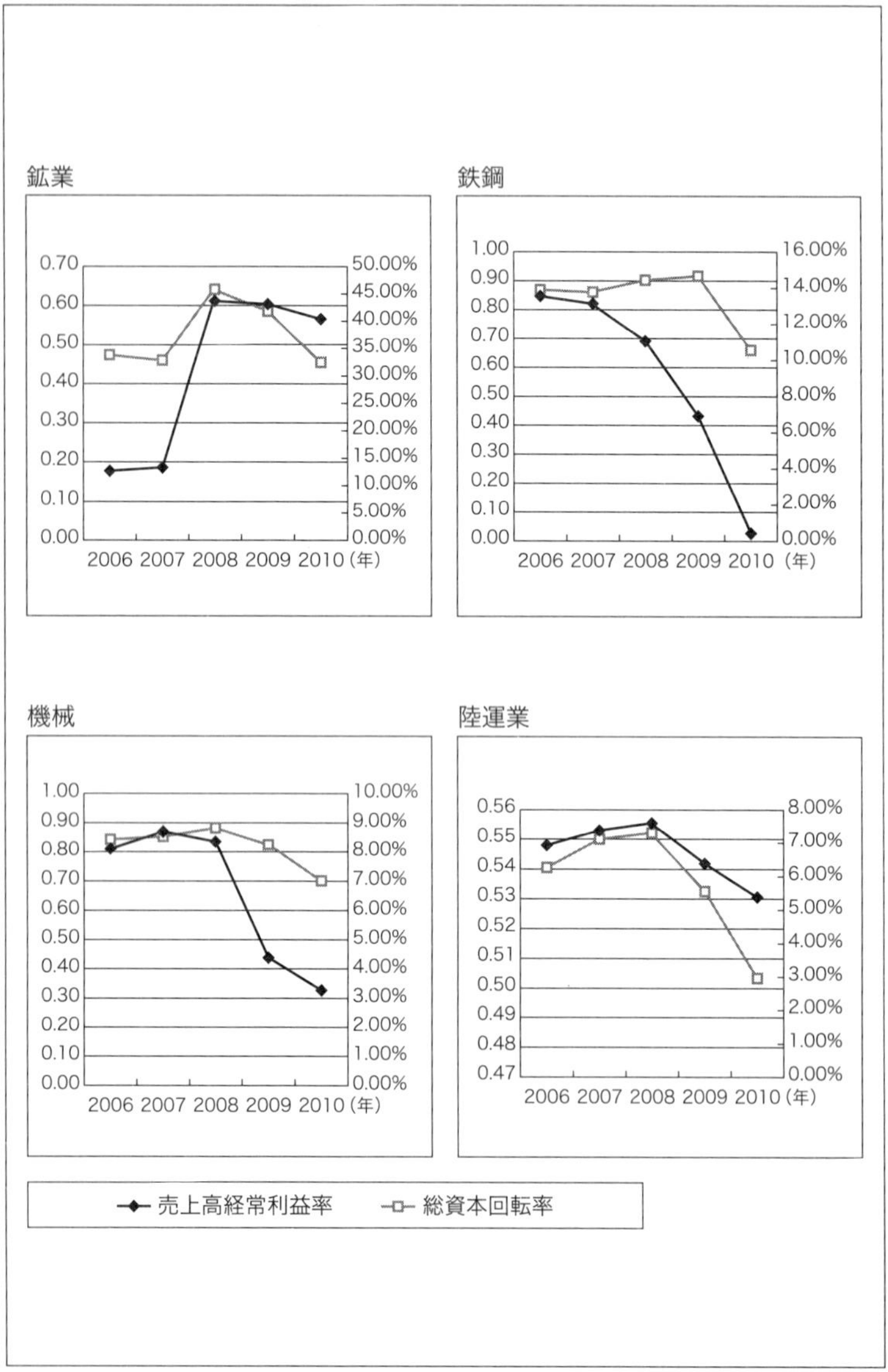

図3-6-3　先行き不透明型（続き）

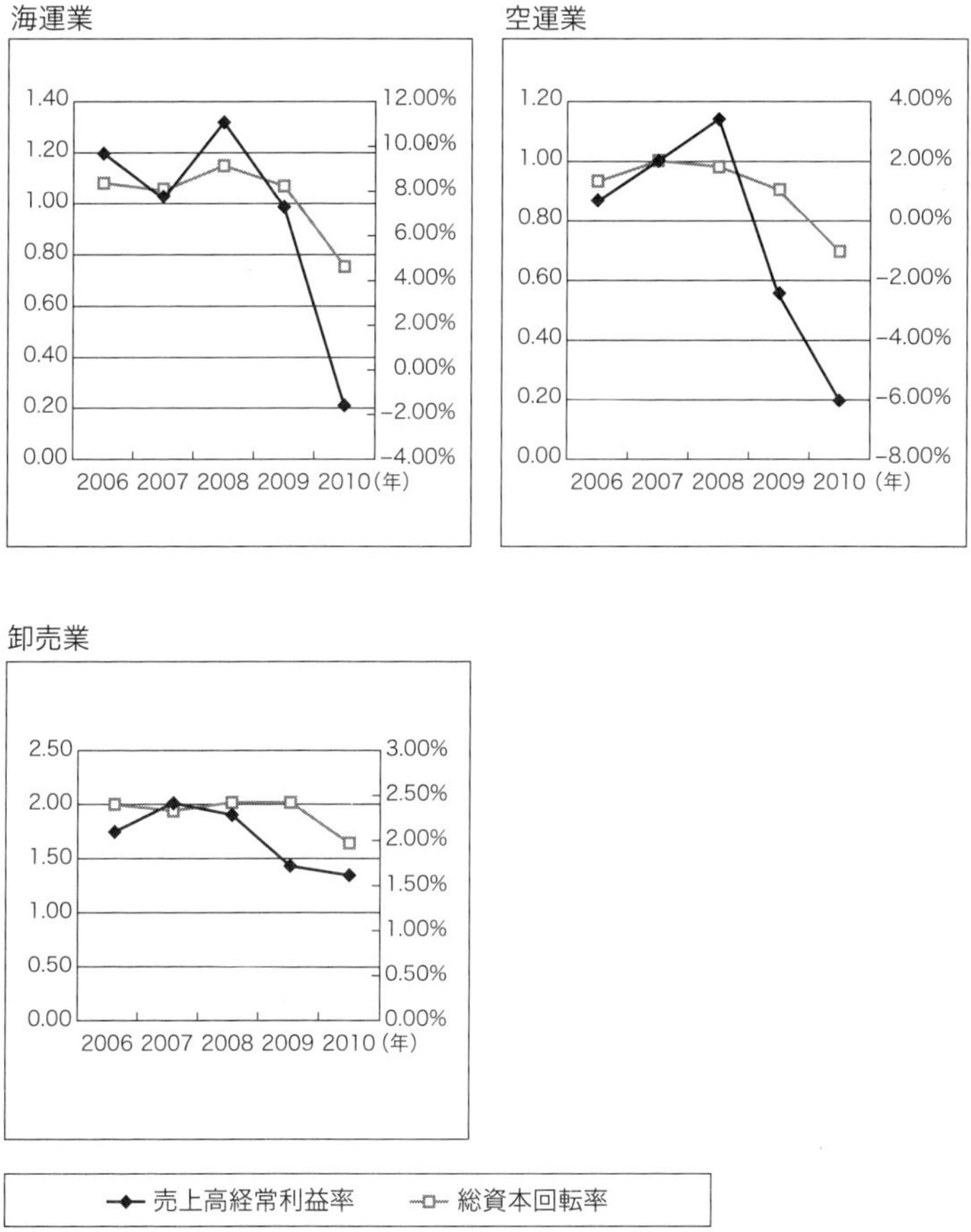

収益性回復パターンの分類

利益率回復型	18
利益率大幅上昇型	4
先行き不透明型	7

にかけて上がった業種というのは一つもない。この点こそが２０１０年の回復が見せかけであるといわざるを得ない理由である。

●先行き不透明型

「先行き不透明型」は7業種ある。中でも「鉄鋼」「海運業」「空運業」が深刻だ。この3業種は総資本経常利益率のところで「右肩下がり型」に分類した業種と同じである。つまり総資本経常利益率が大きく落ち込んだ業種は売上高経常利益率と総資本回転率のいずれもが大きく落ち込んだことによっていることがわかる。

以上から、２０１０年3月期の業種別の収益性の回復パターンを総括すると次のようになる。総資本回転率についてはすべての業種で下がっているが、売上高経常利益率についてはかなりの業種で回復しており、一部の業種ではその回復が目覚しいものもある。売上高経常利益率が大きく上がったそのような業種では、結果的に総資本経常利益率が著しく回復している。

世界同時不況下において企業が売上高利益率を重視する傾向が強まった背景は、以上の分析結果を見ると理解できるであろう。売上が伸ばせない状況でも、利益だけは確保しようという姿勢の表れである。

4 不況でマイナス値続出のＲＯＥ

（1） 投資家が重視する経営指標の第1位

● 投資家のための指標といえば

企業が重視する経営指標は売上高利益率だが、投資家が重視する経営指標は何だろうか。その答えは「経営目標として公表を要望する指標は何か」という機関投資家に対するアンケートの調査結果を見るとわかる。これは先に紹介した平成21年度の生命保険協会の調査「株式価値向上に向けた取り組みについて」で公表されている。それによると、調査に回答した機関投資家89社のうち79・8%が「ＲＯＥ」と回答している。他の指標と比べてもＲＯＥは圧倒的に要望が多かったようである。

上場企業の決算短信では、実績値としてだが、このＲＯＥが開示されている。ＲＯＥというのは Return on equity と英文表記したときの頭文字で、自己資本当期純利益率のことである。自己資本当期純利益率は、株主の立場に立った資本利益率と言われる。利益を資本で除して求める点は総資本経常利益率と同じだが、使用する分母と分子が総資本経常利益率と違う。

●自己資本当期純利益率とは

自己資本当期純利益率は株主にとっての収益性を図る指標なので、会社の調達した資本のうち株主に帰属する部分、すなわち自己資本に着目し、これを分母とする。自己資本は、株主が拠出したお金と会社が稼いだ利益のうち社内に留保されたものからなる。貸借対照表から算定する場合は、純資産の金額から株主に帰属しない項目を除外して求める。算式で示すと以下のようになる。

自己資本＝純資産合計－新株予約権－少数株主持分

算定するのが面倒だという人は、上場企業であれば各社の決算短信で自己資本の金額が公表されているので、それを見れば自分で計算する必要はない。

一方、分子にはこれとの対応がよい利益を持ってくる。つまり株主にとって関心度の高い利益を持ってくればよく、それは株主に帰属する利益のことである。日本の損益計算書では利益として営業利益や経常利益などが段階的に計算されるが、最終的に株主に帰属するのは税金も

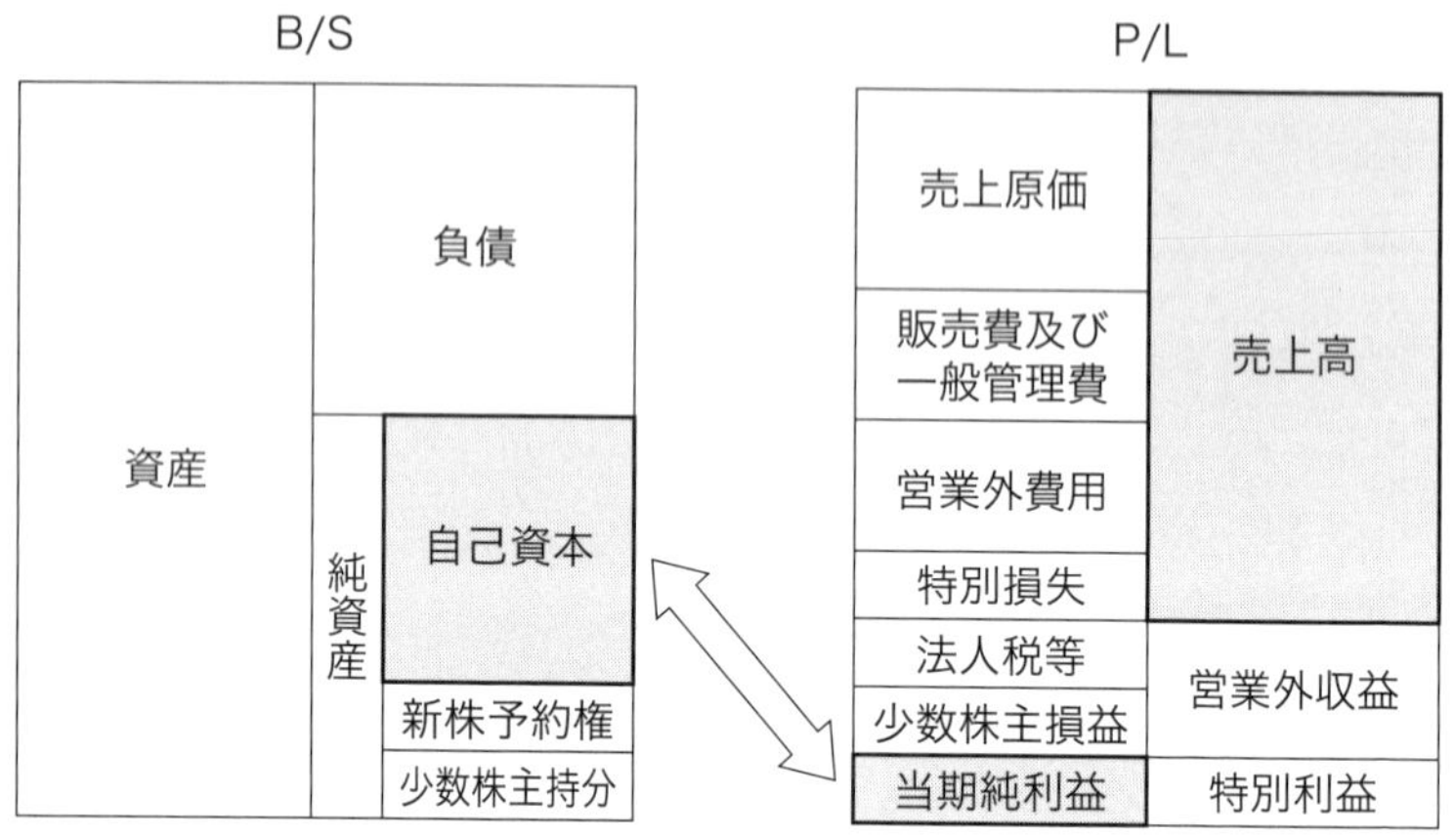

引いた後の当期純利益であり、これを分子に持ってくることになる。

よって自己資本当期純利益率の算式は以下のとおりとなる。

自己資本当期純利益率
＝当期純利益÷自己資本×100％

この算式の分母である自己資本については決算短信では期首残高（前期末残高）と期末残高の単純平均としているが、その理由は総資本経常利益率のところで述べたとおりである。

(2) 目標は10％でよいのか

自己資本当期純利益率は株主重視の経営指標なので、上場企業の中にはこの指標を何％以上にするというのを経営目標の1つに掲げている会社もある。前述の生命保険協会の調査「株式価値向上に向けた取り組みについて」によると、調査に回答した上場企業644社のうち38%の企業がROEの目標値を持っているという。

実際に企業の開示資料を見ても、たとえば、キリンホールディングスは2012年までにROEを10%以上にするという目標を掲げているし、パナソニックも2012年度までにROE10%達成という目標を掲げている。もちろん10%以外の数値を目標に掲げている企業もあり、たとえば、セブン&アイ・ホールディングスはROE8%以上を達成することを目指していると公表している。

では実際のところ自己資本当期純利益率は何%ぐらいなのであろうか。**図3-7**は1998年3月期から2010年3月期までの期間について東京証券取引所（以下「東証」）上場企業の自己資本当期純利益率をグラフにしたものである。グラフからわかるように、自己資本当期純利益率は景気の変動を反映して年度による波がある。グラフの谷は1999年、2002年、2009年の3か所であり、いずれも日本経済の景気の谷と重なっている。総資本経常利益率で見たのと同様で、自己資本当期純利益率も景気循環との対応がよい。

変動幅は、概ね0%から10%の間である。そのあたりから考えると、10%は1つの目標値といってもよい。上場企業平均が最も高くても10%なのだから、個別企業の自己資本当期純利益率は10%以上あれば上場企業平均を常に上回ることができるという意味である。

図3-7　自己資本当期純利益率

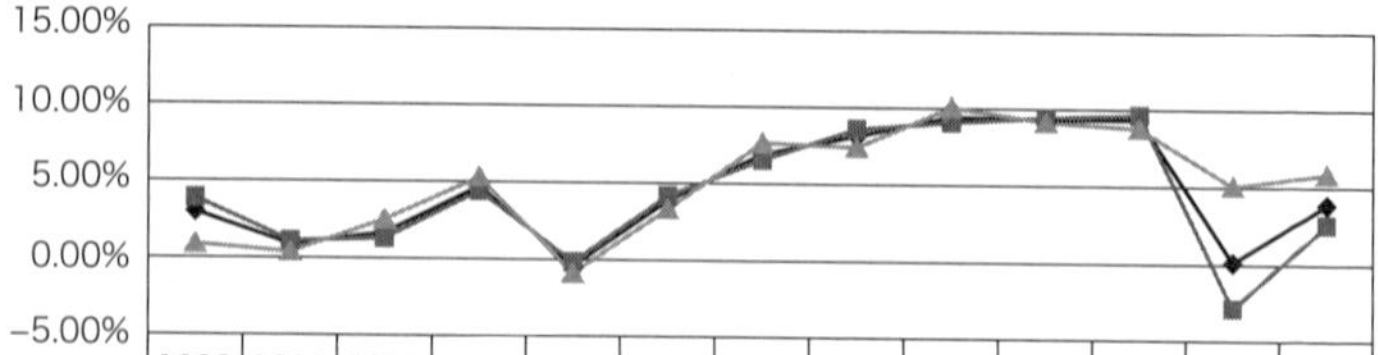

	1998	1999	2000	2001	2002	2003	2004	2005	2006	2007	2008	2009	2010
全産業	2.99	0.87	1.66	4.70	−0.43	3.87	6.94	8.17	9.43	9.32	9.31	0.10	3.85
製造業	3.85	1.08	1.27	4.41	−0.18	4.16	6.55	8.60	9.08	9.42	9.63	−2.86	2.56
非製造業	0.88	0.36	2.50	5.29	−0.91	3.31	7.66	7.39	10.05	9.13	8.75	5.05	5.84

（単位：%）

このグラフからわかること

- 全産業平均で見ると0〜10%の間で推移している。
- 2009はリーマン・ショック（2008年9月）後の不況で製造業が大打撃を受けた。
- 景気の谷である2002と2009にマイナス値が発生している。

ただし個別企業の経営分析を行う場合に、特定の年度の自己資本当期純利益率だけを取り上げて、それが10%を越えているかどうか確かめるということは誤った判断につながりやすい。その理由は自己資本当期純利益率の年度による変動幅が比較的大きいからである。

上場企業について同じ期間で算定すると、総資本経常利益率では2〜6%の間で推移しているが、自己資本当期純利益率では0〜10%である。しかも自己資本当期純利益率は２００２年と２００９年にマイナス値を出している。このように自己資本当期純利益率は比較的大きく振れやすいので、ある程度の期間の推移を見極めることが大切である。

総資本経常利益率との差異がどの程度あるのかをグラフで見たのが**図3-8**である。この図

図3-8　ROAとROE（全産業）

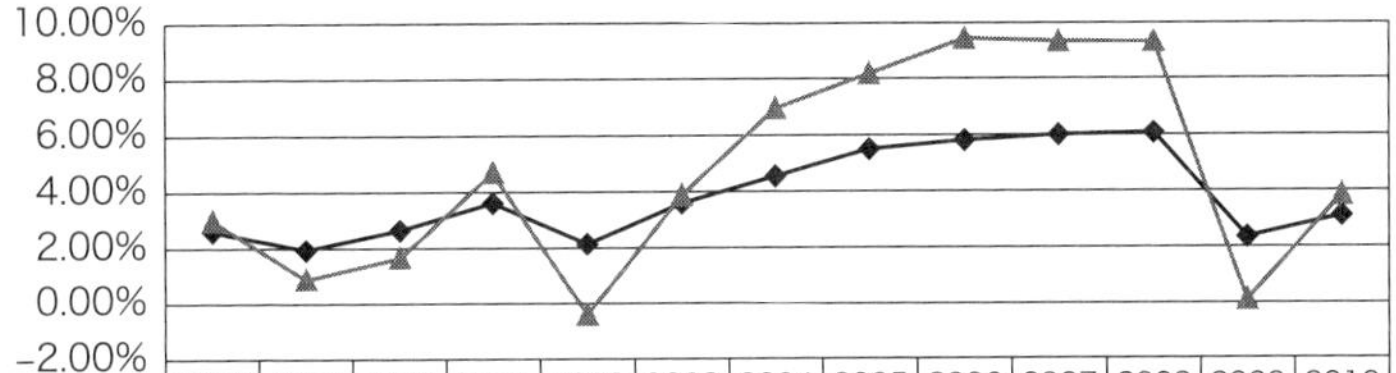

	1998	1999	2000	2001	2002	2003	2004	2005	2006	2007	2008	2009	2010
◆ 総資本経常利益率	2.60	1.93	2.64	3.61	2.14	3.60	4.54	5.50	5.80	6.00	6.07	2.36	3.11
▲ 自己資本当期純利益率	2.99	0.87	1.66	4.70	−0.43	3.87	6.94	8.17	9.43	9.32	9.31	0.10	3.85

（単位：%）

このグラフからわかること

- ROEはROAよりも変動幅が大きい。
- おおざっぱに言って、景気拡大期はROE＞ROA、景気後退期はその逆になっている。
- ROEはマイナス値もあるが、ROAがマイナスになったことはない。

から、自己資本当期純利益率は総資本経常利益率に比べ、大きく振れる傾向があることがはっきりとわかる。

景気が後退して率が下降する1999年、2002年そして2009年はいずれも自己資本当期純利益率の下落度合いが大きい。逆に景気拡大期において率が上昇する局面でも、自己資本当期純利益率の上昇度合いが大きい。自己資本当期純利益率は、総資本経常利益率以上に景気の変動をよく反映する経営指標である。

(3) グラフで見る「世界同時不況でマイナス値をつけた業種」

自己資本当期純利益率について、29業種別のグラフを作成して分析をしてみる。世界同時不況の影響が業種別にどう出るかを見るために総資本経常利益率で業種別分析を行ったが、自己資本当期純利益率でも同様の結果が得られることをここで確認しておく。

図3-9-1〜3-9-3の29枚のグラフは、直近５年間の自己資本当期純利益率の推移を29の業種別に算出してグラフ化したものである。各グラフには、各業種の自己資本当期純利益率のほかに、それぞれの業種が属する区分（製造業または非製造業）の自己資本当期純利益率も載せている。この29枚のグラフを、２００８年から２０１０年にかけてのグラフの形状により３つに分類してみる。

a 「釣り針型」

２００８年から２０１０年にかけてグラフの形が「釣り針型」になっていて、２０１０年の回復度合いが弱い。

b 「V字型」

２００８年から２０１０年にかけてグラフの形が、Ｖ字で２０１０年の回復度合いが強い。

c 「右肩下がり型」

２００８年から２０１０年にかけてグラフの形が、右下がりである。

＊　＊

●釣り針型

「釣り針型」に含まれる業種は製造業で11業種、非製造業では7業種、あわせて18業種と3つの分類の中では最も多い。特に典型的なのは、「石油・石炭製品」「電気機器」「空運業」である。この3業種の共通点は2009年3月期に自己資本当期純利益率がマイナス10~15%にまで落ち込んだことである。自己資本当期純利益率の一般的目標値を10%とするなら、マイナス10%という値は話にもならない。2010年は、3業種いずれも多少回復したが、まだマイナス値圏内から抜け出せていない。

この3業種ほどひどくはないが、「釣り針型」に含まれる製造業には2009年3月期に自己資本当期純利益率がマイナスとなった業種が他にも7つある。つまり製造業11業種中9業種である。逆にプラス値だったのは「化学」と「その他製品」であった。

「化学」は全体としては低いなりにもプラス値を出しているが、細かく見ていくと内容は様々である。「化学」に属する東証上場企業は120社程度あるが、このうち石油を精製してできるナフサから合成樹脂や合成繊維等を製造する石油化学を主力とする総合化学会社については、2009年3月期は軒並み業績を落としている。これは主原料のナフサの価格の乱高下と主力ユーザーである自動車業界等の需要減の影響を受けたことが主な要因である。

一方、非製造業については、2009年3月期に自己資本当期純利益率がマイナスとなった

図3-9-1　釣り針型（製造業）

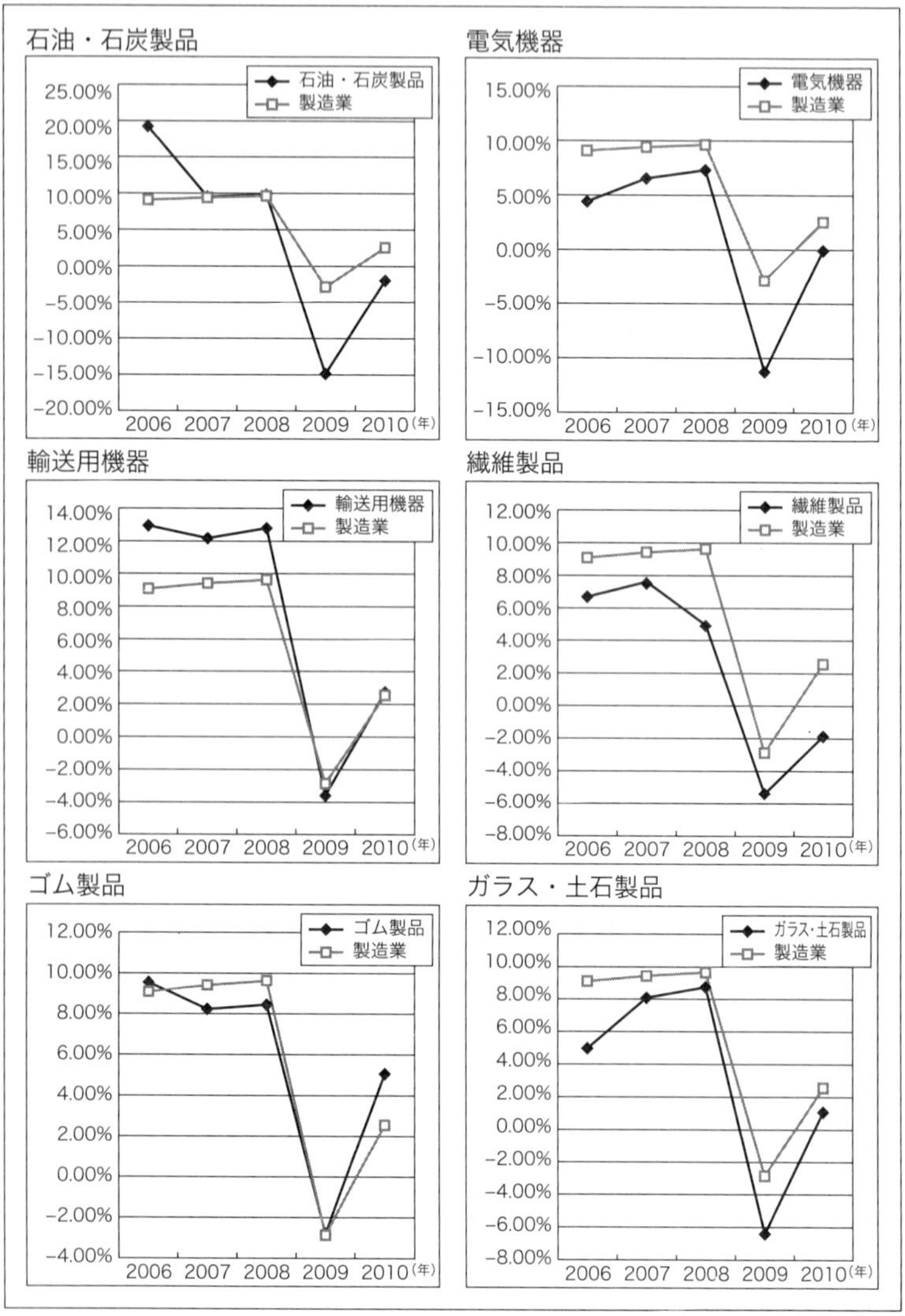

図3-9-1　釣り針型（製造業）（続き）

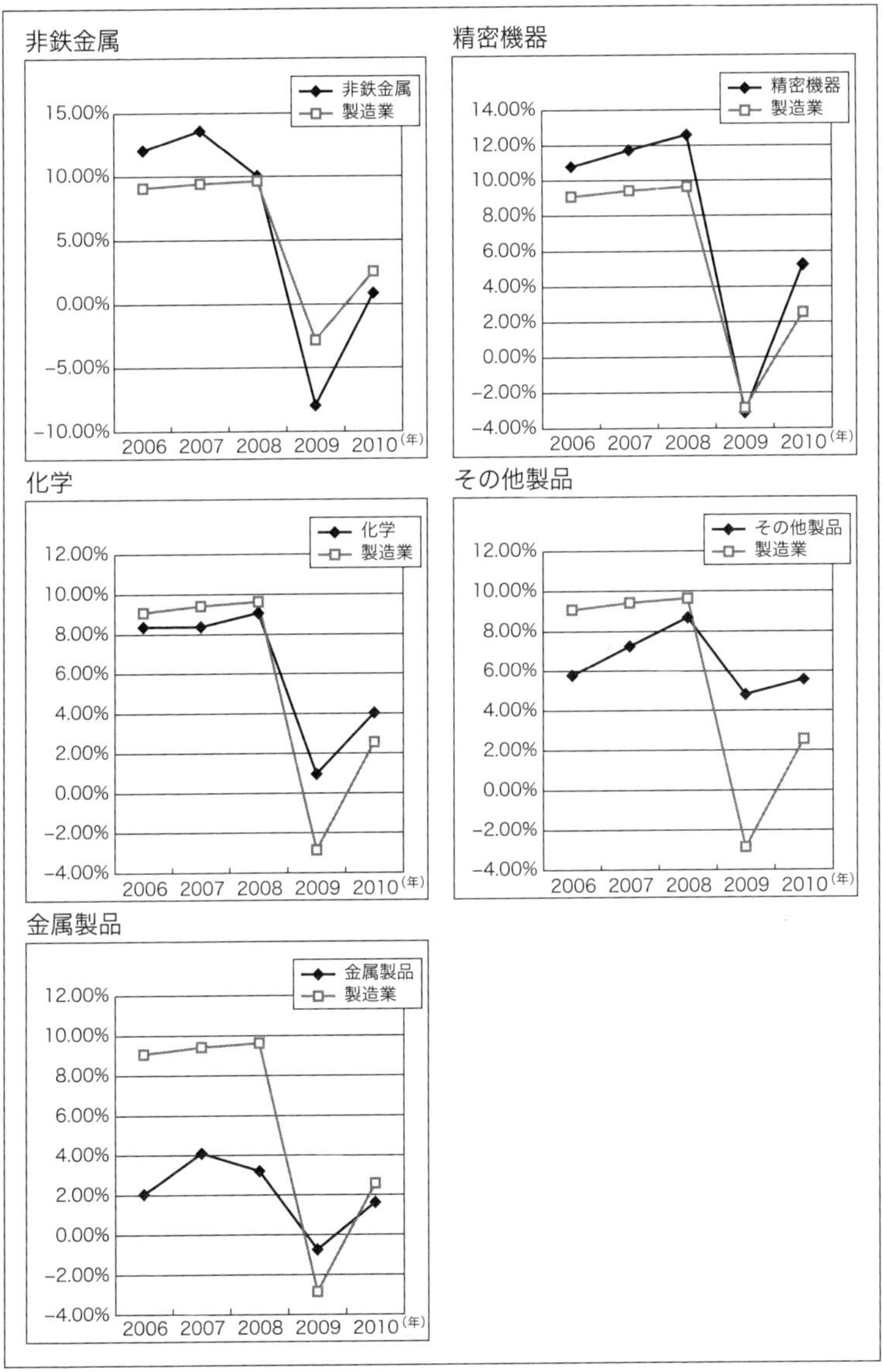

図3-9-1　釣り針型（非製造業）（続き）

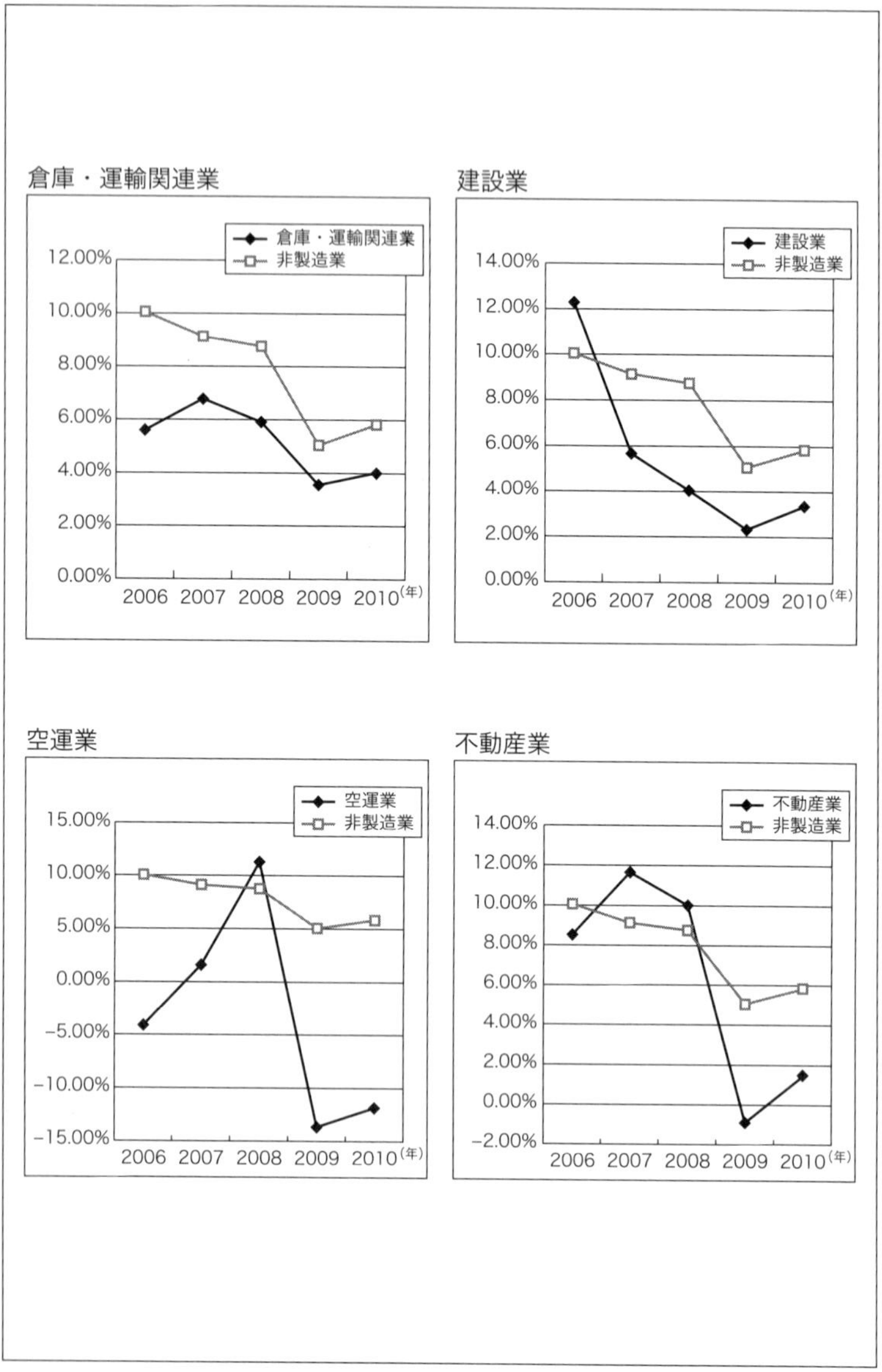

図3-9-1　釣り針型（非製造業）（続き）

水産・農林業

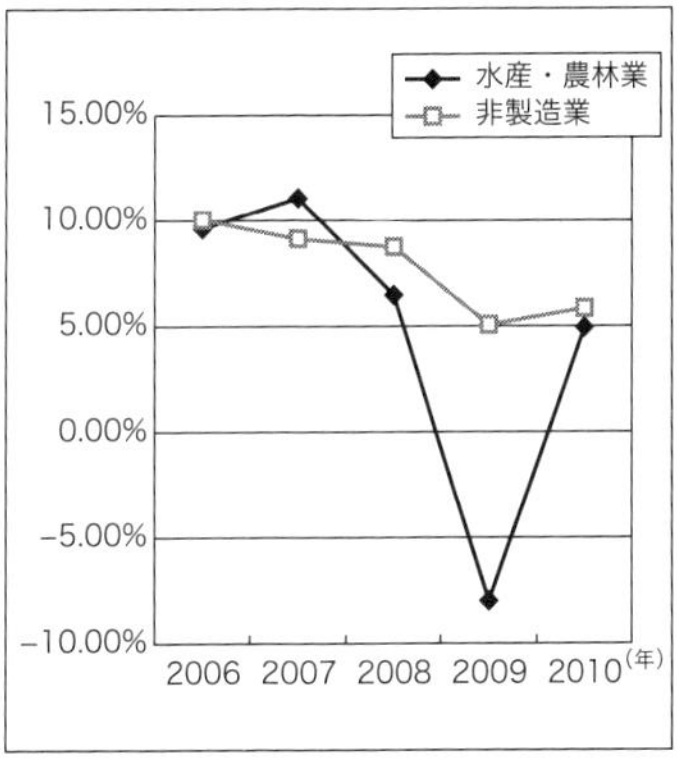

小売業

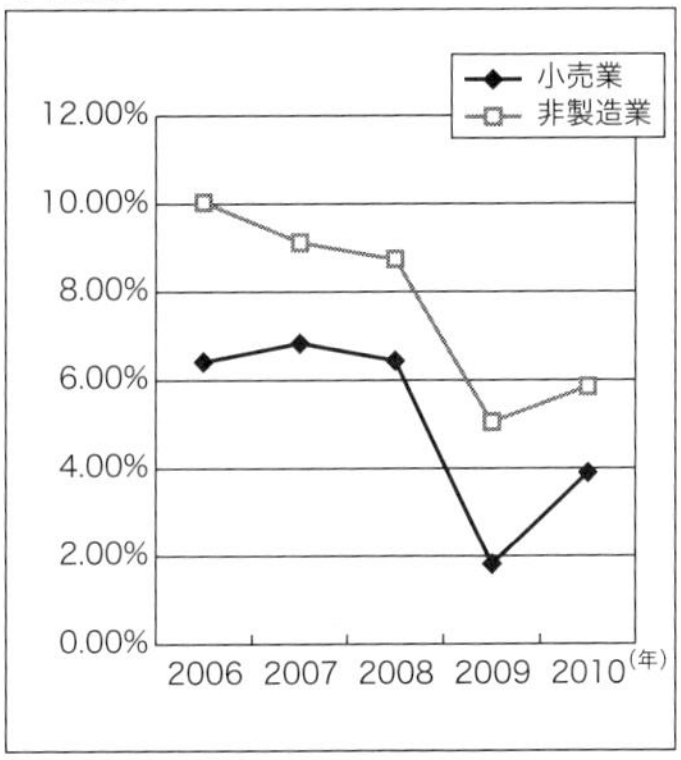

情報・通信業

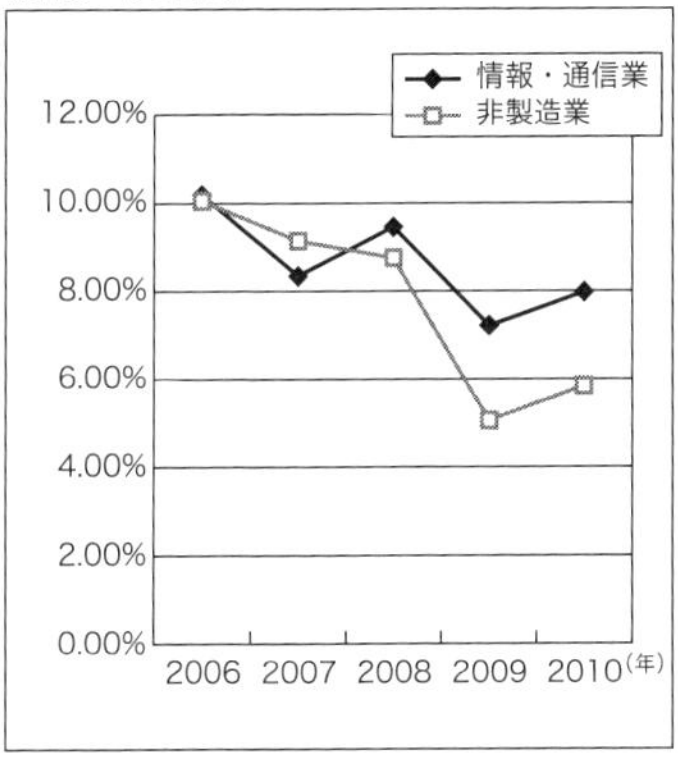

業種は「空運業」「不動産業」「水産・農林業」の3つで、あとの4業種はプラスであった。

「不動産業」は、リーマン・ショック後の不動産市場の冷え込みを表している。特に、２００８年度は不動産関連の上場会社の破綻が相次いだ。２００８年度の上場企業倒産件数は戦後最悪の45社だったが、その半数が不動産関連であった。

「水産・農林業」に含まれる5社は、水産業系の2社で減損損失や投資有価証券評価損により２００９年3月期に当期純損失を計上しているため、5社全体でも自己資本当期純利益率がマイナスとなった。

●V字型

「V字型」に含まれるのは製造業で3業種、非製造業では2業種、あわせて5業種である。その5業種というのは「食料品」「医薬品」「パルプ・紙」「電気・ガス業」「サービス業」である。特に「パルプ・紙」については回復度合いが相対的に大きく、自己資本当期純利益率は２００８年において製造業平均を下回っていたが、２０１０年に製造業平均を上回るレベルまで回復している。

●右肩下がり型

「右肩下がり型」に含まれるのは製造業で2業種、非製造業では4業種、あわせて6業種である。特にその傾向が顕著なのは「鉄鋼」と「海運業」の2業種である。この2業種の自己資本

図3-9-2　V字型（製造業）

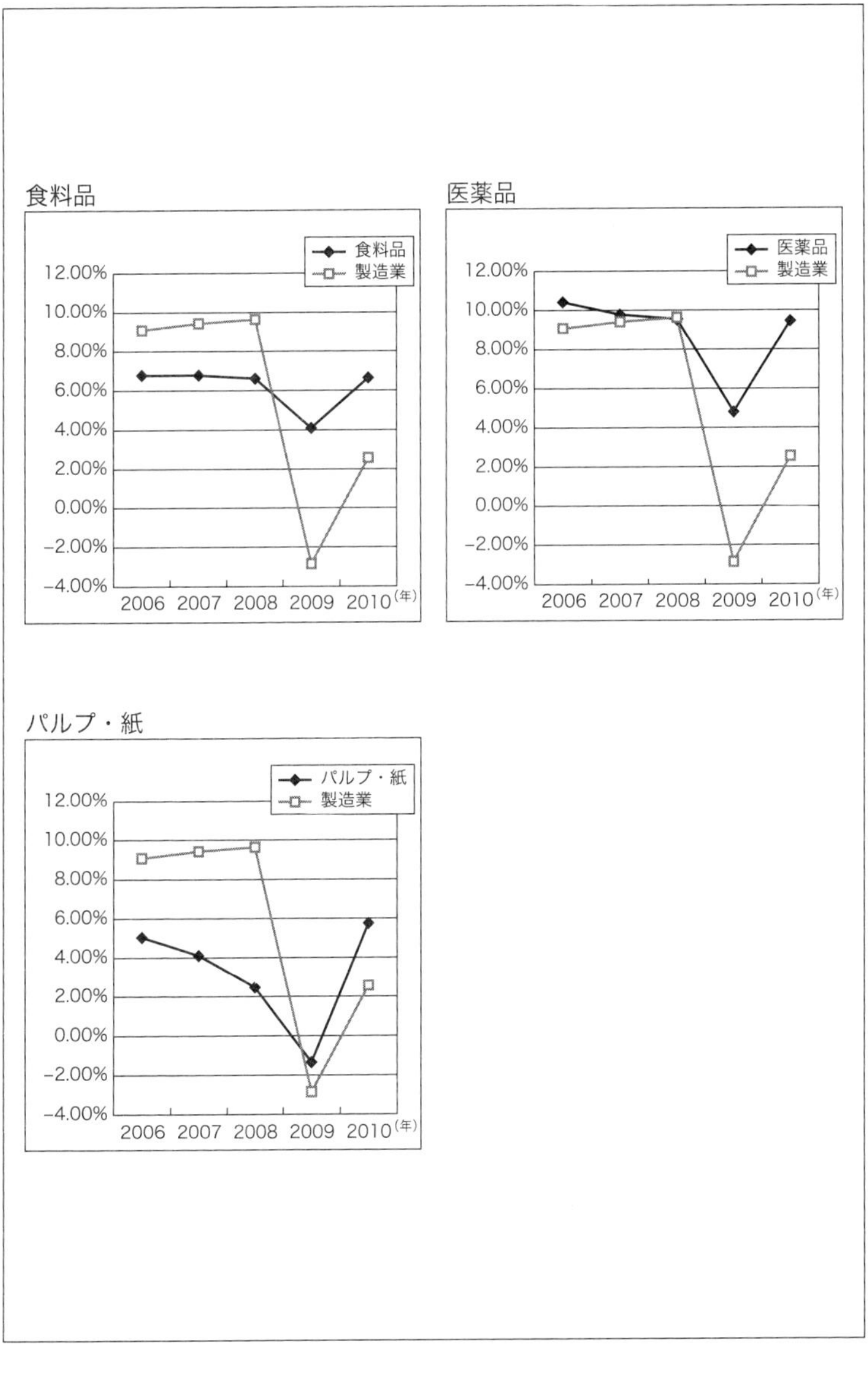
食料品
食料品
製造業
12.00%
10.00%
8.00%
6.00%
4.00%
2.00%
0.00%
-2.00%
-4.00%
2006 2007 2008 2009 2010
(年)
医薬品
医薬品
製造業
12.00%
10.00%
8.00%
6.00%
4.00%
2.00%
0.00%
-2.00%
-4.00%
2006 2007 2008 2009 2010
(年)
パルプ・紙
パルプ・紙
製造業
12.00%
10.00%
8.00%
6.00%
4.00%
2.00%
0.00%
-2.00%
-4.00%
2006 2007 2008 2009 2010
(年)

図3-9-2　V字型（非製造業）（続き）

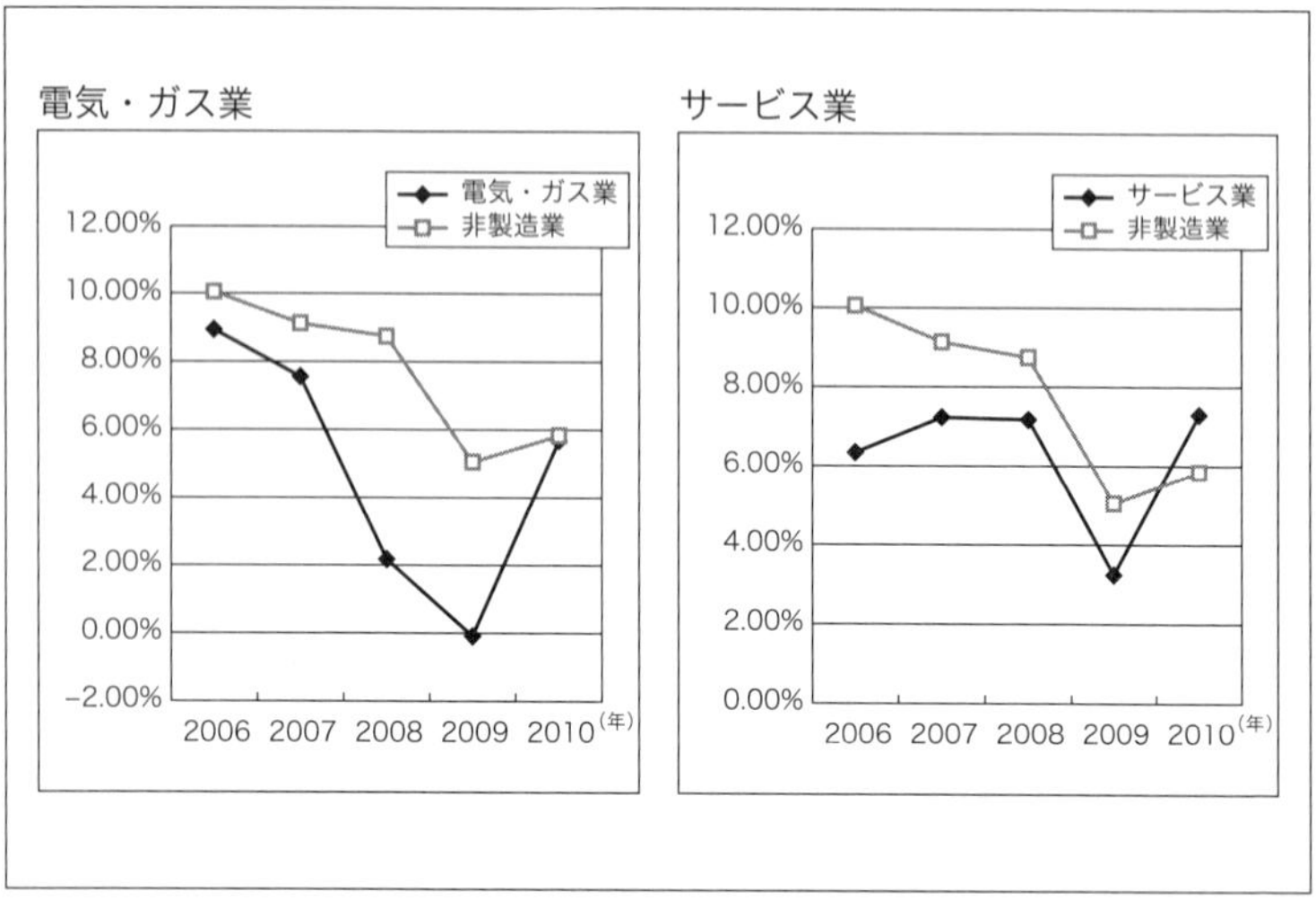

図3-9-3　右肩下がり型（製造業）

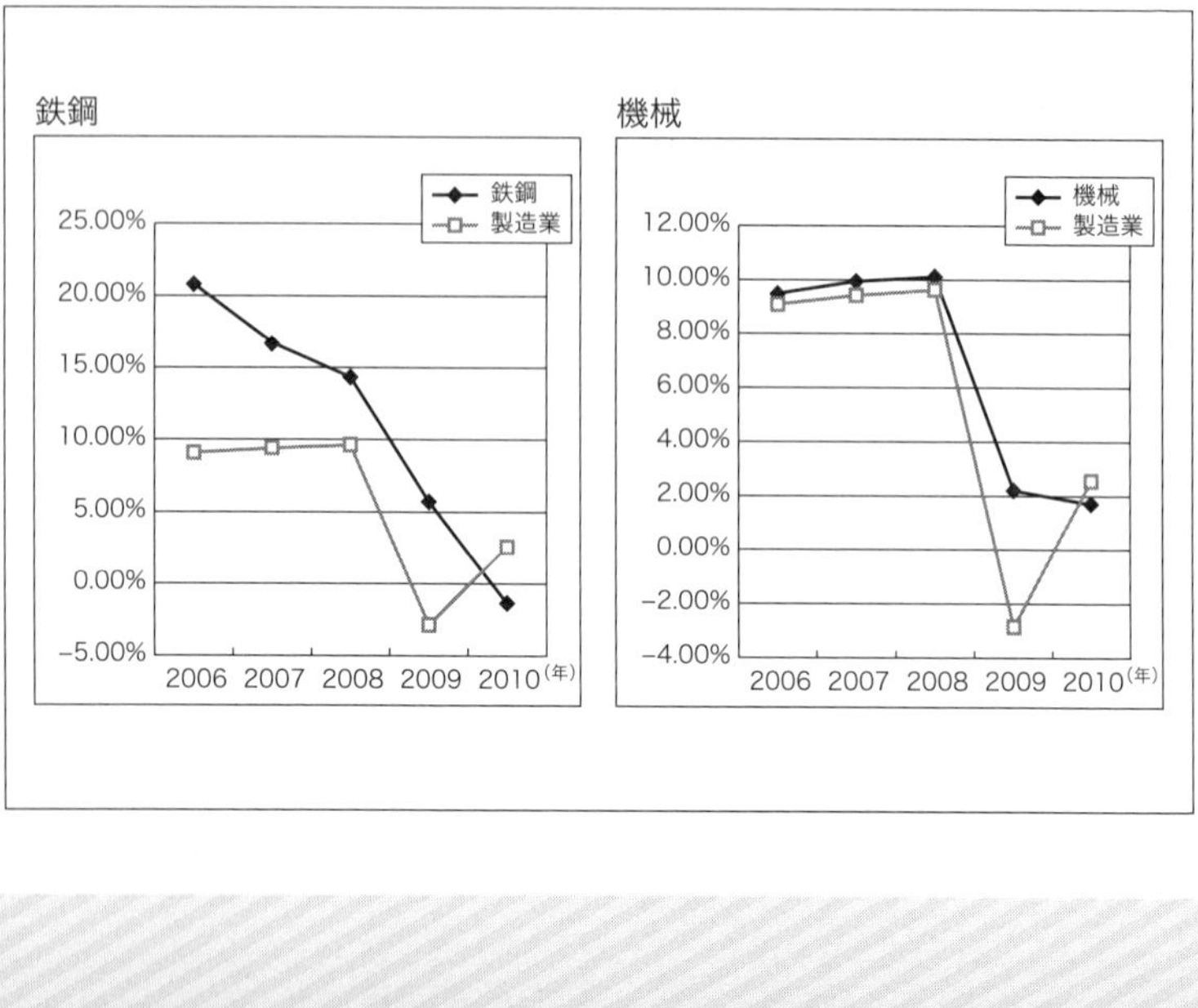

図3-9-3　右肩下がり型（非製造業）（続き）

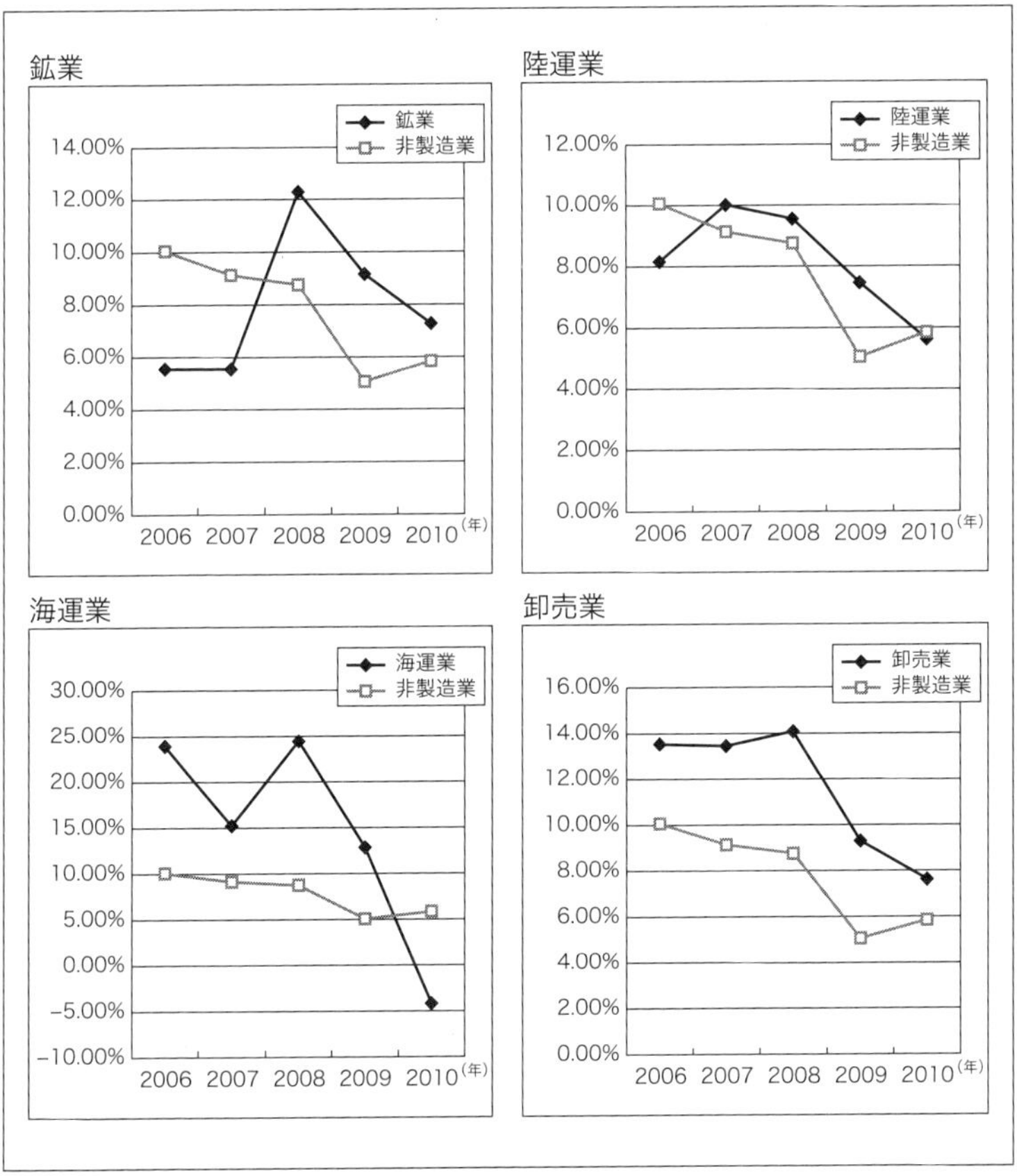

自己資本当期純利益率のパターン分類

	製造業	非製造業	**合　計**
釣り針型	11	7	**18**
V字型	3	2	**5**
右肩下がり型	2	4	**6**

当期純利益率は２００９年から２０１０年にかけて下落が一向に止まらず、その結果、マイナス圏に突入している。

＊　＊

以上の業種別状況は総資本経常利益率のところで見た業種別状況と比べて全体的傾向はそう変わらない。ただし２００９年にマイナス値をつけている業種が多く、率の振れ方が激しい印象を受ける。

（4）ＲＯＥはなぜこうも変動が激しいのか

自己資本当期純利益率が激しく振れる理由を解明するには、自己資本当期純利益率を３つの経営指標に分解するというアプローチが有効である。式を以下のように展開する。

自己資本当期純利益率＝当期純利益÷自己資本×100％
＝（当期純利益÷売上高）×（売上高÷自己資本）×100％

この式の第２項を、総資本をかませてさらに２つに分解し、全部で３つの項目にしたのが以下の式である。

自己資本当期純利益率＝（当期純利益÷売上高）×（売上高÷総資本）×（総資本÷自己資本）×100％

＝売上高当期純利益率×総資本回転率×財務レバレッジ×100％

このように分解すると、自己資本当期純利益率が前年と比べて変動した原因が売上高当期純利益率にあるのか、総資本回転率にあるのか、後述する財務レバレッジにあるのかといった要因分析ができる。あるいは、同業他社の自己資本当期純利益率と比較する場合にも、どの要因で自社が優位にあるのかといったことが分析できる。

そしてこの分解式を使うと、自己資本当期純利益率が総資本経常利益率に比べて振れが大きい理由もわかる。

すでに述べた総資本経常利益率の方は次のように分解できた。

総資本経常利益率＝売上高経常利益率×総資本回転率×100％

これらの分解結果を比較すると、総資本経常利益率と自己資本当期純利益率の差が何に起因するかがわかる。式を見比べると総資本回転率については共通していることがわかる。両者の差は売上高利益率の種類による差異と財務レバレッジの有無にある。

自己資本当期純利益率	＝	売上高当期純利益率	×	総資本回転率	×	財務レバレッジ
		種類の違い		共通		ROEのみ
総資本経常利益率	＝	売上高経常利益率	×	総資本回転率	×	

売上高利益率の種類による差異というのは、売上高当期純利益率と売上高経常利益率の差異ということだ。**図3-10**は売上高当期純利益率と売上高経常利益率を比較したグラフである。このグラフの特徴は２つある。第１は経常利益率が常に当期純利益率を上回っていることである。第２は、これが重要な点だが、２つのグラフの乖離幅は好況時も不況時も概ね一定であることである。

この第２の特徴から、自己資本当期純利益率が総資本経常利益率よりも激しい動きをする原因は、売上高利益率の種類の違いには関係しないことがわかるのである。つまりその原因は財務レバレッジの方にあると推定されるわけだ。

このことは上で示した式の展開からも導くことが可能である。もう一度、自己資本当期純利益率の展開結果を見てみる。

図3-10　売上高経常利益率と売上高当期純利益率（全産業）

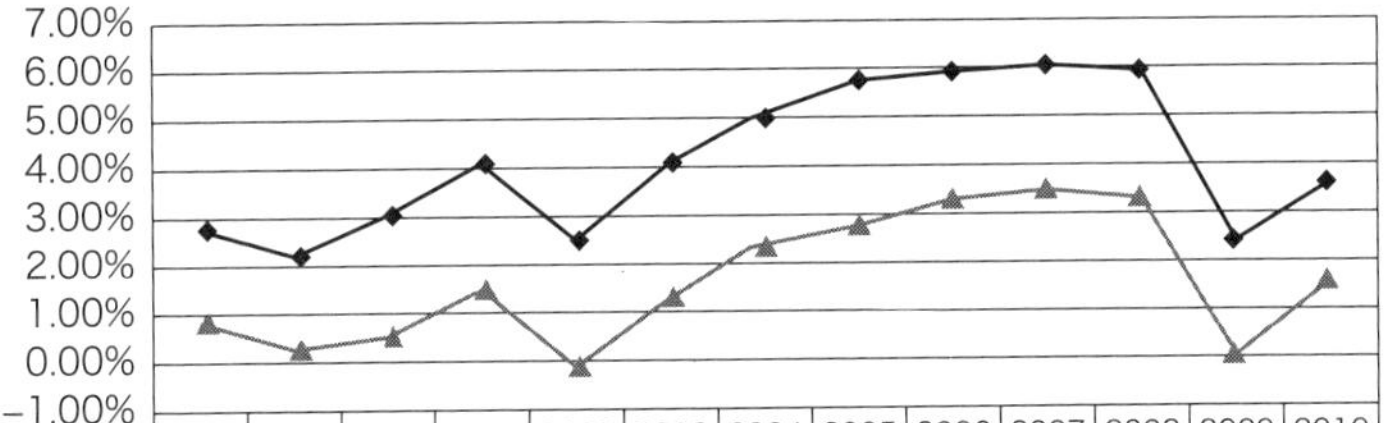

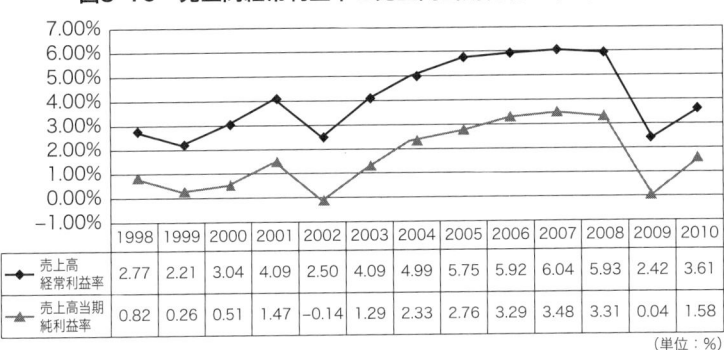

	1998	1999	2000	2001	2002	2003	2004	2005	2006	2007	2008	2009	2010
売上高経常利益率	2.77	2.21	3.04	4.09	2.50	4.09	4.99	5.75	5.92	6.04	5.93	2.42	3.61
売上高当期純利益率	0.82	0.26	0.51	1.47	−0.14	1.29	2.33	2.76	3.29	3.48	3.31	0.04	1.58

（単位：％）

このグラフからわかること

- 2つのグラフの形はほぼ同じである。
- 売上高経常利益率は常に売上高当期純利益率を上回っている。
- 2つのグラフの乖離幅はほぼ一定で推移している。

自己資本当期純利益率

＝（当期純利益÷売上高）×（売上高÷総資本）

×（総資本÷自己資本）×100％

ここで第1項の（当期純利益÷売上高）、すなわち売上高当期純利益率について、分子に持ってくる利益の種類にはこだわらないことにしてみる。つまり当期純利益を一般的な「利益」という広義の言葉に置き換えて、単なる売上高利益率にすればよい。そうすると式は以下のようになる。

＝（利益÷売上高）×（売上高÷総資本）

×（総資本÷自己資本）×100％

この展開結果の第1項と第2項について売上高を消去することによってまとめると次のよう

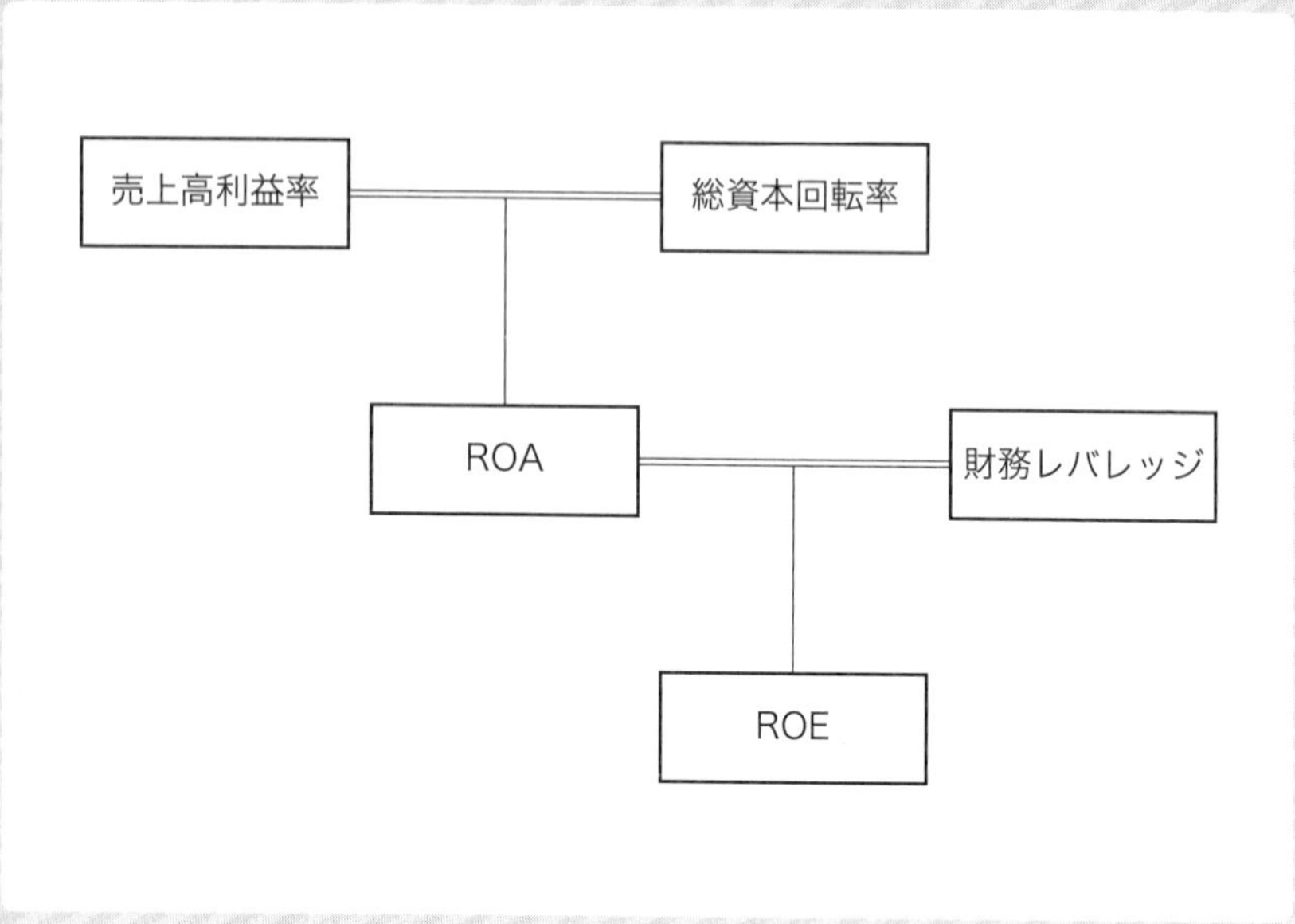

になる。

＝(利益÷総資本)×(総資本÷自己資本)×100％

＝総資本利益率(ＲＯＡ)×財務レバレッジ×100％

つまり自己資本当期純利益率（ＲＯＥ）はＲＯＡと財務レバレッジから構成されていることを示している。したがって、ＲＯＥとＲＯＡの違いは財務レバレッジに起因するという結論が得られるのである。

以上の話からＲＯＡとＲＯＥの関係も明らかになった。ＲＯＥはＲＯＡと財務レバレッジの子どもに相当するのである。

(5) 最終損益がマイナスになるとＲＯＥもマイナスに

自己資本当期純利益率を分解したときの1項目である売上高当期純利益率は、損益計算書の最終的な儲けの率を示す指標である。算式は以下のとおりである。

売上高当期純利益率＝当期純利益÷売上高×100％

当期純利益は最終損益と一般に呼ばれることからもわかるとおり、すべての企業活動から最終的に企業が稼いだ利益の額を税金控除後で示したものである。

この最終損益が重要である理由は、日本の会計に複数の利益概念がある点と関係している。現行の日本の会計基準では損益計算書で利益を段階的に算出する仕組みになっており、具体的には売上総利益、営業利益、経常利益、税金等調整前当期純利益、少数株主損益調整前当期純利益、当期純利益という順序で利益計算がなされている。当然ながら途中の段階でいくら利益を計上しても、その下で多額の損失を計上すると最終損益が悪化する。

企業の利益というと一般に経常利益が最もなじみがあるが、経常損益がプラスでも多額の特別損失が計上されれば当期純損失ということもある。当期純損失になると売上高当期純利益率はマイナスになり、ＲＯＥもマイナスになる。それゆえ最終損益が大事なのである。

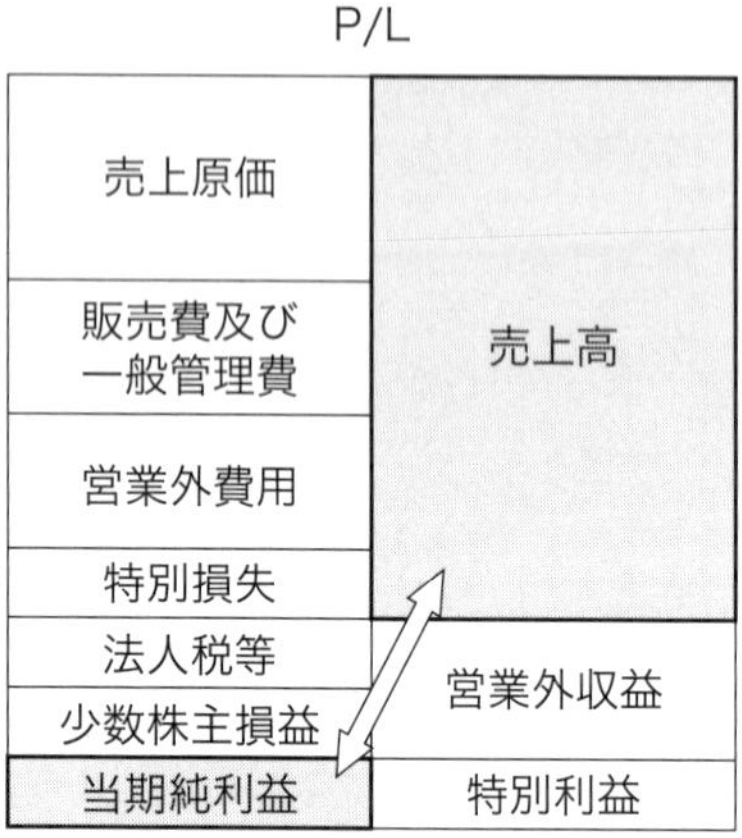

多額の特別損失としてよく出てくる項目はだいたい決まっている。たとえば投資有価証券評価損である。これは手持ちの株式について株価の大幅な下落によって著しい含み損が発生したときに計上されるものだ。

むろん特別利益という項目もあり、こちらは投資有価証券売却益などがある。これは手持ちの株式の株価が上がったときに売却して儲けた利益である。

これらの特別損益項目を加減して算出した利益が税金等調整前当期純利益、そこから税金等を控除したものが当期純利益ということになる。

売上高当期純利益率を業種別に比較すると、各業種の特徴も見えてくる。**図3-11**の２つのグラフは売上高当期純利益率を業種別に比較し

図3-11　業種別の売上高当期純利益率

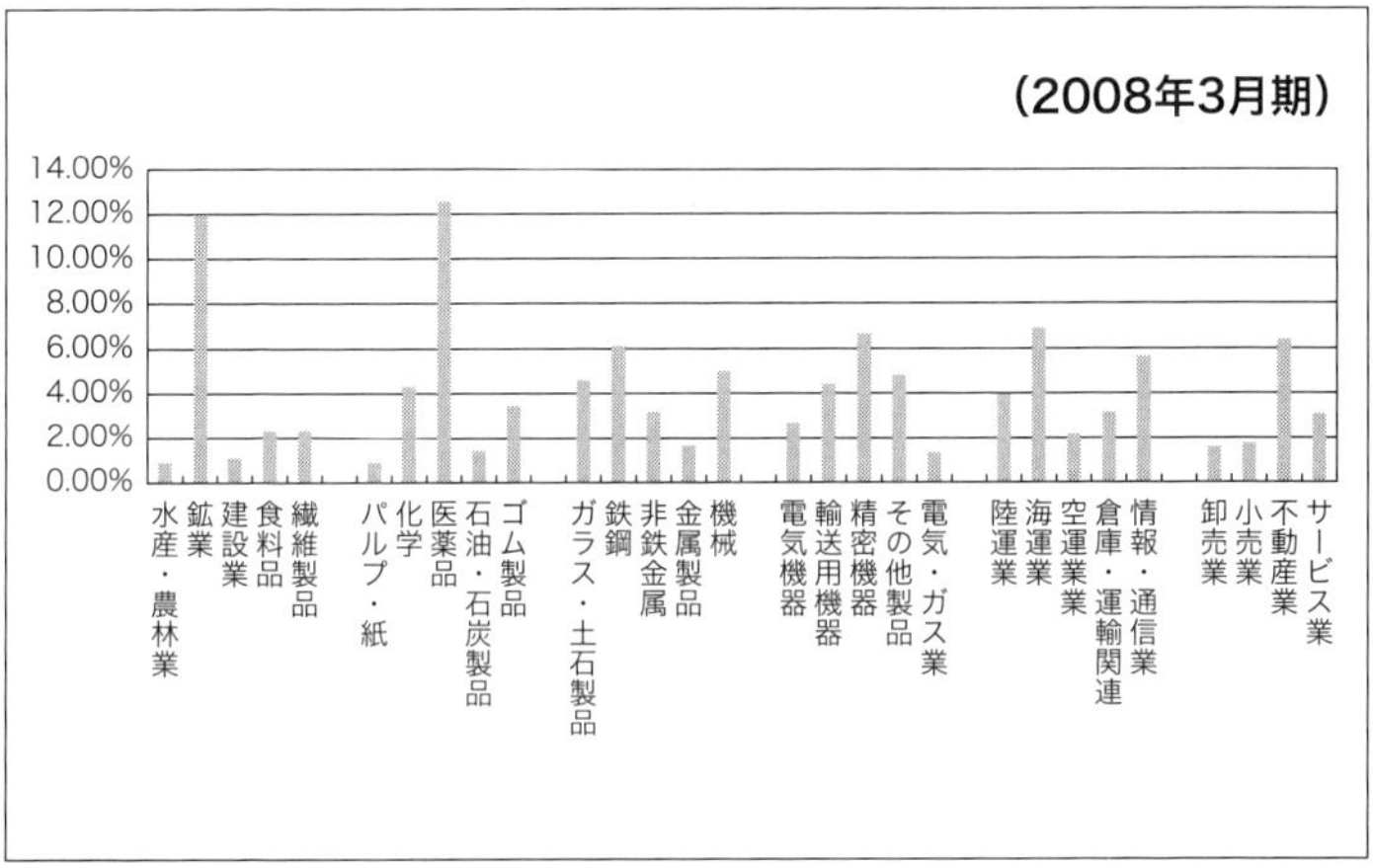

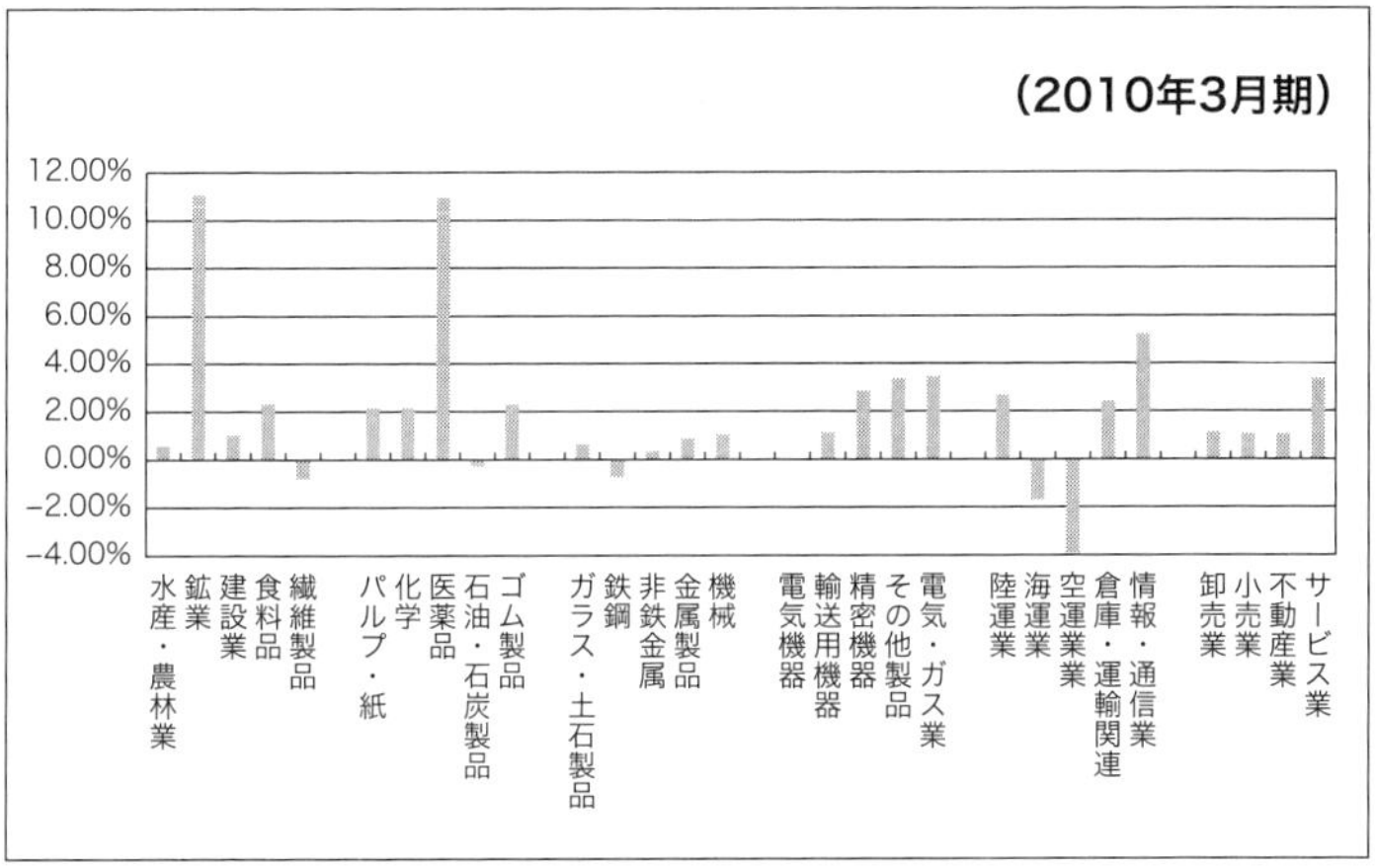

このグラフからわかること

- いずれのグラフでも「鉱業」と「医薬品」が突出している。
- 不況下の2010年3月期ではマイナス値の業種も続出。
- 鉄鋼と海運はかなり悪化している。

たものだ。1つは2008年3月期、もう1つは2010年3月期のもので、リーマン・ショックを挟む2つの年度をサンプルで取ってみた。

いずれの年度で見ても、「鉱業」と「医薬品」の率が突出していることがわかる。これはこの2つの業種の特殊性が関係しているものと考えられる。「鉱業」に関しては、資源を扱うことからその有限性、希少性、偏在性という特殊性がある。「医薬品」については、患者が病院で処方される薬の価格が国によって決定されているという特殊性がある。

他の業種についても、2つの年度で比べてみることによってリーマン・ショックの前と後でどう変わったのかが業種別に見えてくる。たとえば「海運業」と「鉄鋼」はリーマン・ショックを挟んで業績がかなり悪化した様子がわかる。その詳しい分析は次章で行う。

(6) 無視できない税金と税効果のインパクト

図3-12に、東証上場企業の売上高当期純利益率の推移を示した。グラフの傾向はこれまで見てきた売上高経常利益率や売上高営業利益率と同じようだが、グラフの水準が少し違うようである。だいたい0%から4%の間で推移している。これは売上高営業利益率や売上高経常利益率と比べるとやや低いレベルである。

売上高利益率の種類によりどの程度レベルが違うのかを見たのが、**図3-13**である。このグ

図3-12　売上高当期純利益率

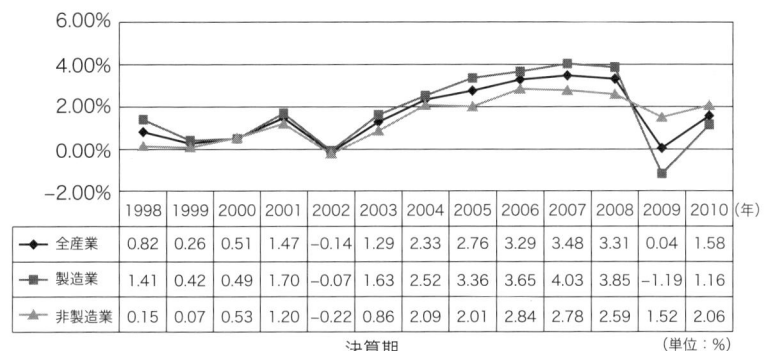

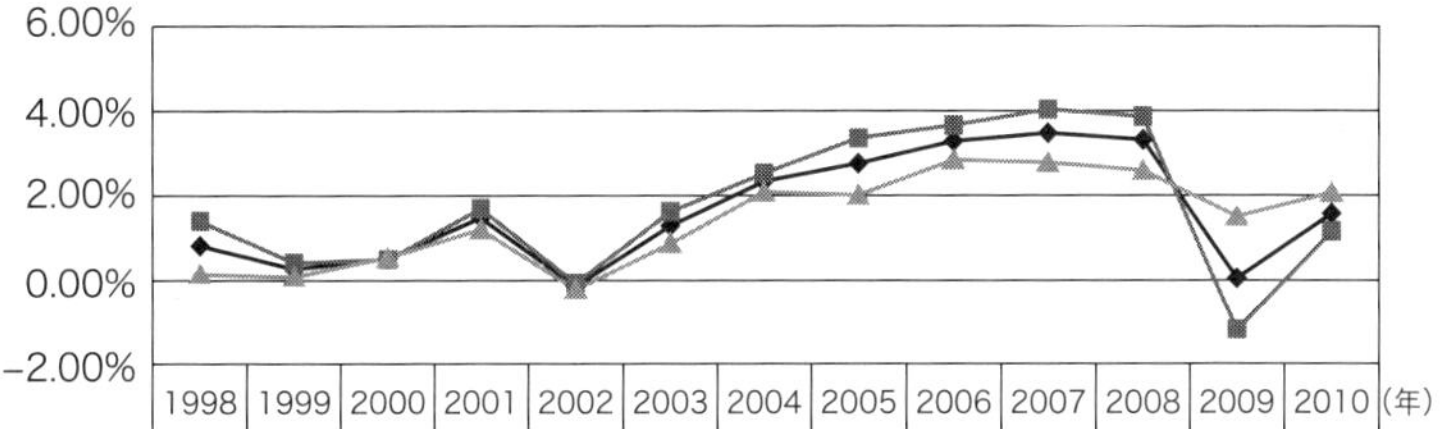

	1998	1999	2000	2001	2002	2003	2004	2005	2006	2007	2008	2009	2010
全産業	0.82	0.26	0.51	1.47	−0.14	1.29	2.33	2.76	3.29	3.48	3.31	0.04	1.58
製造業	1.41	0.42	0.49	1.70	−0.07	1.63	2.52	3.36	3.65	4.03	3.85	−1.19	1.16
非製造業	0.15	0.07	0.53	1.20	−0.22	0.86	2.09	2.01	2.84	2.78	2.59	1.52	2.06

決算期　　(単位：%)

このグラフからわかること

- グラフの形は売上高営業利益率や売上高経常利益率とほぼ同じである。
- 全産業平均で見ると0〜4%の間で推移している。

ラフでは売上高営業利益率、売上高経常利益率そして売上高当期純利益率の３つを並べて表示している。このグラフからわかるように、３つの指標はグラフの形に関してはだいたい同じようである。しかしその水準が違う。２０００年代後半に限って言えば、売上高営業利益率と売上高経常利益率にはほとんど差がないが、売上高当期純利益率は他の２つの指標よりも常に２％から３％程度低い。売上高当期純利益率が他の指標よりも低い状態は、グラフに表示したすべての期間において見られる。これはなぜだろうか。

　３つの経営指標の違いは、算定式の分子に持ってくる利益が営業利益か経常利益か当期純利益かの違いだけである。営業利益と経常利益は損益計算書の途中段階の利益で、営業利益に

図3-13　売上高に係る営業利益率、経常利益率そして当期純利益率（全産業）

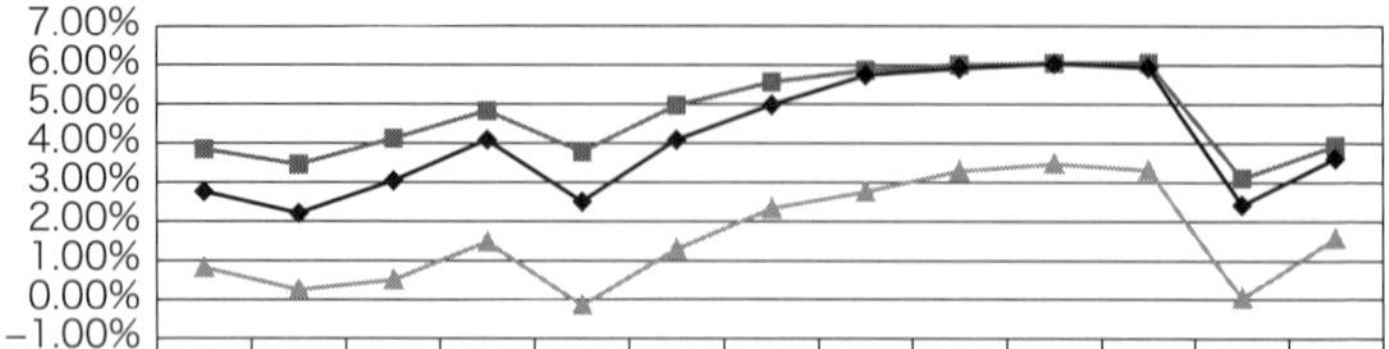

	1998	1999	2000	2001	2002	2003	2004	2005	2006	2007	2008	2009	2010（年）
◆ 売上高営業利益率	3.85	3.46	4.12	4.83	3.78	4.97	5.57	5.87	6.01	6.05	6.06	3.11	3.94
■ 売上高経常利益率	2.77	2.21	3.04	4.09	2.50	4.09	4.99	5.75	5.92	6.04	5.93	2.42	3.61
▲ 売上高当期純利益率	0.82	0.26	0.51	1.47	−0.14	1.29	2.33	2.76	3.29	3.48	3.31	0.04	1.58

（単位：%）

このグラフからわかること

- グラフの形は3つの指標ともほぼ同じである。
- 売上高当期純利益率は他の2つの指標よりも低い水準で推移している。
- 売上高当期純利益率はマイナス値をつけたこともある。

営業外収益費用を加減したものが経常利益、経常利益に特別損益を加減して税金等を引いたものが当期純利益になる。売上高当期純利益が低くなる原因は、税金にある。日本の場合は、実効税率が約40%であることから最終損益に与える税金のインパクトは非常に大きく、普通は当期純利益が経常利益より小さくなるのである。

実効税率は国によって異なるので、売上高当純利益率を外国の企業と比較する場合はその点にも留意しておきたい。財務省の公表資料によると、２０１０年１月現在で、主要国の実効税率は以下のとおりである。

- 日本…………40・69％
- アメリカ……40・75％
- フランス……33・33％

●ドイツ…………29・41％
●イギリス………28・00％
●中国……………25・00％
●韓国……………24・20％

当期純利益の金額に大きな影響を与える要因は、課税ベースの「法人税、住民税及び事業税」だけではない。税効果会計による「法人税等調整額」という項目も税金等調整前当期純利益から控除される。

税効果会計というのは、決算書に載せる税額として納税ベースの額をそのまま使うのではなく、会計理論に基づいた若干の手直しをした額を使うという手続きのことである。「法人税等調整額」という項目は課税ベースの税額と会計ベースの税額の差異を繰延税金資産・負債として貸借対照表に計上するときの相手勘定になるものだが、繰延税金資産については将来において十分な課税所得が見込めることが計上の前提となる。そのため業績が悪化してその前提が崩れると、繰延税金資産を取り崩してその額を法人税等調整額に計上することになる。赤字の会社でも多額の法人税等が計上されるという状態はこういう理由によることが多い。こうなるとＲＯＥも非常に悪化する。

(7) 財務レバレッジをひっくり返すと自己資本比率に

自己資本当期純利益率の構成要素の一つである財務レバレッジという項目は算式で示すと、以下のようになる。

財務レバレッジ＝総資本÷自己資本×100％

これは事業活動に使用した総資本が自己資本の何倍かを見る財務比率であるが、実はこの指標は自己資本比率の逆数である。自己資本比率は財務レバレッジの算式の分母と分子をひっくり返せばよく、以下のようになる。

自己資本比率＝自己資本÷総資本×100％

これは、企業の財務上の安全性を見る財務比率である。資本には、株主が拠出した自己資本と銀行借入等の他人資本がある。その違いを簡単に言えば、自己資本は返済の必要がないが、他人資本は返済しなければならないという点だ。自己資本比率は総資本に占める自己資本の割合のことだが、それが高いということは他人資本の返済がよりいっそう保証され安全度が高くなることを意味している。

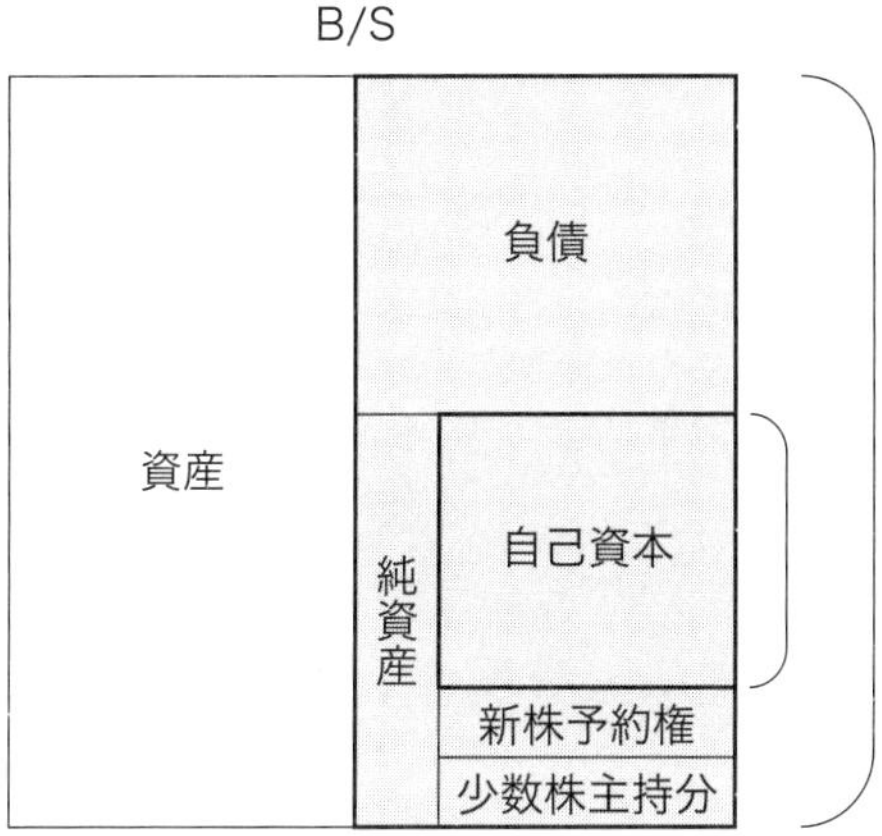

そうすると自己資本比率は高ければ高いほど良いと思われがちだが、必ずしもそうではない。自己資本比率が高いということは財務レバレッジが低いことを意味し、他人資本の活用度が低いことを示している。その場合、自己資本当期純利益率の分解式を参照すれば理解できると思うが、指標としてはＲＯＥの低下として現れる。ＲＯＥの低下は株価の低迷を招くと言われている。したがって、自己資本比率が高水準で推移する一方で売上高が伸び悩んでいるような場合、豊富な自己資本が十分に活用されずに眠っていないか疑ってみた方がよい。

なお、ごく稀なケースだが、債務超過の一歩手前の会社が一時的に黒字を計上するとＲＯＥの値が高くなることがある。これは債務がどんどん増えて自己資本比率が低くなったことにより、財務レバレッジが効いてＲＯＥが上がったにすぎないので注意すべきである。

(8) めったに動かない自己資本比率が大きく動くときとは

図3―14は、東証上場企業の自己資本比率をグラフ表示したものである。このグラフの特徴は、年度によって大きな変動がないことである。また、製造業が非製造業を上回っている状態が継続しており、その幅も一定だ。当然ながら全産業平均は製造業と非製造業の中間に位置しており、35％前後でずっと継続している。

収益性のグラフと違って、自己資本比率のグラフはそれだけ見ていてもいつが不況なのかもわからない。リーマン・ショックの起きた２００９年3月期を見ても、わずかに下がっているもののほとんど変化がないため、ここが１００年に一度の不況だということはわからない。

ただし、個別企業の決算書で見た場合は自己資本比率が大きく変動することもよくある。典型的なのは多額の増資をした場合だ。その場合、自己資本比率は前年比で大きく上昇する。逆に下降するケースもある。多額の当期純損失が発生した場合や多額の自己株式の買取がなされた場合などだ。

たとえば東芝の２００８年3月期から２０１０年3月期までの株主資本比率（米国会計基準のためこの名称）は次のように推移している。

図3-14　自己資本比率

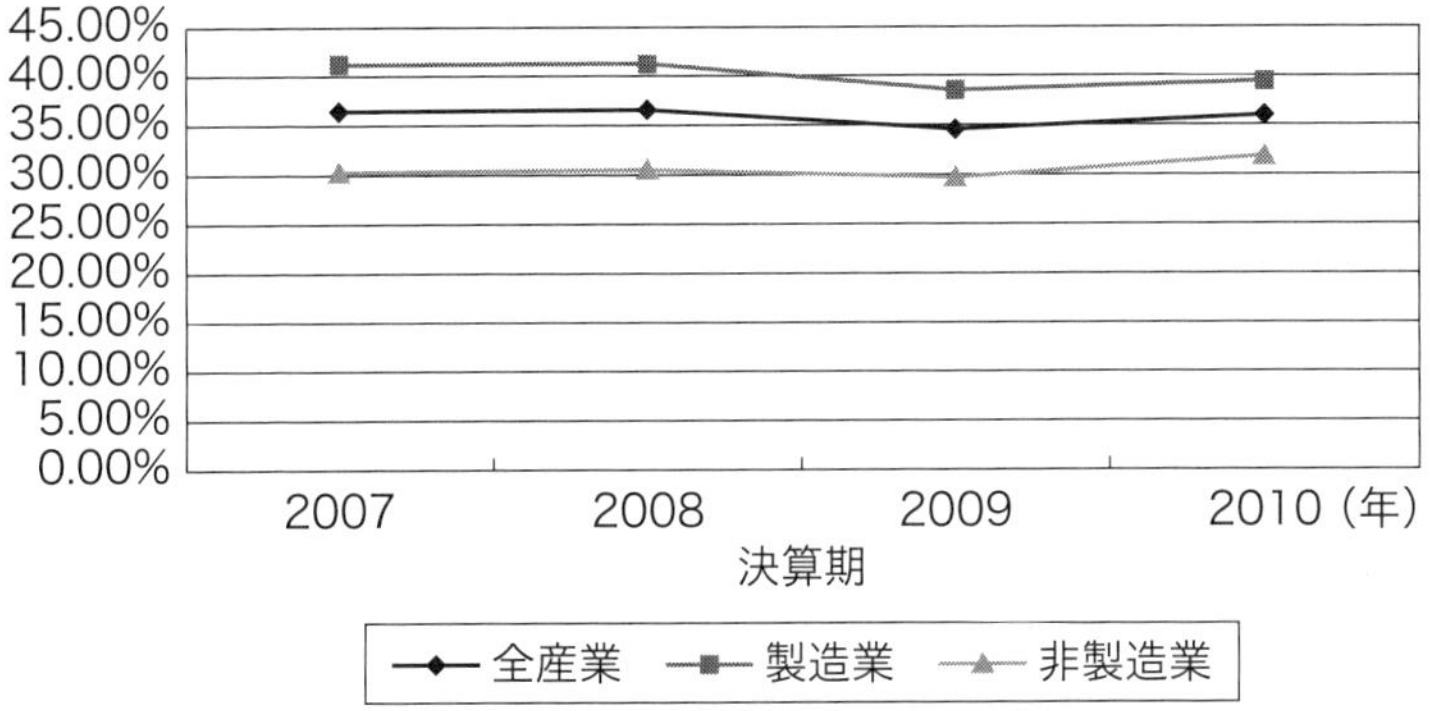

このグラフからわかること

- 35%前後が平均値である。
- 常に一定で好不況によって大きな変動がほとんど生じていない。
- この比率だけ見てもいつが不況かわからない。

２００８年３月期　17・２％
↓
２００９年３月期　８・２％
↓
２０１０年３月期　14・６％

これは主に当期純損失の計上で比率が低下した後、公募増資により比率を元の水準まで回復させた事例である。

少し特殊なケースとしては、航空会社の２００８年３月期および２００９年３月期の事例がある。たとえば日本航空（ＪＡＬ）の自己資本比率は次のように変化した。

2008年3月期　21・4％
　　　←
2009年3月期　10・0％

なんと半分になっている。これほどではないが、同様に全日本空輸（ANA）も次のように変化した。

2008年3月期　25・4％
　　　←
2009年3月期　18・3％

これは貸借対照表を2期比較してみればわかるが、純資産の部に計上されている繰延ヘッジ損益という項目が大きく減少したことが原因となっている。これは、ジェット燃料の価格変動をヘッジする目的で利用しているスワップ取引に関係しているものと考えられる。

いずれにしても上場企業全体で合算されると個別要因の影響度が薄まるため、上場企業平均では自己資本比率には大きな変動が起きない。

図3-15　2010年3月期の業種別自己資本比率

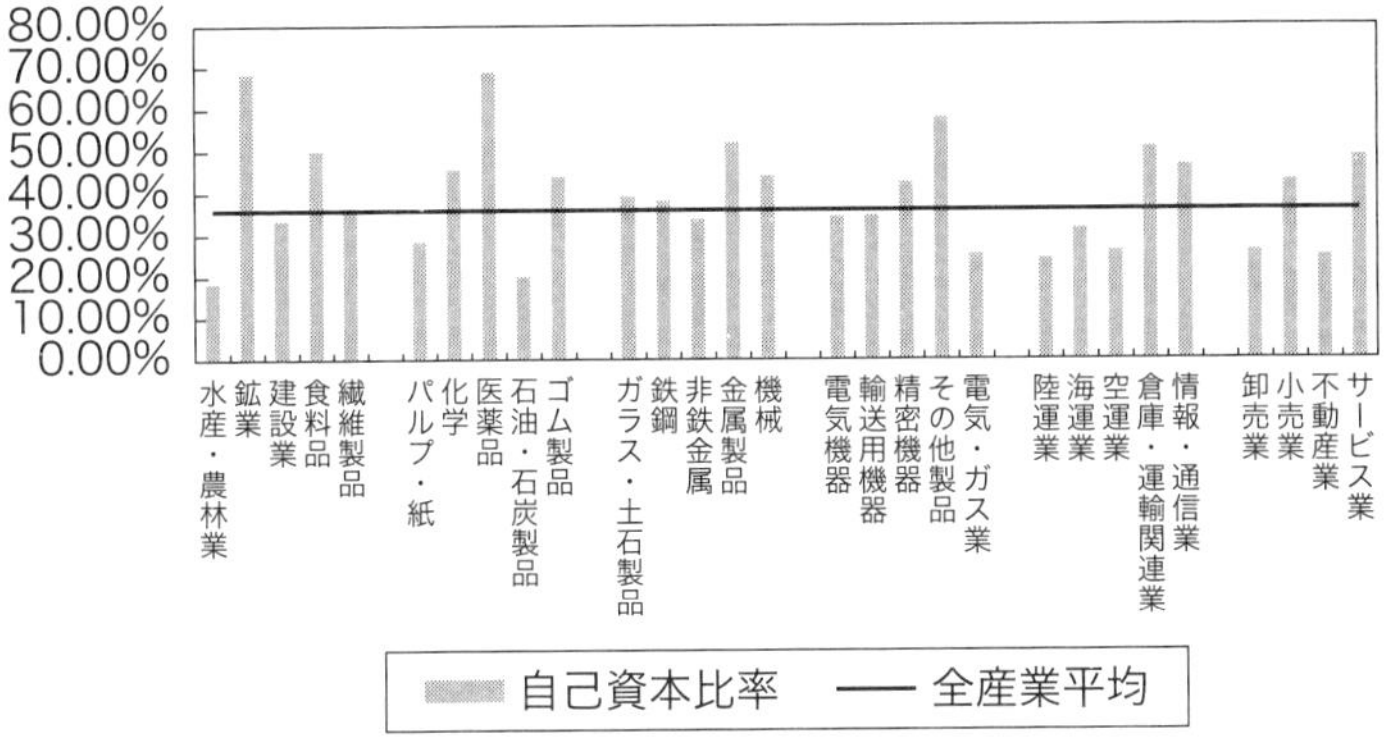

このグラフからわかること

- 「鉱業」と「医薬品」が突出している。
- 「水産・農林業」と「石油・石炭製品」は低迷。

(9) 安全性の指標である自己資本比率の収益性との関係

自己資本比率のグラフを、業種別にブレイクダウンしてみる。年度によって大きな変動がないことがわかったので、２０１０年３月期についてのみ業種別の自己資本比率をグラフ化してみる。

図3-15のとおりである。特に高い比率になっているのが「鉱業」「医薬品」で70％弱である。逆に低い業種は「水産・農林業」「石油・石炭製品」で約20％である。

ちなみに売上高当期純利益率との関係について触れておくと、自己資本比率の高い「鉱業」「医薬品」は売上高当期純利益率が高く、逆に、自己資本比率の低い「水産・農林業」「石油・石

図3-16　水産・農林業のROEとROA

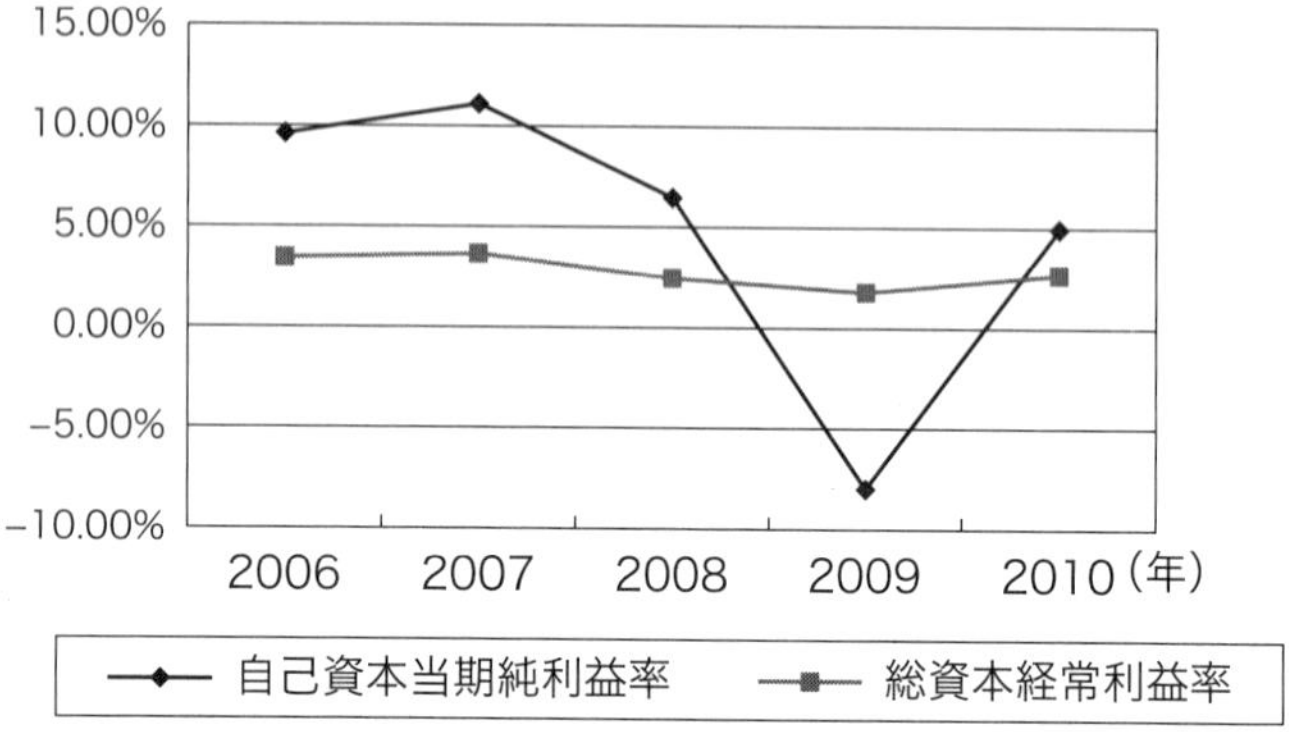

ROEが大きく振れている

炭製品」は売上高当期純利益率が低い。自己資本は事業活動によって獲得した利益剰余金が蓄積していくことによって厚くなっていくことから、売上高当期純利益率の高い企業が自己資本比率も高くなるものと考えられる。

　ROEがROAに比べ大きく変動する傾向があることをすでに見たが、その原因は財務レバレッジにあった。財務レバレッジが高いほどROEが大きく振れるのである。このことを自己資本比率との関係で見ると、自己資本比率は財務レバレッジの逆数なので、自己資本比率が小さいほど財務レバレッジが大きくなりROEが大きく振れることになる。

　具体的に自己資本比率の小さい「水産・農林業」について自己資本当期純利益率と総資本経常利益率をグラフ表示したのが**図3-16**である。

図3-17　「医薬品」のROEとROA

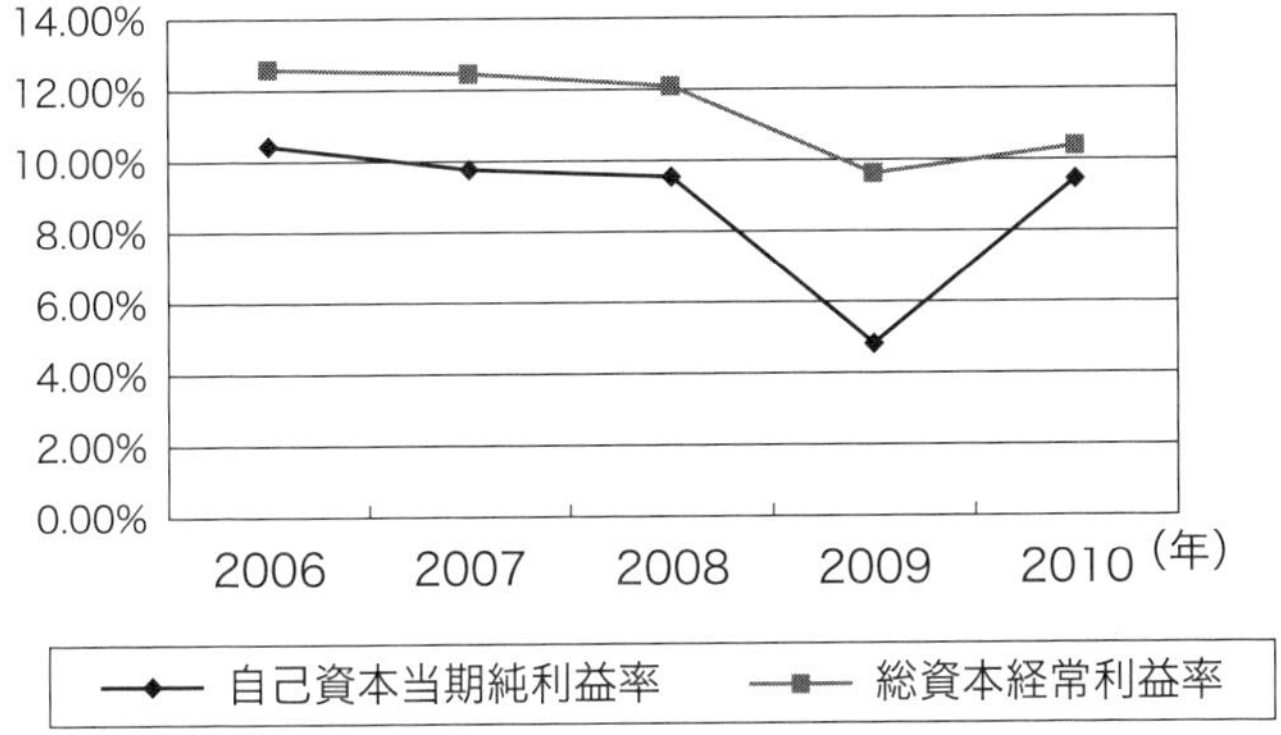

ROEとROAは並行して推移している

総資本経常利益率が相対的に安定しているのに対して、自己資本当期純利益率はこれを横切って大きく振れている。一方、自己資本比率の大きい「医薬品」について同様のグラフを作成したのが**図3-17**である。自己資本当期純利益率と総資本経常利益率は並行して推移しているのがわかる。自己資本比率は安全性の指標だが収益性の指標とも密接に絡んでいる。

5 キャッシュ・フロー指標に経営破綻のシグナルは表れるか

(1) 財務の安全性をどう考えるか

ここまで解説してきた経営指標には、あたかも親子のような関係が認められた。言うなれば、各指標は家族のメンバーであったわけだが、本章の最後に取り上げる経営指標はそれらとは血のつながりのない異質な指標である。

何が異質かというと、これまで述べた経営指標に共通するある性質が見られないという点においてである。これまで述べた経営指標は、いずれも決算日という一時点の数値に基づく静的な分析であった。ところが安全性の分析をする場合、この「静的」という性質が実態にそぐわないことがある。

安全性の指標としてはすでに自己資本比率を取り上げたが、これはいくつもある安全性の指標のうちの一つだ。経営分析の教科書を読めばわかるが、安全性の指標はほかにもあって、代表的なところでは流動比率という指標がある。

流動比率という財務指標は、貸借対照表の流動資産合計を同じく貸借対照表の流動負債合計で割って求めるが、これはまさに貸借対照表日（決算日）という一時点における実数から求めた指標である。

一般に、経営分析の教科書ではこの比率が２００％以上あれば安全性が高いと書かれている。これは流動負債を返済するために現金以外の流動資産を処分して現金化する過程で、仮にその換金価値が半分になってしまったとしても流動負債を返済できるからだという説明がなされている。

しかしながら事業活動を継続している企業の財務上の安全性というのは、一時点において資産を処分して債務の返済に充てるという手続きによって確保されるというより、日々の事業活動によって獲得する収入の中から債務の返済や利息の支払に資金を充てるというプロセスの方が現実の経営の姿と重なる。

そのような観点に立って経営分析を行うためには、キャッシュ・フローに着目した分析が求められる。キャッシュ・フロー計算書の数値を使った経営分析である。この点がまさしく異質なのである。もちろん、異質といっても地球人と宇宙人ほどの違いはない。位置付けとしては、

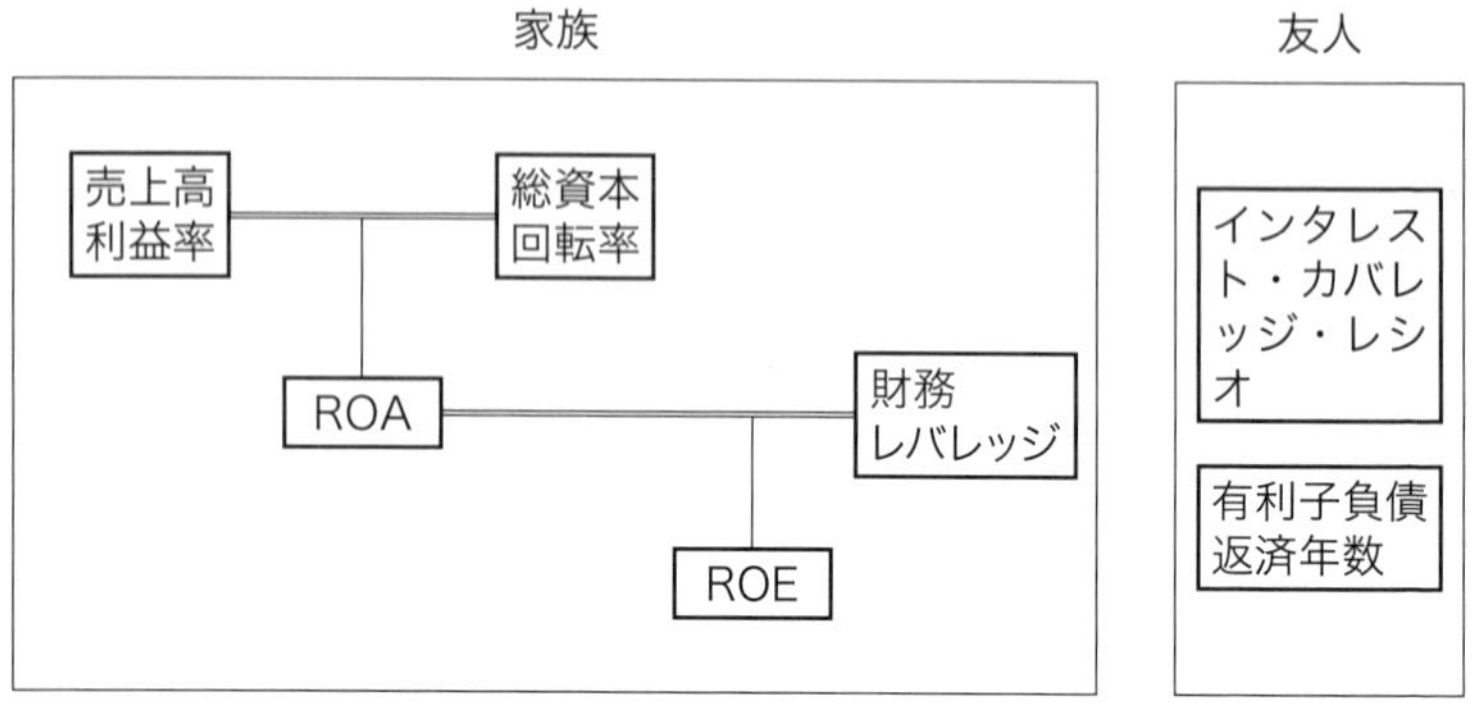

友人といったところだろう。

その友人にあたる経営指標の1つがインタレスト・カバレッジ・レシオである。インタレスト・カバレッジ・レシオには損益計算書の数値を使用したバージョンもあるが、ここではキャッシュ・フロー計算書の項目を使用するバージョンの方を取り上げる。上場企業の決算短信で開示されているのはこちらの方だ。算式は以下のとおりである。

インタレスト・カバレッジ・レシオ
=営業キャッシュ・フロー÷利息の支払額

営業キャッシュ・フローというのは、企業活動のうち生産や販売といった本業の活動から獲得した資金のことである。キャッシュ・フロー計算書の「営業活動によるキャッシュ・フロー」

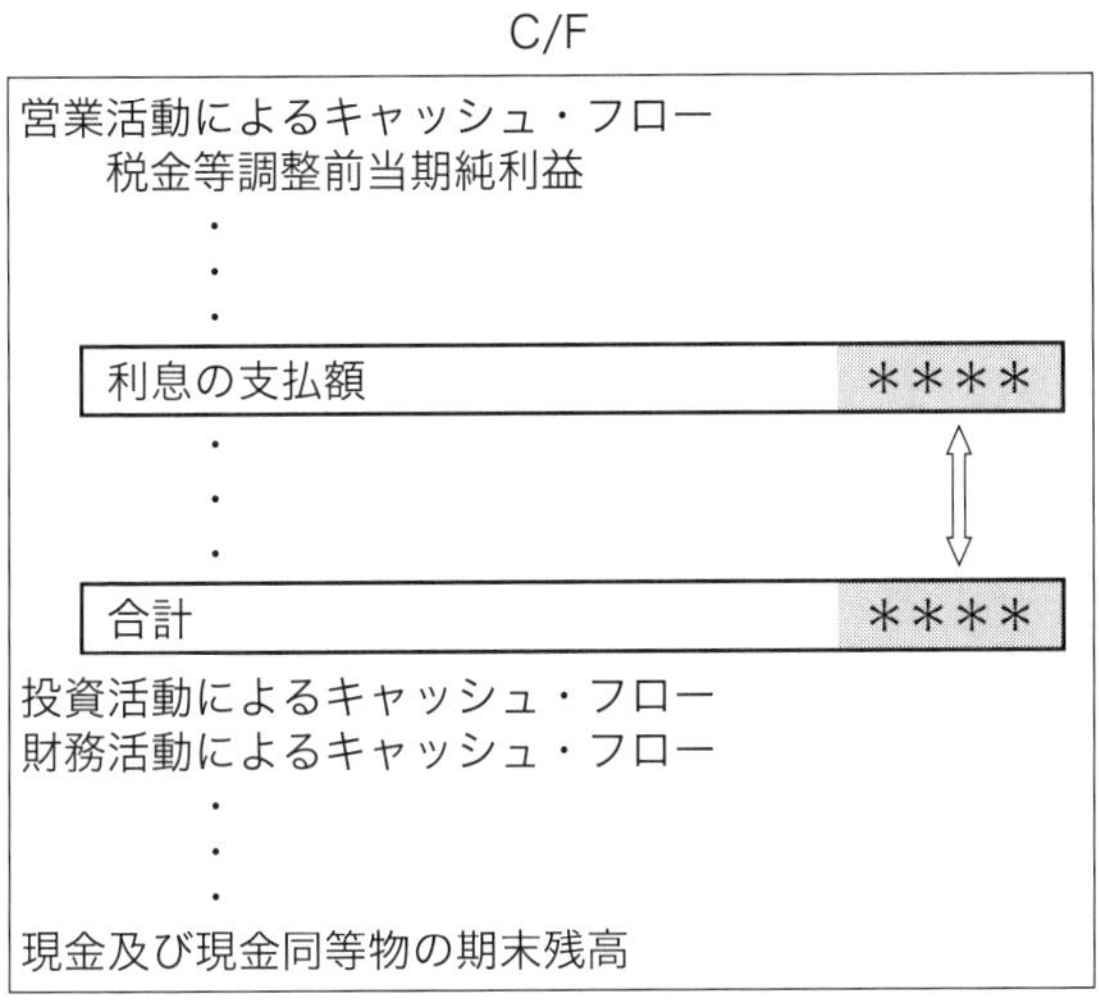

の合計欄に示されている数値のことだ。

　利息の支払額というのは、キャッシュ・フロー計算書の「営業活動によるキャッシュ・フロー」に記載されており、これは損益計算書に記載されている支払利息の額とは異なる。利息の支払額というのは、その会計年度に預金から実際に支払われた金額のことである。期末に計上する未払利息のように「当期の利息だがまだ払っていないもの」はこれに含まれない。

　インタレスト・カバレッジ・レシオは、営業キャッシュ・フローが利息の支払額の何倍かを計算するもので、金利を支払うのに十分な営業キャッシュ・フローが獲得できているかどうかを測定している。この倍率が高いほど安全性が高いということになる。水準が1倍であれば営業キャッシュ・フローのすべてが利払いに回ってしまっている状態と言える。

営業キャッシュ・フローは営業利益と並んで重要な会計数値である。企業の継続能力を判定する上で営業利益の数値と同様に大変重視されている。重要なマイナスの営業キャッシュ・フローの計上や営業キャッシュ・フローの継続的なマイナスは、「継続企業の前提に重要な疑義を生じさせるような事象又は状況」に該当する項目とされている。

営業キャッシュ・フローの値がマイナスになる場合、上記算定式の計算結果はマイナスになるが、その場合はインタレスト・カバレッジ・レシオをマイナス何倍と表示するのではなく「－」（バー）と表示することになっている。

(2) インタレスト・カバレッジ・レシオの平均的水準

インタレスト・カバレッジ・レシオは、何倍あれば十分といえるのか。インタレスト・カバレッジ・レシオについては上場企業の決算短信では開示されているが、東京証券取引所（以下「東証」）の統計で集計されていないため上場企業全体の値が入手できない。そこで代わりに、帝国データバンクの公表データを使用する。

図3-18は、帝国データバンクによる金融機関と保険業を除く全国の営利法人の統計からインタレスト・カバレッジ・レシオのグラフを作成したものだ。このグラフによると、リーマン・

図3-18　インタレスト・カバレッジ・レシオ

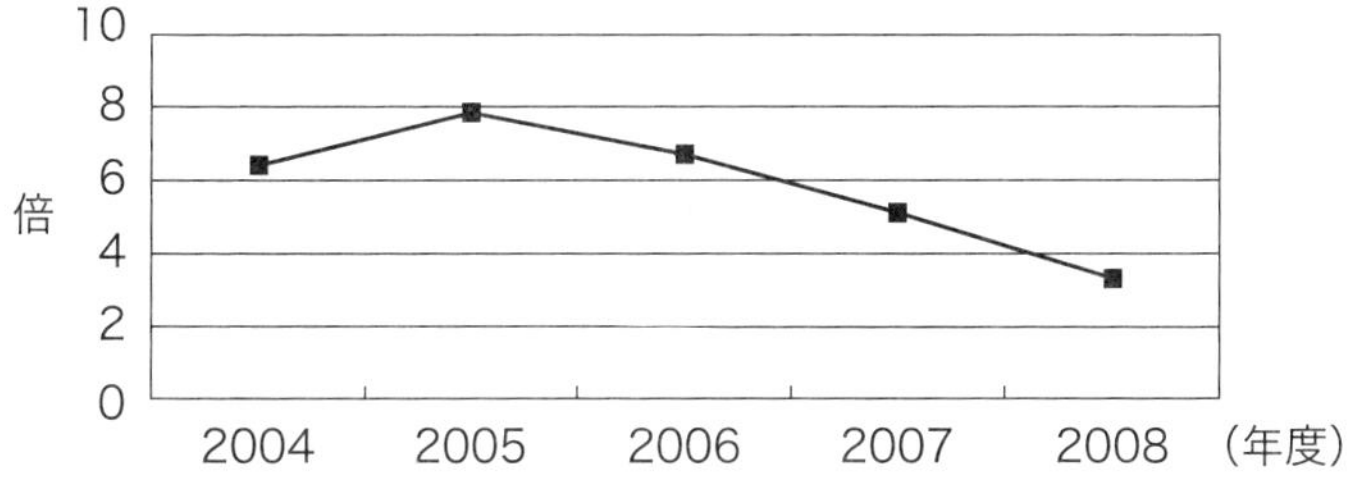

ショック前は5倍を越える水準が続いていたことがわかり、その意味で少なくとも5倍は欲しいところと言える。

ただし、これは上場企業だけのデータではなく、また連結ベースでもないので、上場企業の連結財務諸表の分析を行う際は単純に比較できないと思われる。参考にとどめておく方がよいであろう。

グラフのトレンドについてもはっきりした特徴は見当たらない。入手できたデータの期間が短いため、長期のトレンドが見えてこないのである。一般にキャッシュ・フロー関連の指標は、上場企業のキャッシュ・フロー計算書制度の歴史が浅いため十分にデータが蓄積されておらず、分析がしづらいのである。景気の拡大期に倍率が上がり、景気の後退期に倍率が下がると

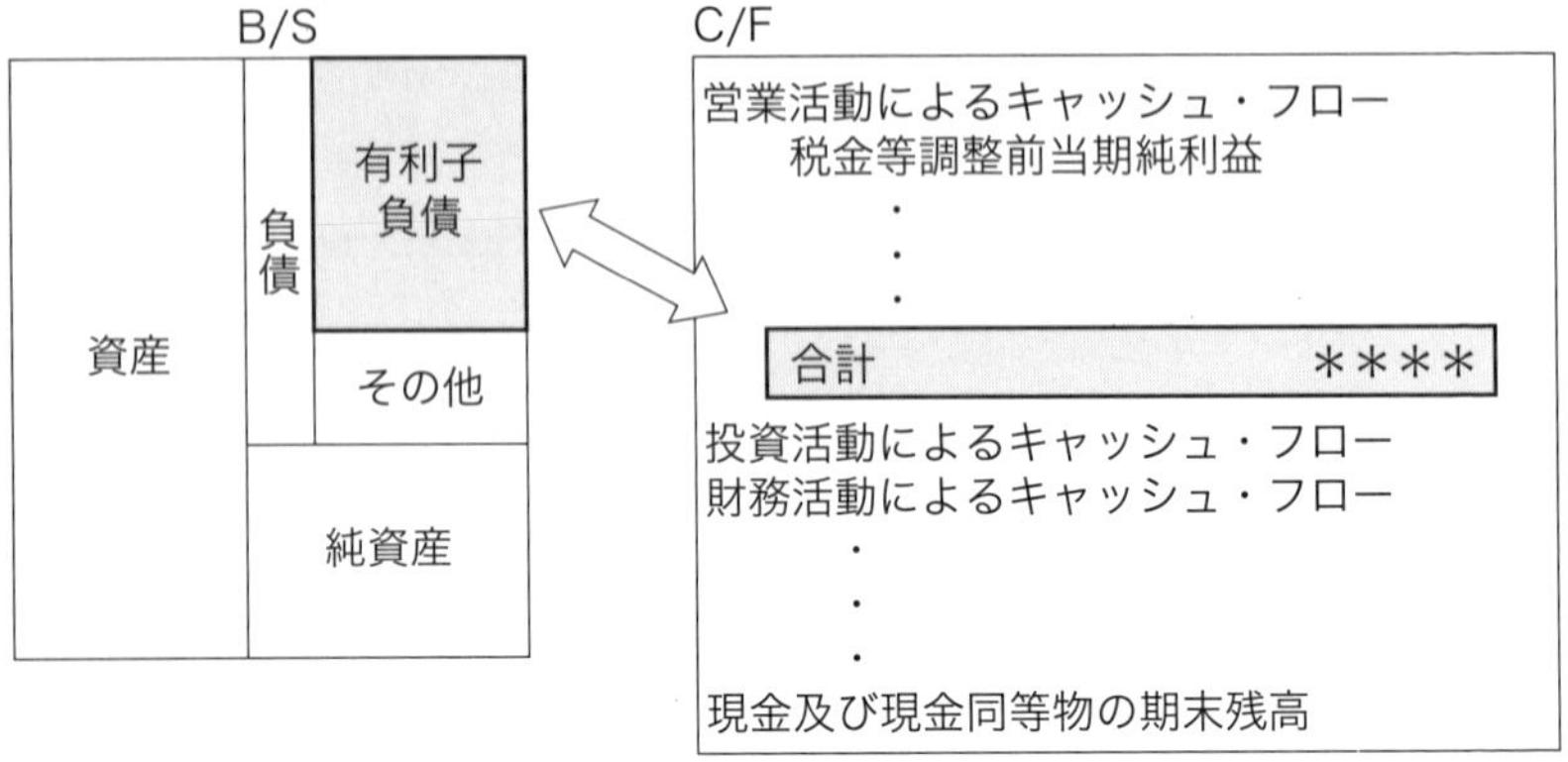

いったような動きをするのかどうかも、このグラフからは推定できない。

個々の企業の分析をする場合は、このグラフの推移と比較の上で増減要因を個別に考えていくということになる。

(3) 借金を何年分のキャッシュ・フローで返せるか

キャッシュ・フローに着目した経営分析指標として決算短信で開示されている指標はもう1つある。有利子負債返済年数である。決算短信では「キャッシュ・フロー対有利子負債比率」とか「債務償還年数」という名称で開示されている。算式は以下のとおりである。

有利子負債返済年数＝有利子負債残高÷営業キャッシュ・フロー

これもインタレスト・カバレッジ・レシオと同様に経常的な活動から得られる資金を尺度とした指標で、営業キャッシュ・フローを負債の返済に充当した場合に完済まで何年かかるかを計算したものである。計算結果がマイナスになる場合はやはり「－」と表示する。

有利子負債というのは貸借対照表に計上されている負債のうち利子を支払っているものを言う。関心の高い重要な項目なので、この額は企業の開示資料で開示されていることが多い。有価証券報告書の連結附属明細表では社債明細表と借入金等明細表で内訳を見ることもできる。

(4) 大事なのは「えっ」と思える感覚

この指標についても東証の統計からデータを入手できないため、「日経経営指標」のデータをもとに算定してみた。**図3-19**によると上場企業平均の有利子負債返済年数は金融危機の前までは概ね4年から5年の間であったが、リーマン・ショック後に一気に跳ね上がり約6年になったことがわかる。さらにこれを製造業と非製造業に分けて分析すると、跳ね上がった原因は製造業だけにあり、非製造業平均では有利子負債返済年数は２００８年度までは横ばいのままであったことがわかる。

図3-19　有利子負債返済年数

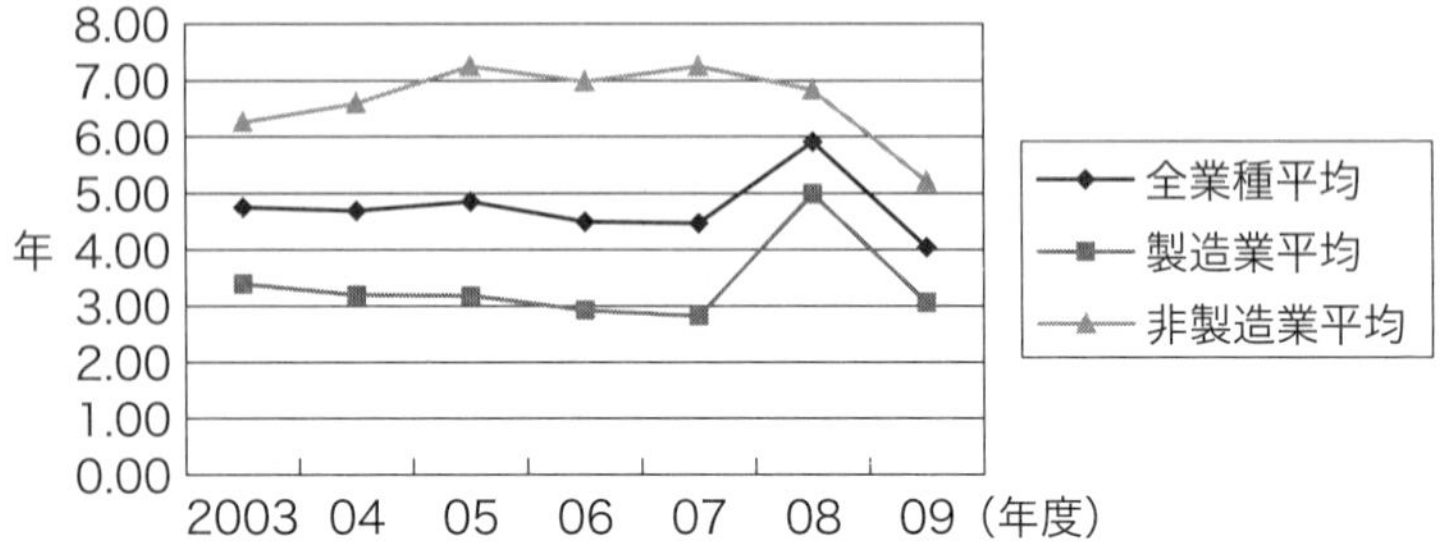

有利子負債返済年数は算式からわかるように企業の投資活動や財務活動が考慮されておらず、現在の状況が将来も継続することを前提とした指標である。そのため、これによって求められる返済年数をどう解釈すればよいかは難しいが、個別企業の有利子負債返済年数を求める場合は、ここで提示した全体的な傾向値と比べて高低を判断するのも一つの方法である。

２００8年度に倒産した上場企業の決算短信を見てみると、有利子負債返済年数が５００年を超えるような値を開示している会社もあるが、こういう極端な値を出している会社については異常性を疑ってみるべきであろう。そのことだけで経営破綻すると予想できるものではないが、「えっ」と思える感覚は欲しい。

一般に倒産する会社は営業キャッシュ・フ

ローがマイナスになることが多い。２００８年度に倒産した上場企業の決算短信を見てもそのことがわかる。直近の営業キャッシュ・フローがプラスでも過去5年遡ってみるとその期間内に複数回マイナスを記録していたりする。

営業キャッシュ・フローがマイナスになると、有利子負債返済年数とインタレスト・カバレッジ・レシオは「－」と表示される。多くの上場企業ではこの2つの指標が決算短信で3年から5年分一覧表形式で掲載されているが、「－」になっている欄が相当数見られたときは倒産の可能性を疑ってもよい。

ただし、経営指標は企業の一面を示すものでしかないことも覚えておきたい。総合的な判断は複数の材料を検討した上で行うべきである。

これは医者が患者の体の状態を判断する時と同じである。ある医師から聞いた話だが、たとえば血液検査の一項目で異常値が出たからといってそれだけで患者の状態を断定するのではなく、レントゲンの結果はどうかとか、エコーで見た様子はどうかとか、あるいは触診してみた感じはどうかといったことを総合した上で判断を下すそうだ。

企業の経営分析も、経営指標の結果だけを見てどうこういうのではなく、経営指標が何らかの傾向を示している場合は、別の角度からそのことを調べてみるというアプローチが適切である。

以上で代表的な経営指標の解説は終わりである。本章では、各指標の特徴や位置付け、上場会社平均値のトレンド等を検討してきたが、これがわかったところで、次章ではもう一度個別企業の経営分析に戻ることにする。そこでは4つの業界を取り上げたい。「食料品」「パルプ・紙」「海運業」「鉄鋼」である。これらは、収益性指標がリーマン・ショックの前後で特徴的な動きを示した業界である。各業界から1社ずつ選び、4社の分析を進めていきながら、あぶり出し分析法の技法と手順を導き出してみたい。

＊　＊

第4章

個別企業の経営指標に表れた世界同時不況

1

味の素
～国際商品価格の変動に翻弄される収益性

(1) 不況が「食料品」にもたらした影響

不況の時に支出を控えるものといえば、まず「外食」が思い浮かぶ。しかし、これは不況になったからといってすぐさま食べる量そのものを減らすということではない。外食を減らして家で食べたり、もやしのような安い食材を食べる頻度が増えたりというような変化はあるが、摂取するカロリーを大幅に減らすわけではない。食料そのものが手に入らないとか、食料も購入できないほど窮乏するという状況でない限り食料品は売れるはずである。

食料品のこのような性質が関係しているのか、世界同時不況の「食料品」業界への影響は比較的小さかった。しかし原因がそれだけとは思えない。なぜなら、その後に見られる急ピッチの業績回復が説明できないからだ。景気回復がまだ鮮明でない中、食欲を満たすことが優先されたと考えるのも無理がある。

以下では個別企業の経営分析を通してこのあたりを探ってみたい。採り上げる事例は調味料の業界トップである味の素である。味の素が生産しているのは調味料の「味の素」をはじめ、ほんだし、マヨネーズ、コンソメなど多くの料理に共通する素材である。どこの家庭にもありそうなものばかりだ。こういったものを節約してもあまり家計の助けにはなりそうもないので、外食産業や菓子業界に比べれば不況の影響があまりなさそうなイメージであるが、実際どうなっているだろうか。

(2) 不況になる前から落ちていた収益性

まずは、事業全体の収益性を示す総資本経常利益率から見ていきたい。

図4-1は、味の素の連結ベースの総資本経常利益率である。２０００年以降のデータをグラフにしたものだ。過去11年分のデータを決算短信から拾って作成している。決算短信には総資本経常利益率の値が載っているので、自分で計算する手間はなくそのまま使用できる。

こういうグラフを作る場合、データは最低でも5年分、できれば10年分ほしい。10年分くらいあれば、会社の傾向がかなり見えてくる。味の素の場合は、ホームページで過去10年分の決

図4-1　総資本経常利益率

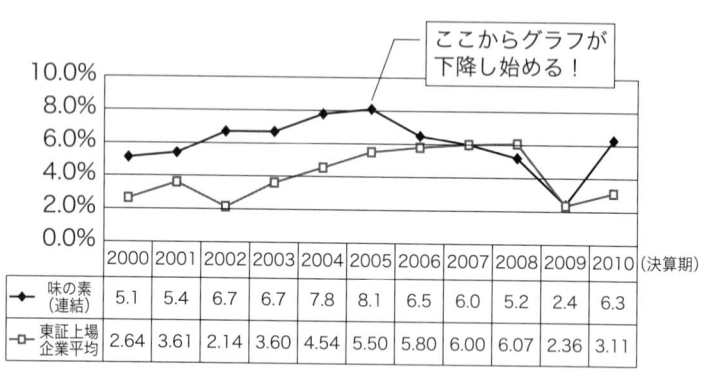

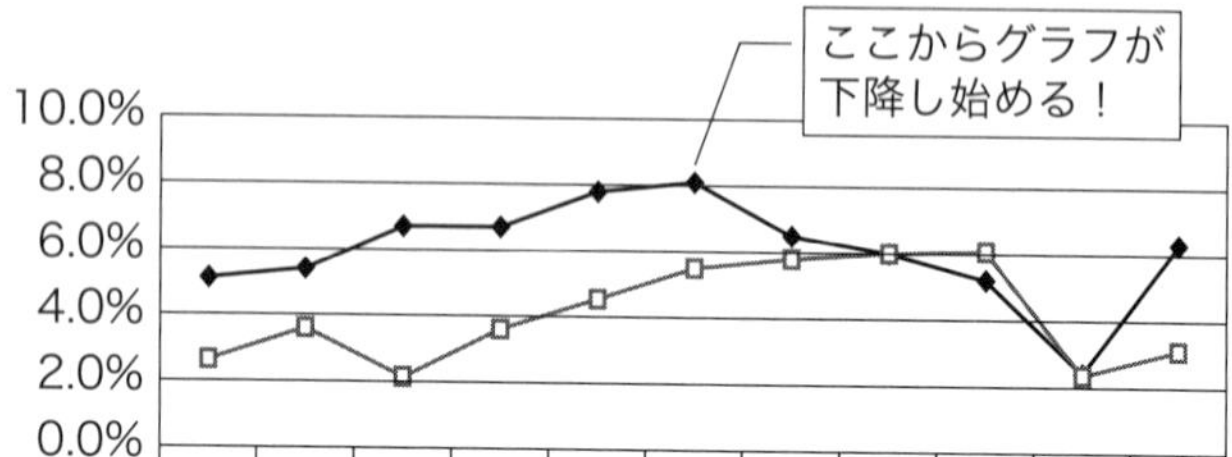

	2000	2001	2002	2003	2004	2005	2006	2007	2008	2009	2010 （決算期）
◆ 味の素（連結）	5.1	5.4	6.7	6.7	7.8	8.1	6.5	6.0	5.2	2.4	6.3
□ 東証上場企業平均	2.64	3.61	2.14	3.60	4.54	5.50	5.80	6.00	6.07	2.36	3.11

（単位：%）

算短信を開示しているのでこれを利用することができた。

グラフには総資本経常利益率の東京証券取引所（以下「東証」）上場企業平均値のグラフも合わせて載せてある。すでに述べたように、上場企業平均のグラフは景気循環の山谷と対応がよく、これを載せることにより味の素の総資本経常利益率の推移が景気とどう対応しているのかがよくわかる。味の素の総資本経常利益率を見る際にモノサシの役目を果たすのである。

グラフが出来上がったところで、まず何をどう見ていけばよいかは迷うところかもしれない。しかしそう難しく考える必要はない。グラフの形にだけ注目すればよいからだ。味の素の総資本経常利益率と上場企業平均の総資本経常利益率とを比べてどこが違うのかを見つければよい。細かい点にはとらわれず、長期的な動向という観点から違いを見つけるのがポイントだ。そうすると明らかに異なる点が一つある。それはグラフの下降が始まる時点がズレていることだ。

上場企業平均はリーマン・ショックのあった２００９年３月期に崖から落ちるように急落しているが、味の素の方はその３期前からすでに下降が始まっている。３期前の２００６年は景気がまだ拡大していたはずだが、すでにこの時点から味の素の収益性が落ち始めている。味の素の総資本経常利益率は日本経済の景気循環に先行する形で収益性が下降している。

総資本経常利益率の下落要因を分析するには、総資本経常利益率を２つに分解すればよかった。売上高経常利益率と総資本回転率である。この２つの経営指標は決算短信に載っていないため、自分で手を動かして計算する必要がある。

ただし、こうした代表的指標については他の開示資料で公表されていることもある。味の素の場合は総資本回転率については投資家向けの「インベスターズガイド」という資料に掲載されていたのでそれを利用した。売上高経常利益率については、２００６年３月期以前の短信では現在の短信と違ってこれが掲載されているので、その数値を利用することもできる。もちろん自分で計算してもそれほどの手間ではない。

図4-2は、味の素の売上高経常利益率と総資本回転率をグラフ表示したものである。味の

図4-2　味の素の総資本回転率と売上高経常利益率

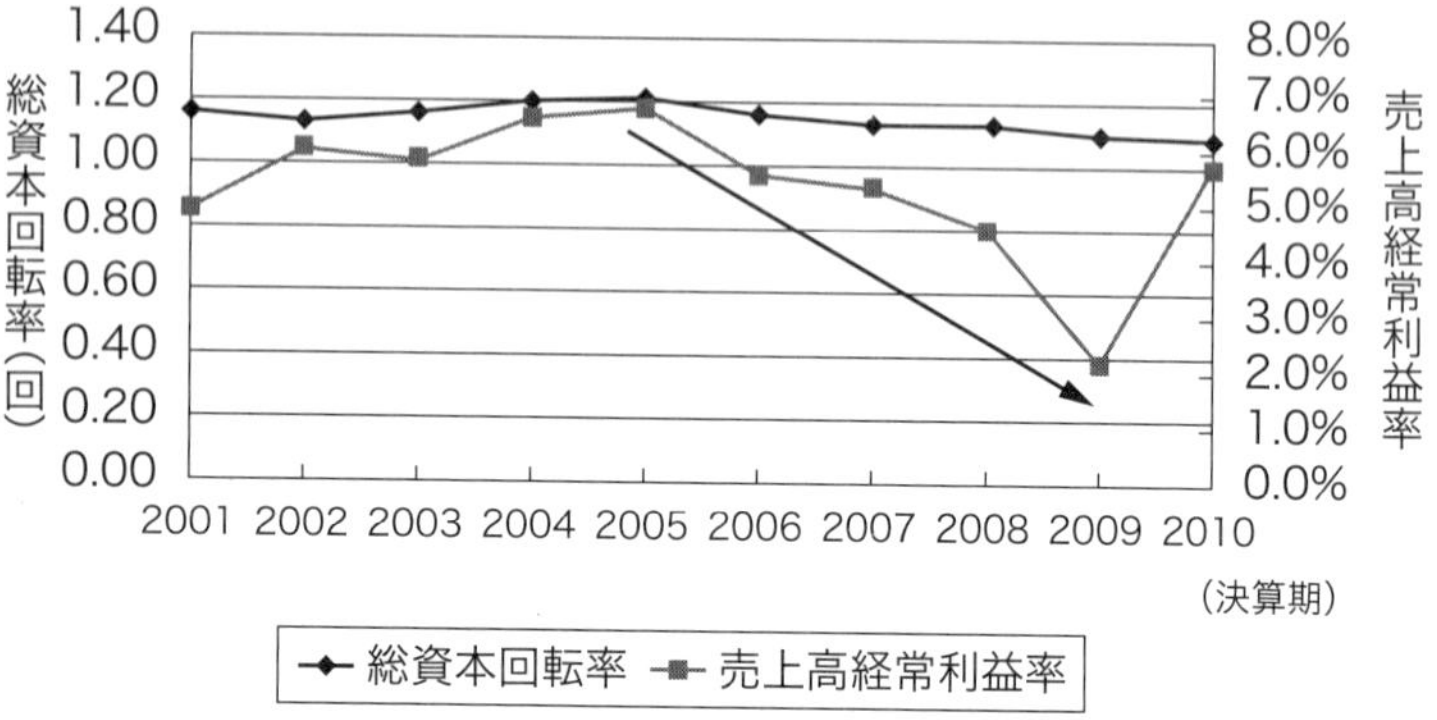

素の総資本経常利益率が下降し続けた２００６年から２００９年の期間について、このグラフを見ていただきたい。

　下降の原因が売上高経常利益率にあるのか総資本回転率にあるのか、一目瞭然である。総資本回転率の方は横バイで推移しているが、売上高経常利益率は下落傾向である。２００６年からの総資本経常利益率の下降は売上高経常利益率の下落に引っ張られたものだとわかる。

　売上高利益率の下落要因を分析する場合、その算式の分母である売上高が増えたのか減ったのかを知ることがまず大切である。すでに述べたように、売上高が減って利益率が下がる場合は、売上の減少度合いに比べて費用の減り方が少ないことが原因である。たとえば、人件費や減価償却費といったすぐには減らせない費用の

図4-3　味の素の売上高経常利益率と売上高

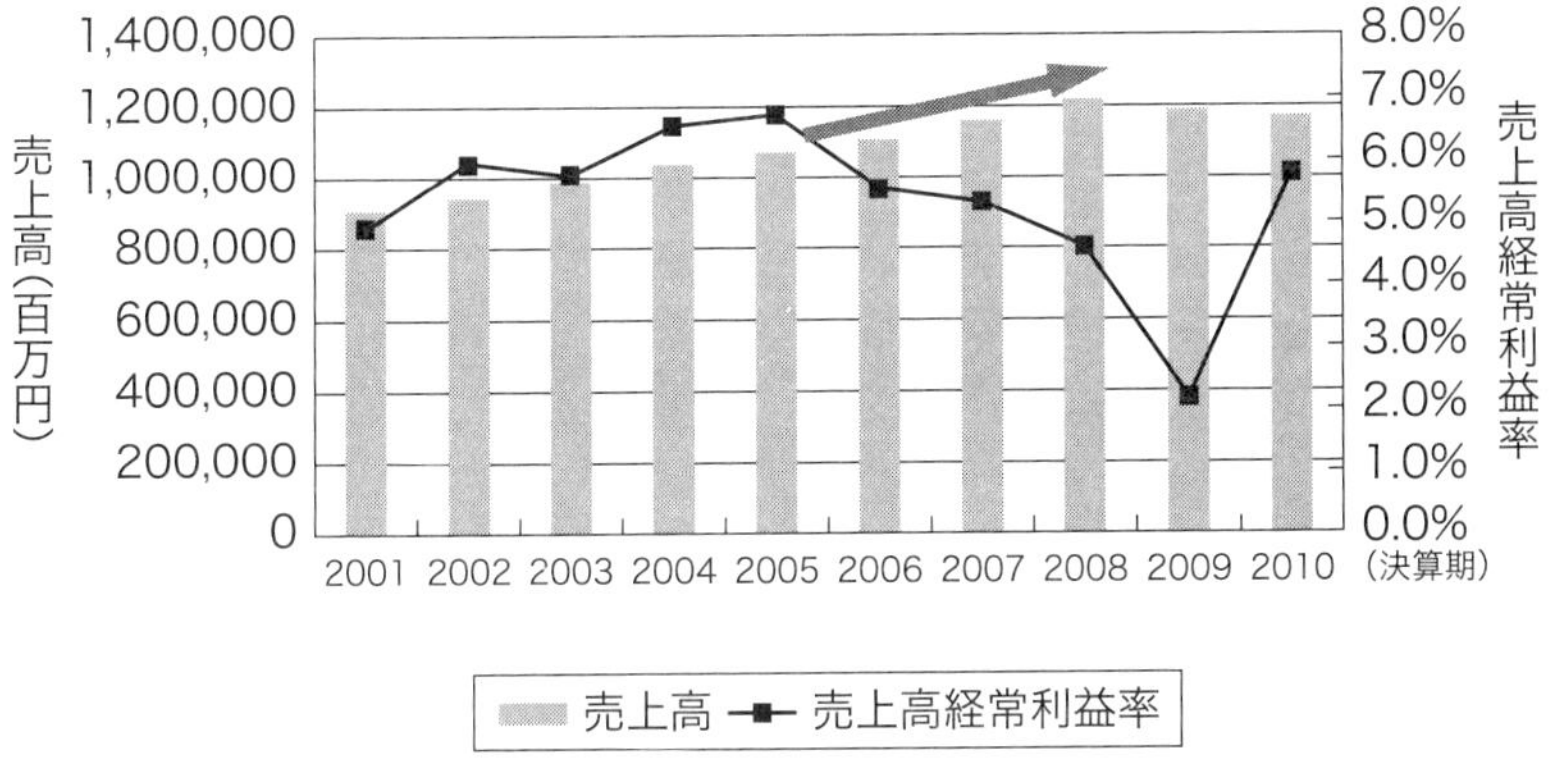

負担が重くなったとか、あるいは円高で輸出売上高が目減りしたといった推論ができる。逆に売上高が増えて利益率が減った場合は、売上の増加度合い以上に費用が増加することが原因である。たとえば、商品構成に変化が起きて原価率の高い商品の占める割合が増えたとか、多額の研究開発費が発生したといった推論ができる。

　この時期、味の素の売上高がどうだったかというと、**図4-3**のとおりである。ここには売上高経常利益率と売上高のグラフが載っているが、これを見ると味の素の売上高経常利益率が下降する２００６年から２００９年にかけて、売上高が増加していたことがわかる。つまり利益率は下落していたが、販売の方は比較的堅調だったのである。

売上高が増えているにもかかわらず利益率が減るというのは、一般論からいって普通の出来事ではないので、そういうケースについては会社としても原因分析をして投資家向けに説明していることが多い。そうした分析は有価証券報告書の「財政状態及び経営成績の分析」という箇所に書かれている。

有価証券報告書というのは大変分厚い資料なので最初から１ページずつ読んでいくようなものではないが、目的を持って特定の事柄を調べたい場合は結構役に立つ。目次を見て知りたいことがどのあたりに記載されているか目星をつけてめくってみるとよい。

味の素についても２００６年３月期の売上高経常利益率低下の原因について有価証券報告書でどう書かれているかを見てみたい。２００６年３月期の有価証券報告書を読んでみると減益要因は２つあるという。第１は飼料用リジンの販売価格下落、第２は主要製品の原材料価格高騰や原油価格上昇である。

飼料用リジンというのは豚や鶏の成長促進のために飼料に混ぜるアミノ酸のことである。リジンの価格は穀物市況と飼料用アミノ酸の需給動向によって変動しやすく、その販売価格が下落したことによって利幅が減ったという意味である。

一方、原材料価格や原油価格の上昇は、調味料の原料であるさとうきび、トウモロコシ、タピオカといった穀物を始め、植物油脂、砂糖や塩といったものの価格が上がることにより製造コストが上昇し利幅が減るという意味だ。

この2つのうち売上高の減少を伴わずに利益率を圧迫するのは後者の方である。原材料価格高騰や原油価格上昇によるコストの増加は、売上高が増えているのに利益率が下がるという状況にうまく当てはまる。原油その他の商品価格の高騰がこの時期の味の素の収益性悪化の背景にあることは間違いないといえる。

(3) 値上げの後に何が起きたか

2008年の金融危機は、それに先立って原油を始めとする国際商品価格の高騰という現象が見られたのが特徴である。それがアメリカの景気を悪化させ、アメリカの住宅価格の下落につながり、サブプライム・ローンの破綻を招いた。味の素の収益性は、この一連の流れの中で考える必要がある。

味の素は国際商品価格高騰の段階で収益性の圧迫を受けたため、すでに金融危機以前に厳しい経営環境に置かれていたことになる。

そのような環境下で味の素はどのようにしてこれを乗り切ろうとしたか。一般論として考えられるのは、まずコスト節減である。しかし限度もあるので、それでカバーできなければ値上げをするということになる。

インターネットで検索をすると、味の素も収益性が下がり続けたこの時期に値上げをしたことがわかる。

一連の報道によると、たとえばマヨネーズの価格は２００７年７月に17年ぶりに値上げ、ほんだしは２００７年９月にリニューアルによる実質値上げ、コンソメも２００８年１月から値上げで、これは15年ぶり。マヨネーズについては翌２００８年７月にも再値上げすると報じられており、２００８年８月には家庭用冷凍食品を値上げ、そして主力の調味料「味の素」についても、２００８年11月１日出荷分から10％程度値上げするということが複数の報道機関のウェブサイトに載っていた。

調味料の「味の素」の値上げは28年ぶりだったそうで、看板製品の「味の素」についてはやはり最後の最後まで値上げを見送っていた様子がわかるが、さすがにリーマン・ショック後の不況到来で値上げやむなしとなったのだろうか。

こうした値上げ効果が２００９年３月期以降の決算に効果を発揮することになる。もちろん値上げによる消費者の買い控えもあるのですぐに業績が上向くわけではないが、新しい価格が浸透するにつれて利益率は持ち直す。

味の素の場合、２００９年３月期は大きく収益性を落としているものの上場企業平均と同レベルであって、それを下回るようなことにはなっていない。一連の値上げがなければこの程度の下落では収まらなかったであろう。

しかし、もし値上げ効果だけしかなかったなら、その翌年度の２０１０年３月期に収益性が一気に回復するようなことはなかったはずである。２０１０年３月期、味の素の総資本経常利益率は上場企業平均を大きく上回り、６％を超えている。

この６％という数字がどのような数字なのかを見てほしい。総資本経常利益率の上場会社平均は過去10年で２～６％の間で推移しており、まさに６％がその期間の最大値である。味の素は上場企業平均の過去10年の最大値を超えるまでに回復したことになる。

実は味の素が一連の値上げを実施していた２００８年の春頃、穀物の国際価格は天井を打って下げ始めていた。原油については同年夏まで上昇を続けたが、７月に１４７・27ドルという史上最高値に達した後は調整局面に入り、９月のリーマン・ショック時点では１００ドル割れ、年末には30ドル台まで急落することになる。

これが、味の素にとって予想外の追い風となったことは言うまでもない。原材料高に苦しんだ末にやむなく値上げをしたら、原材料価格が下げ始めたわけで、値上げ効果に加えてその後の原材料価格の下落効果まで享受したことになる。この効果が、実際に決算に表れるのが２０１０年３月期である。

(4)「食料品」に見る業績回復パターン

原材料価格や原油価格の高騰、そしてその後に到来した予想外の原材料・原油価格の沈静化といった一連の経営環境の変化は、味の素にV字回復をもたらした。

もちろん、こうしたシナリオは誰も予測しなかったことであり、原材料価格が高騰し続けていた頃は世界的にインフレが懸念されていたことも事実だ。味の素としても製品価格の値上げは回避できないという状況であったはずだ。その後に到来した原材料価格の下落によって利幅が広がったのは、まさにめぐり合わせである。

つまりここで見た業績回復パターンというのは、経営上あまり参考にならない。たまたまそうなっただけだからである。ただし、原材料価格の高騰を消費者にいかに転嫁するかという点は経営上大事な部分である。これは食品業界に限ったことではないが、原料価格が高騰する場合に経営合理化で吸収しきれない部分は最終的には顧客に負担してもらうしかない。しかし、だからと言って顧客も「はい、そうですか」と言って承諾してくれるものではない。これができるかどうかは業界の特性とか産業構造にもよるだろうが、企業経営にとっては大事な要素である。

いずれにしても、ここで述べた一連の状況は味の素に限ったことではなく、食料品業界全般に共通することである。業種別分析で「食料品」が世界同時不況に比較的強かった理由はこのあたりにある。

(5) 経営分析に定石はあるか

ここまでの分析手順を整理すると、だいたい以下のような流れが見える。

まず初めに資本利益率を求め、これを上場企業平均と比べる。これは単年度ではなく10年分程度のデータでグラフ化して行う。このグラフから読み取るべきことは上場企業平均とどのような差異があるかである。

次に、資本利益率を資本回転率と売上高利益率に分解して上記の差異が主にどちらの指標に引っ張られたのかを特定する。これもグラフの形で判断する。たいていの場合、資本回転率は大きく変動しないので、売上高利益率にその原因があるという結果になると予想される。

そしてさらに、売上高利益率と売上高の推移を示すグラフを作成し、売上高利益率の変動の背景を分析する。ここまで見てくると企業の収益性の特徴が見え始め、何を調べればよいか焦点を絞れるようになる。

焦点を絞ったところで数字から離れ、分析結果を裏付ける事実関係の有無を調べる。ここでは主に企業の開示資料やウェブの検索を利用する。この段階になると財務分析とは呼べないかもしれないが、企業の分析をするのに数字だけにこだわることはない。数字を使った分析は客観性を確保できるという利点があるが面白みに欠けるという欠点があり、それを補う上でも数字以外の情報は有効である。

以上の手順を重ねると、数字の分析結果とその背後にある事実がきれいにかみ合うようになってくる。味の素を事例にした経営分析は、だいたいこのような手順で行っている。

企業の財務分析の手順として定石のようなものがあれば便利だが、上記の手順は別の事例でも適用できるだろうか。以下ではそういうことも念頭において、別の会社の分析を行ってみたい。

2 日本製紙グループ本社～装置産業の特質から予想を立てる

(1) 回復が早かった「紙・パルプ」

業種別の収益性分析でリーマン・ショック後の回復が特に早かった業種の一つは「紙・パルプ」であった。紙製品と言えば、コピー用紙、ティッシュペーパー、段ボール等、生活や仕事に密着したものが思い浮かぶが、こういった製品の需要は性質上他の製品の需要回復に付随して消費量が増えると考えられ、他の需要に先駆けて急速に回復する積極的理由はない。ＩＴ化や人口減の影響もあり、そもそも需要は減少傾向ということもある。

しかしながら、業種別の収益性分析では、総資本経常利益率と自己資本当期純利益率のいずれでも「紙・パルプ」の回復が鮮明であった。ここでは、「紙・パルプ」業界の個別企業の事

図4-4　自己資本当期純利益率

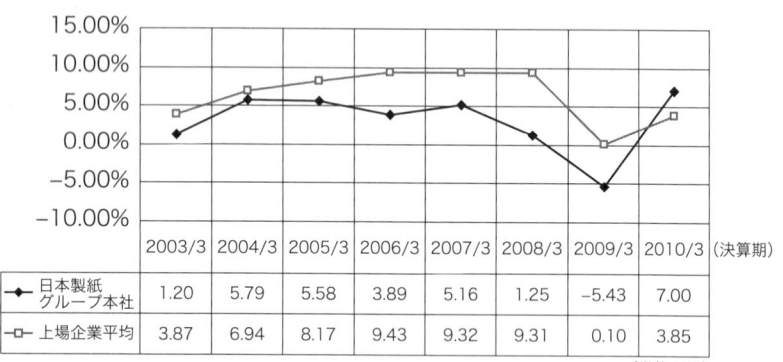

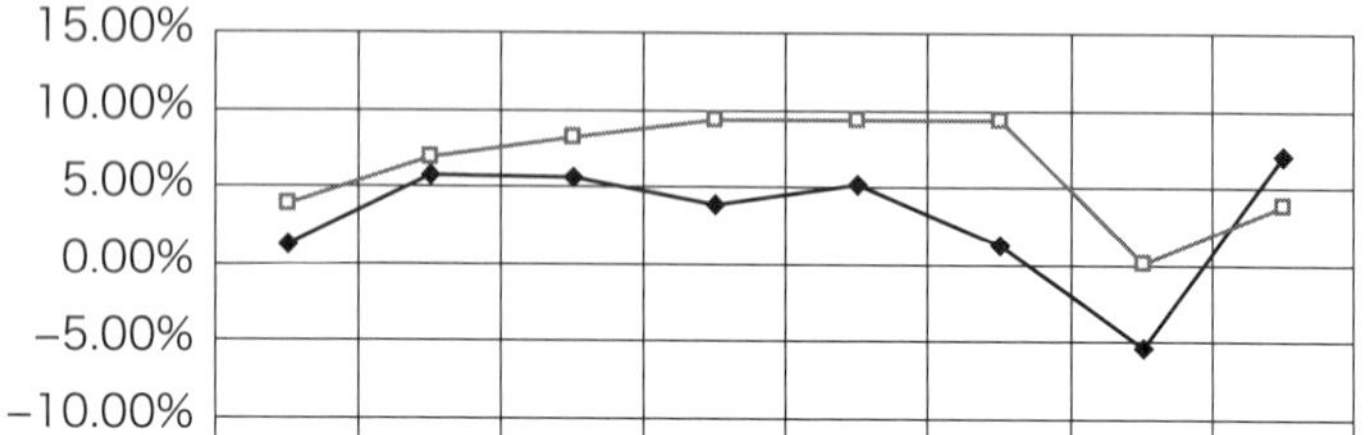

	2003/3	2004/3	2005/3	2006/3	2007/3	2008/3	2009/3	2010/3（決算期）
◆ 日本製紙グループ本社	1.20	5.79	5.58	3.89	5.16	1.25	−5.43	7.00
□ 上場企業平均	3.87	6.94	8.17	9.43	9.32	9.31	0.10	3.85

（単位：%）

例分析によってその理由を探ってみる。

「紙・パルプ」業界の国内における生産量シェアは王子製紙グループと日本製紙グループの2強体制となっている。以下では、このうち日本製紙グループの持株会社である日本製紙グループ本社の連結財務指標を使って分析を実施する。

(2)　2010年の業績急回復を分析する

図4-4は、日本製紙グループ本社の連結ベースの自己資本当期純利益率のグラフである。このデータは日本製紙グループがホームページで自主的に開示している「連結決算ハイライト」という資料によっている。もちろん、決算短信や有価証券報告書といった開示制度上義務付けられている資料についても過年度分を含めて入

手可能であるが、この「連結決算ハイライト」はエクセルデータの形式でダウンロードできるので加工が容易であり、経営分析には非常に役に立つ。名称は様々だが、他社でも同様の資料を提供しているところが多いので、経営分析の際はまずこのような資料がないか探してみるとよい。

●まずはモノサシとの差異を見る

グラフには東証上場企業平均の自己資本当期純利益率も載せてある。分析をする上でモノサシとして利用するためだ。まず手始めにやるべきことは、このモノサシと日本製紙グループ本社のグラフとにどのような差異があるかを見ることである。もちろん、ここでもグラフの形を見て判断すればよい。具体的な数値など見なくてよい。そうすると、**図4-4**のグラフの最大の特徴は何であろうか。それは２０１０年3月期に表れている。

日本製紙グループ本社の自己資本当期純利益率は、それまで過去7年間一度も上場企業平均値を上回ったことなどなかった。しかし、２０１０年、まるで別の会社に生まれ変わったかのように突如急上昇し、上場企業平均値を一気に超えている。これがグラフの示す特徴である。

この要因を探ってみたい。自己資本当期純利益率の上昇要因を探るためには、これを3つの項目に分解するという方法があった。売上高当期純利益率、総資本回転率そして財務レバレッジの3つである。

図4-5　日本製紙グループ本社の売上高当期純利益率と総資本回転率

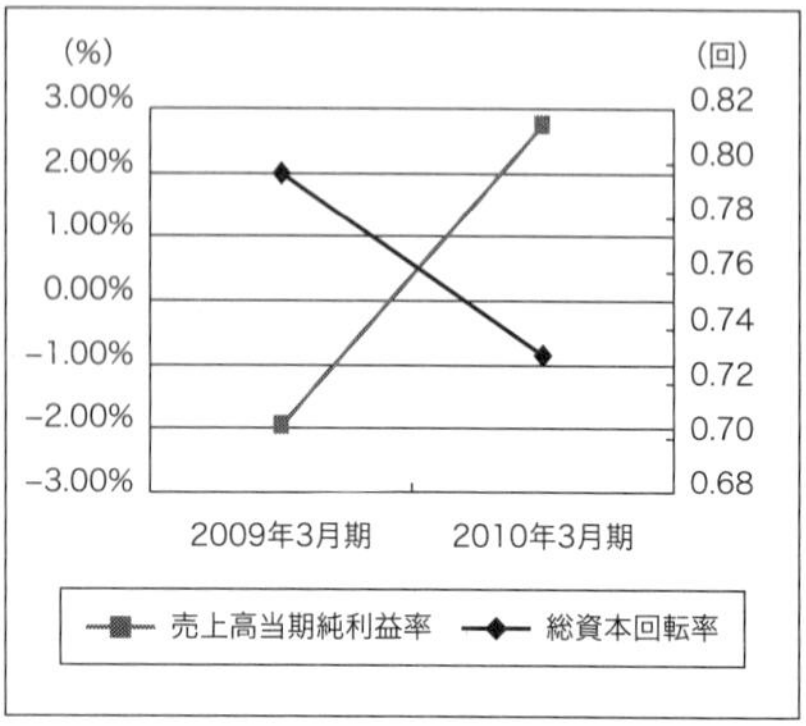

図4-6　日本製紙グループ本社の財務レバレッジ

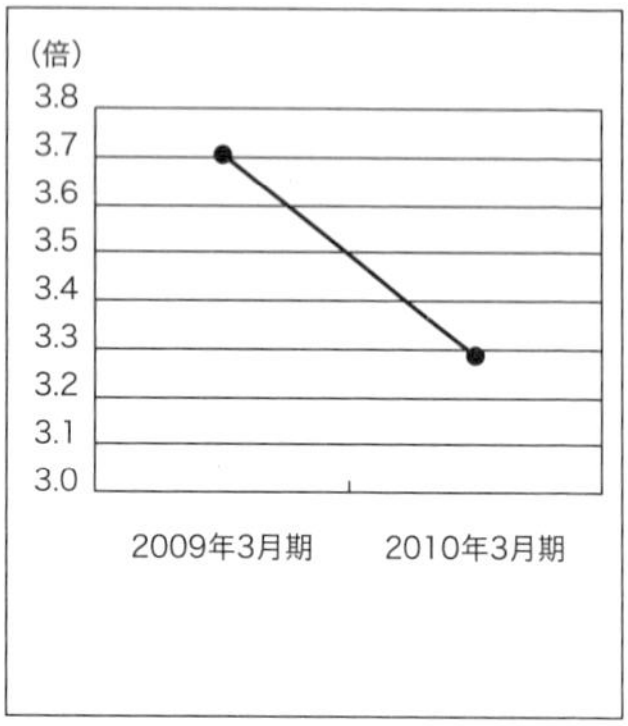

日本製紙グループ本社について、この３つの指標を２００９年３月期と２０１０年３月期の２期比較でグラフ表示したのが、**図４-５**と**図４-６**である。**図４-５**は売上高当期純利益率と総資本回転率を、**図４-６**は財務レバレッジを示している。これらのデータはやはり前出の「連結決算ハイライト」から拾うかデータ加工して算出している。

●自己資本当期純利益率の上昇の要因

自己資本当期純利益率の上昇要因を特定するには、この３つの指標のうち右肩上がりのものがどれかを確かめればよい。それはグラフを見れば一目でわかるが、２０１０年３月期に数値が上昇している経営指標はただ一つ、売上高当期純利益率だけである。マイナス１・96％からプラスに転じ２・74％になっている。つまり、

２０１０年３月期に自己資本当期純利益率が突如急上昇したのは売上高当期純利益率が上昇したからである。

これは、日本の上場企業の２０１０年３月期の資本利益率回復パターンの典型である。**図4-5**のとおり、売上高当期純利益率は上昇したが総資本回転率は下降している。つまり利益は確保できるようになったが、経済活動の規模は縮小しているということを示している。日本経済がこの時期なかなか自律的回復に至らない状況を、個別企業の決算分析でも見ることができるのである。

２０１０年３月期の日本製紙グループ本社の有価証券報告書の「業績等の概要」という箇所を読んでもこのことがわかる。世界同時不況後、依然として紙の需要回復は見られず需給調整のため減産を継続しているという。メインの紙・パルプ事業は連結ベースで７・１％減収になっている。

このような中で、売上高当期純利益率を一気に回復させるというのは至難の技であるが、固定費のコストダウンを強力に推進し、生産体制再構築で徹底的な効率化を行ったようだ。もちろんそういった対策も確かに効果を発揮するとは思うが、収益性がここまで回復していることを考えるとそれだけとは思えない。

(3) またしても石油

経営分析ではこういう場合、原因を推測して仮定を置いてみるということも有効である。仮定を置くにあたっては分析対象企業の事業内容を知ることが大切だ。結局のところ、会社の事業活動が数値化されて集約されたものが決算書だからである。ここで言えば、紙はどうやって作られているのかということを少し調べてみるとよい。そうすると製紙業界の特徴が見えてくる。

製紙業界は典型的な装置産業で紙の製造工程で大量の電力を必要とする。そして、その電力を得るために重油を燃料とするボイラーで高圧蒸気を発生させ、その蒸気でタービンを廻して自家発電している。さらに、発電後の中低圧蒸気は紙の乾燥工程の熱源に利用するという仕組みができていることから、製造業の中でも自家発電比率が高い。よくできたシステムだと感心してしまうが、要するに、重油を多く使う石油依存度の高い業界である。

したがって原油価格の変動は収益性に大きな影響を与える。リーマン・ショック直前から始まった原油価格の下落は原燃料費の大幅ダウンにつながり、売上原価を大きく引き下げ、収益性を大幅にアップさせたと推定できる。

この業界の原燃料というのは、チップ、古紙、重油、石炭、薬品といったものである。このうち原油価格についてその推移を振り返ってみると、２００４年あたりまでは価格が１バレル30ドル程度で比較的安定していたが、その後は中国などの新興諸国の需要増に伴って国際価格が上昇し、２００６年には70ドルを超えるようになる。そして２００８年には、投機資金の流入により急騰してその年の夏には１４７ドルという歴史的高値をつけた。リーマン・ショック後は不況による需要減退と投機マネーの商品市場からの流出によって大暴落し、年末までには30ドル台まで下げることとなった。

この流れで捉えると、「紙・パルプ」業界も２００８年前半までは原燃料高による収益性の圧迫は不可避である。また、２００８年後半以後の原燃料価格低下による利ザヤ拡大も、当然当てはまる。これに２００８年までの原燃料高を受けた価格修正（値上げ）が加われば、グラフが示すV字回復にちょうど符合する。

こうした仮定が事実に合致しているかどうかは、日本製紙グループ本社の開示書類やインターネットの検索で出てくる当時の報道などを読むと確認することができる。収益性回復の要因はまさに、リーマン・ショックをはさんだ国際商品価格の大変動にあったことがわかる。

これに加えて為替の影響もある。「紙・パルプ」業界は原燃料のほとんどが輸入であり、有価証券報告書の「事業等のリスク」という箇所によれば、日本製紙グループ本社は原燃料の輸入が製品の輸出を上回っているようだ。したがって、リーマン・ショック後のほぼ一貫した円高基調が業績にプラスに働いていたと考えて間違いない。

(4) 石油依存度の高さと価格転嫁がカギ

以上のように、リーマン・ショック前後の石油価格の高騰と暴落という特異な経済現象は、石油依存度の高い企業の経営に重大な影響を与えたことがわかる。世界同時不況の企業への影響を分析する場合、「紙・パルプ」に限らず石油依存度が高いかどうかが一つの鍵となる。

そして、石油依存度が高い場合、石油の値上がり分を顧客に転嫁できるかがまた重要だ。価格転嫁できるかどうかについては、いくつかのポイントがある。

供給側の要因としては寡占である。寡占になると自由競争が阻害され価格メカニズムが働かなくなり、寡占側が価格決定力を持つようになる。「紙・パルプ」業界は、王子製紙グループと日本製紙グループの2強が国内における生産量シェアで圧倒している。製紙業も価格支配力が強いと考えられる市場環境である。

需要側の要因としては、買い控え対象かどうかである。平成20年10月に内閣府から公表された「平成20年度国民生活モニター調査結果」によると、「高くなったが支出を減らせない品目」の第2位にトイレットペーパーが、第3位にティッシュペーパーがランキングされている。いずれも生活必需品であり、かつ代替品がないという特徴を持っており、値上げが消費者に浸透しやすいと考えられる。

「紙・パルプ」の収益性急回復の背景には、以上のような業界の特徴もあることを押さえておきたい。なお、「紙・パルプ」業界は重油からバイオマス燃料（木くず廃材など）へとエネルギー転換を積極的に進めているので、今後また石油価格の高騰が起きた場合は、また違った展開があるのかもしれない。

(5)「資本利益率➡売上高利益率➡背景調査」

日本製紙グループ本社の上記の分析は、味の素の分析と概ね同じ手順で行うことができた。スタートの部分は味の素と違って自己資本当期純利益率から始めているが、資本利益率という意味では同じであり、それを分解していく流れも同じである。分解の結果、売上高利益率に着目することになった点も同じである。

ただし、売上高利益率について、売上高との並列比較を省略した点は異なっている。これは分析の流れの中でその必要性がなかったからであるが、売上高利益率の変化の背景を数字以外の情報で探っていくところは味の素の事例と同様に行っている。ここでは事業内容の特徴を理解することに軸足を置き、数字の背景をつかむ上で事業の特質から収益構造を推測するという手法をとった。

ここまでの2つの事例から「資本利益率⬇売上高利益率⬇背景調査」という流れが見えてきたと思うが、企業分析をどのような順序でやってよいかわからない場合には、このパターンは参考になる。もちろん、個別の事例によって重点をかける部分は必ずしも同じではないので、事例によって多少のアレンジは必要になる。

3 日本郵船～市況に左右される運賃収入

(1) ダメージが大きかった「海運業」

「海運業」の仕事を正確にイメージできる人はあまりいない。船で人やモノを運ぶことぐらいしか思い浮かばない。日常生活において船が海上で荷物を運ぶところを目にする機会もないし、海外に行くときも港ではなく空港に行くので、海運業を身近に感じられないのであろう。

しかし、島国の日本は資源も食料もその多くを輸入に頼っている。そればかりか身の回りの日用品もまた輸入品であふれている。一方で、輸入した資源を使って多くの工業製品を中国やアメリカに輸出してもいる。リーマン・ショック後の世界同時不況からの回復は、輸出に牽引されたものと言われている。いずれにしても、海に囲まれた日本ではこれらの輸出入のほとんどが海上輸送によっているのである。

世界同時不況のダメージが特に大きかった業種の一つは「海運業」である。リーマン・ショック後の景気後退は２００９年３月が底だったと言われるが、「海運業」に関しては収益性は２００９年、２０１０年と右肩下がりが続いている。ここではその原因を探るべく、海運業の個別企業の分析を行ってみたい。

取り上げる企業は、国際間の海上貨物輸送を中核事業としている海運大手、日本郵船である。「海運業」の総資本経常利益率や自己資本当期純利益率が世界同時不況で相当悪化していることはすでに見ているので、ここでは本業の利益率を示す売上高営業利益率を使って分析してみる。

(2) ２０１０年にマイナスになった売上高営業利益率

図４-７は、日本郵船の連結ベースの売上高営業利益率のグラフである。このデータは同社の決算短信から入手したが、２００６年３月期以前の決算短信では売上高営業利益率は載っていないため、その部分については売上高と営業利益により計算した値を使っている。

これまでの事例と同様に、モノサシの役目を果たす上場企業平均値も同時に表示している。まずは日本郵船の売上高営業利益率のグラフがモノサシと比べてどのような違いがあるかを見

図4-7　売上高営業利益率

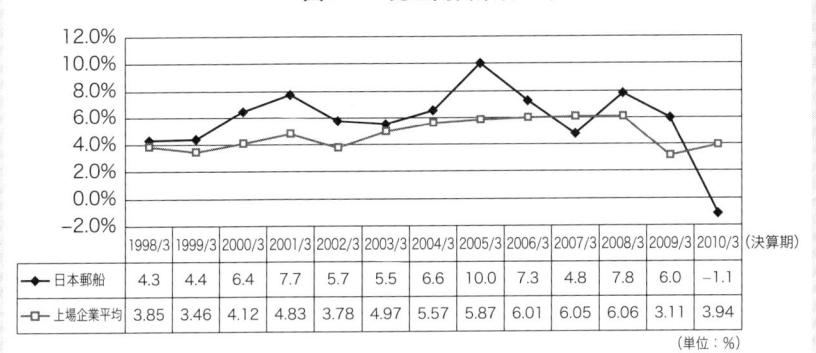

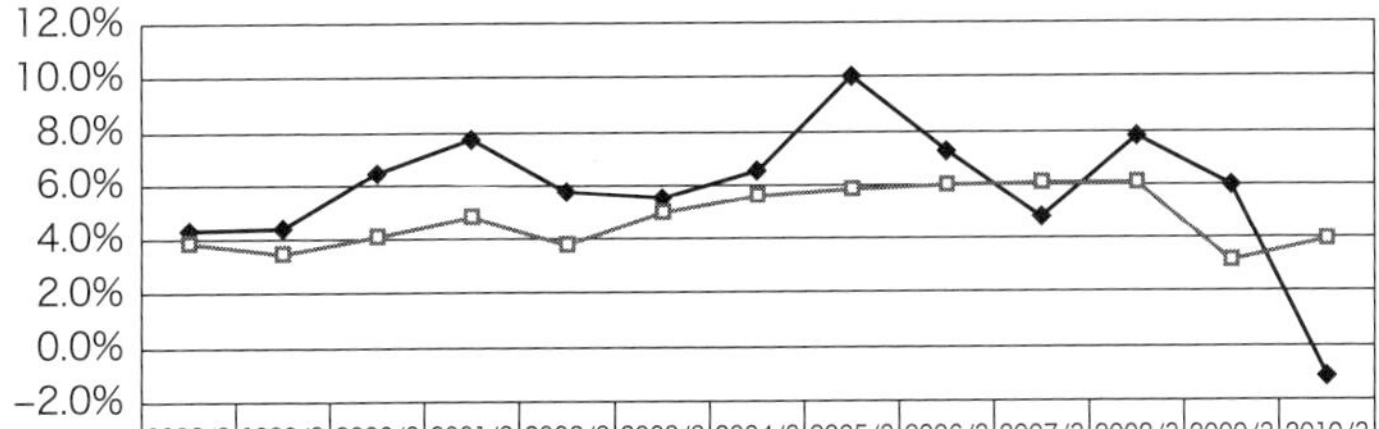

	1998/3	1999/3	2000/3	2001/3	2002/3	2003/3	2004/3	2005/3	2006/3	2007/3	2008/3	2009/3	2010/3 (決算期)
◆ 日本郵船	4.3	4.4	6.4	7.7	5.7	5.5	6.6	10.0	7.3	4.8	7.8	6.0	−1.1
□ 上場企業平均	3.85	3.46	4.12	4.83	3.78	4.97	5.57	5.87	6.01	6.05	6.06	3.11	3.94

（単位：%）

てみる。グラフの形に関してまず気付くのは、日本郵船のグラフが随分とデコボコしていることだ。上場企業平均値に比べると上下変動が大きい。山あり谷ありの険しい道のように見える。

一般に、売上高営業利益率はその会社のビジネスそのものの儲け度合いを示すので、事業内容そのものに大きな変更がない限りそんなに上下変動はしない。上場企業平均のグラフでも３％から６％くらいの間で推移しており、振れ幅は相対的に小さい。しかし、日本郵船の方はマイナス１％からプラス10％ぐらいまで振れている。

グラフの期間中リーマン・ショックが起きた２００９年３月期以前は、日本郵船の売上高営業利益率はマイナスになったことはなかった。企業は営利を目的とする組織であるからマイナスにならないのは当然のことではあるが、上場企業平均値と比べてもほとんどの決算期でそれを上回っており、日本郵船の中長期のトレンドは常に一定以上の水準をキープしていたと言える。

ところが、２０１０年に売上高営業利益率が突然マイナスになる。同時に上場企業平均値を大幅に下回ってしまった。この振れ幅の大きさは、一体何に起因するのだろうか。

(3) 売上が増えても利益が減る

売上高営業利益率の算式はすでに説明したとおり、「営業利益÷売上高×１００％」である。一般に、売上高が増加すると規模の利益が得られて、売上高の増加ペース以上に営業利益が増える。その結果、売上高営業利益率は上昇する。逆に、売上高が減少する場合は固定費負担が重くのしかかり、売上高営業利益率は下降する。

日本郵船についてもそうした一般論が当てはまるかどうか、売上高営業利益率のグラフに売上高の推移を重ねた図を作成してみる。

図4-8は、日本郵船の売上高営業利益率のグラフに売上高の推移を重ねたものである。このグラフにはいくつかの特徴が認められる。その中で特に着目したいのが、２００５年から２００７年にかけての期間である。この期間は、今述べたこととは逆の現象が起きている。売

図4-8　日本郵船の売上高営業利益率と売上高

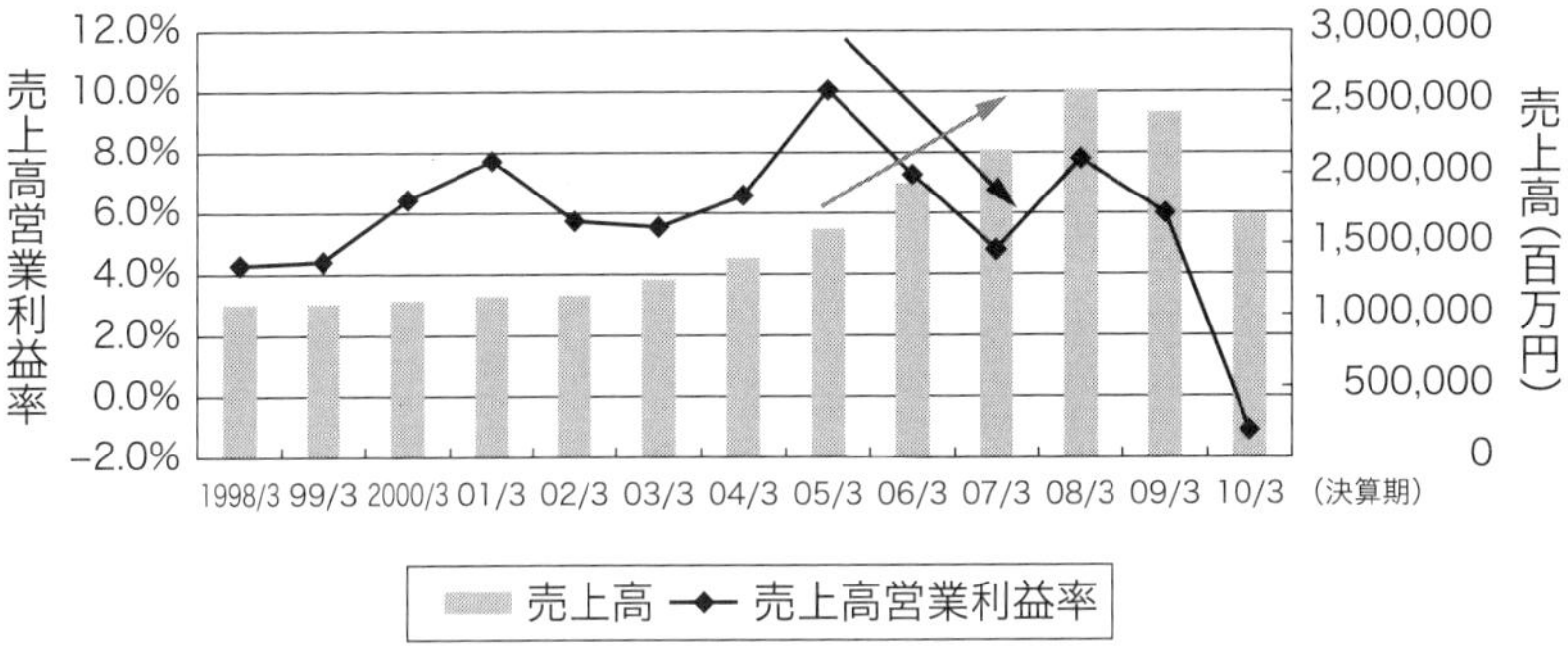

上高が増加しているにもかかわらず、売上高営業利益率は下降しているのだ。これをどう理解すればよいだろうか。

日本郵船の決算短信を確認してみると、この時期、営業利益は減っている。日本郵船は２００５年から２００７年にかけて、売上高は増えたが営業利益は減ったのである。

売上高が増加して営業利益が減るというのは、よく考えるとおかしい。普通は、売上が増えれば多少なりとも営業利益が増えるはずだからだ。だからこそ営業するわけである。売上が増加したけれども費用ばかり増えて営業利益が減るということなら、営業を拡大する意味がない。では、なぜこのようなことが起こるのだろうか。それは、売上の増加度合い以上に費用が増加したからである。おそらく、営業規模の拡大とは直接関係しない費用が固有の要因で増加したからと考えられる。

(4) 増加した費用は何か

日本郵船の営業活動においてどのような費用が発生しているのかを知るには、日本郵船の個別財務諸表を見るとわかる。ここでの経営分析は連結ベースで行っているが、営業費用の内訳は、連結財務諸表よりも個別財務諸表の方が詳しいので、個別財務諸表を見てみるのである。具体的には、個別財務諸表の損益計算書に表示されている「海運業費用」という欄を見ればよい。

ここに表示されている費用項目で特に金額が大きいのは貨物費、燃料費そして借船費の3つである。これらの費用うち、売上高に直接連動せずに増減するものがないか考えてみたい。科目の意味するところは海運企業財務諸表準則という国土交通省所管の文書で定められているので、わからない場合はそれを参照するとよい。国土交通省のホームページにある告示・通達データベースシステムにより見ることができる。

「貨物費」というのは「船内及び沿岸荷役費」等である。つまり、貨物の積み込みや荷下ろしにかかる費用である。これは荷動きの増減に伴って変動する費用である。「燃料費」は言うまでもなく船舶の燃料代である。これも基本的に荷動きが増えれば当然それに伴って増える費用だ。そして「借船費」は傭船料ということだが、この業界では輸送手段である船舶を自前で持つ以外に借りてくることもあるため、その場合の対価のことを言っている。これも、売上に連動していると考えられる。輸送の需要があるから船を借りてくるはずだからである。そうすると、営業拡大と無関係に増えるような費用はなさそうだ。

しかし燃料費については、次のような記述が有価証券報告書にある。

日本郵船の２０１０年3月期の有価証券報告書では、「事業等のリスク」という項目のところで燃料油価格の変動の影響についてこう述べられている。

燃料油価格については価格ヘッジを講じているが限定的であり、燃料油価格の上昇を運賃の値上げや燃料油サーチャージといった方法により顧客に転嫁することも完全にはできていない。その結果、原油が上昇すると業績に悪影響を与える可能性がある。

日本郵船に限らず「海運業」はコストに占める燃料費の割合が高くなるので、原油価格の変動がリスク要因である。したがって、原油価格の高騰は収益性を悪化させる。

すでに述べたように原油価格は２００６年ごろから高騰し、２００８年夏に歴史的水準に達しているわけで、日本郵船の売上高営業利益率が２００６年、２００７年と下降した主な原因は原油の高騰による燃料費の増加といってよいだろう。

(5) バルチック海運指数の乱高下

しかし、こう考えると今度は２００８年の動きが理解できなくなる。原油価格の上昇は２００８年7月まで続くので、２００８年3月期決算も燃料高による収益性圧迫があったはずだ。にもかかわらず**図4-8**のグラフを見ると、２００８年の売上高営業利益率は上昇している。これはどういうわけだろうか。

２００８年3月期の売上高が前年比で伸びていることから、燃料油価格の上昇による営業費用の増加を上回る売上高の増加があったと考えられる。

売上高は一般に、「単価×数量」で決まり、売上が増えるのは販売単価の上昇か販売数量の増加、もしくはその両方である。海運業でいえば販売単価の上昇は「運賃の値上げ」、販売数量の増加は「荷動きの増加」である。

運賃の値上げは、それが顧客に受け入れられればその分、まるまる利益が増える。一方、荷動きの増加の方は売上も増えるがそれに伴う営業費用も発生し、利益はその差し引き部分だけである。ここでは燃料油価格が引き続き上昇して収益性が圧迫される中で利益率がアップするほど利益が発生したわけだから、おそらく前者の値上げではないかと予想がつく。

海運業界の運賃の指数の一つにバルチック海運指数(Baltic Dry Index.BDI.)というのがある。

これは穀物、石炭、鉱石類、木材、チップ、セメントなどのような粒状、粉状の貨物を梱包しないでそのまま船倉に積み込む「バラ積み船（ドライバルク船）」という船の運賃の指数である。ロンドンのバルチック海運取引所（The Baltic Exchange）が世界の有力海運ブローカーからドライバルク船の運賃・傭船料の成約情報を収集して算定、公表しており、基準年の１９８５年を１０００としている。実際の運賃は、このバルチック海運指数をもとに海運会社と顧客との間で個別的に決まる。

このバルチック海運指数の動きは日本郵船の有価証券報告書やファクトブックという開示データに掲載されているが、近年非常に激しい変動を見せている。

２００３年あたりまでは１０００から２０００の間で推移していたが、その後、中国等の新興国の経済成長による資源エネルギー需要を背景に上昇し始め、２００６年はいったん落ち着くものの、２００７年から高騰し２００８年の５月に史上最高の１万１７９３をつけている。そしてリーマン・ショック後は、世界的な景気後退による製造業の減産を受けて荷動きが急減したため大暴落し、２００８年の12月には６６３となった。

つまり日本郵船の２００８年３月期決算は、バルチック海運指数高騰の真っ只中にあったことになる。日本郵船のアニュアルレポート２００８を読むと、同社のドライバルク船のほとんどは長期契約を締結していると見られ、市況変動の影響を受けにくい収益構造となっているようだが、それでも短期の契約やスポット契約、新規に獲得した長期契約では市況高騰によって収益が押し上げられたとある。この運賃高騰による売上高増加は、営業費用の増加を伴わないため利益の増加率が大きい。

つまり、日本郵船は原油価格の変動の影響を大きく受けるものの、バルチック海運指数に代表される運賃の変動の影響も受けており、それらの影響度合いのバランスにより収益性が上がったり下がったりしているということがわかる。２００３年以降２００８年まで、売上高が右肩上がりで推移している中で、売上高営業利益率については上がったり下がったりしているのはそういうことだと理解してよい。

(6) モノを運ぶ事業の宿命

では、２００９年以降はどうだろうか。バルチック海運指数に関して言えば、２００９年前半は高騰していたが、後半は大暴落した。そのせいか**図4-8**を見ると売上高営業利益率が２００９年、２０１０年と続けて下がっている。しかし、もっと気になるのは売上高が２００９年から減収になっている点だ。

アニュアルレポート２００９に掲載されている事業別営業概況を見ると、日本郵船の事業別の売上高が一覧できる。２００９年3月期に減収となった事業はどこであろうか。

日本郵船の中核事業である海上輸送事業は運行形態により「定期船事業」と「不定期専用船事業」の２つに分かれている。「定期船事業」というのは寄港地とスケジュールが決まっている定期航路でモノを輸送する事業で、たとえば日用品や家電などをコンテナで輸送している。一方、「不定期専用船事業」というのは貨物に合わせて寄港地とスケジュールが決まるもので、バラ積み船のほか、自動車を運ぶ自動車専用船や、石油を運ぶタンカー、超低温で天然ガスを液化した状態で運ぶＬＮＧ船などを使った輸送事業である。

この２つの事業のうち売上高が前年よりも減ったのは「定期船事業」である。しかも営業損失が発生している。原因は明らかで、世界同時不況による需要減退を背景にした荷動きの減少とそれによる運賃の低迷である。つまり数量も単価も下落したことになる。これに加えてリーマン・ショックまでに急拡大した保有船隊の固定費負担もあるようだ。２０１０年３月期はさらに悪化している。

「不定期専用船事業」の方は、２００９年３月期については減益だが売上高は前年並みを保った。しかし、２０１０年３月期は自動車の輸出減少などの影響で、黒字は維持したが大幅な減収という状況だった。

日本郵船はリーマン・ショック後の世界同時不況において、世界的な需要減少の影響をまともに受けた様子がわかる。海運業は製造業ではないがその輸送対象はモノである。不況による需要減少を受けて製造業が生産調整すればモノの動きは減少し輸送需要も減る。それに伴って運賃も下がる。

世界同時不況で大きな打撃を受けた製造業は、コスト節減により利益を回復させる方向で動いているが、売上高は２００９年3月期、２０１０年3月期と減収が続いている。経済活動の規模は縮小しているのである。ということは輸送需要はリーマン・ショック以降もっぱら減る一方だったということになる。「海運業」の収益性回復が上場企業全体に比べて遅くなっているのはこうした要因によるのであろう。

(7) やはり決算書は参照するだけ

日本郵船の分析では資本利益率のグラフは省略し、売上高利益率からスタートしてみた。しかしその後、売上高の推移との比較をしながら売上高利益率の変動要因を探る流れは先の事例を踏襲している。

分析の過程で財務諸表を部分的に参照するところもあったが、この程度の参照なら決算書に関する専門知識の有無は問題にならなかったと思う。その証拠といってはなんだが、実は海運業の財務諸表は製造業を始めとする一般の会社の財務諸表とは少し様式が違うが、そのことにも触れずに分析を進めることができている。むしろバルチック海運指数といった海運業に関する経済指標の知識の方が分析上重要であり、ここでも事業内容や経営環境の把握は欠かせないことがわかった。

4

新日本製鐵
～中国の経済成長に依存する業績

(1) 実は身近な鉄鋼業

買い物で鉄の塊を購入したことがある人はあまりいないと思うが、鉄は毎日の生活の中で使用する様々なモノに使われている。エアコンや冷蔵庫といった家電製品、自動車や船といった乗り物、マンションや駅などの建物、缶コーヒーの缶。他にもいろいろなところに鉄は使われている。そういう意味で、日常生活の中では間接的にではあるが結構「鉄」を買っているのである。

景気が後退すると、人々はこうした支出を控える。つまり鉄が売れなくなる。それゆえ「鉄鋼」が不景気から受ける影響はかなりのものだと思う。だから政府が、エコポイント制度やエコカー補助金を創設して家電や車が売れるように応援したのである。

「鉄鋼」は、業種別の収益性分析でリーマン・ショック後に右肩下がりで下降が続く業種に分類された。これは、上に述べた不況の影響を強く受けるイメージと違和感がない。しかし、他の多くの業種で２０１０年３月期に収益性の改善が見られたにもかかわらず、「鉄鋼」が上向かなかったのはなぜなのか。このあたりを探ってみるため鉄鋼業の個別企業を分析してみる。

(2) 好調だった2000年代中盤

● 鉄の作り方について

以下では、新日本製鐵を取り上げる。鉄鋼業界の国内最大手である。

鉄の作り方には２つあって、１つは高炉、もう１つは電炉という方式である。高炉は鉄鉱石から鉄を取り出す方式で、電炉は鉄スクラップを溶解して鉄を作るリサイクルのような方式だ。新日本製鐵は高炉の方である。

高炉で鉄鉱石から鉄を取り出す仕組みは、概ね次のとおりである。

鉄鉱石の中にある鉄は酸化した鉄なので、ここから酸素を取り除くことにより鉄を取り出すが、その反応を起こすためにコークスと一緒にして熱風をかける。コークスというのは石炭を蒸し焼きにして作るが、燃焼時に高温になるという性質があって、高炉の中で高温になったコー

図4-9　総資本経常利益率

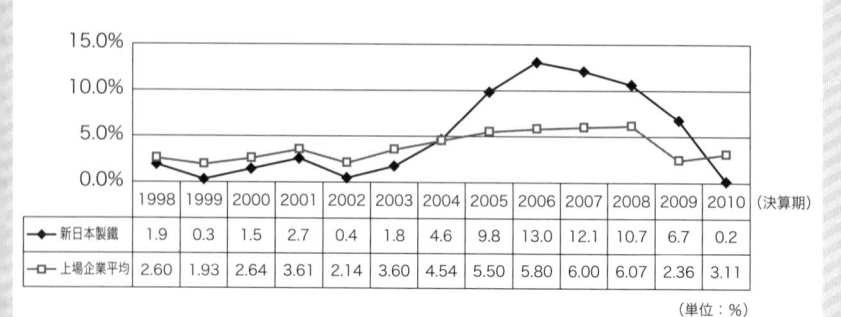

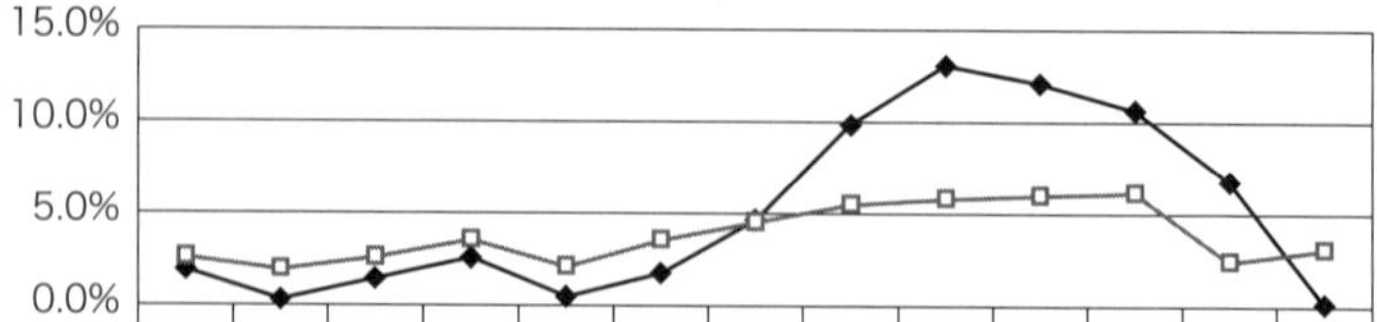

	1998	1999	2000	2001	2002	2003	2004	2005	2006	2007	2008	2009	2010
新日本製鐵	1.9	0.3	1.5	2.7	0.4	1.8	4.6	9.8	13.0	12.1	10.7	6.7	0.2
上場企業平均	2.60	1.93	2.64	3.61	2.14	3.60	4.54	5.50	5.80	6.00	6.07	2.36	3.11

（決算期）

（単位：%）

クスから一酸化炭素が発生し、これが鉄鉱石内の酸素と結合して二酸化炭素になることで鉄鉱石から酸素が取り除かれ、鉄が溶け出してくるそうだ。

もちろんこの程度の説明で済むような仕組みではないはずだが、経営分析を進める上でのとりあえずの知識だと思っていただきたい。

●総資本経常利益率を見てみる

図4-9は新日本製鐵の連結ベースの総資本経常利益率をグラフに表したものである。総資本経常利益率のデータは決算短信からその値を入手したほか、古い年度については同社のホームページで公表されている「アニュアルレポート」から経常利益と総資産の数字を拾って自ら計算することにより求めている。13年分のデータを使って作成しているので長期のトレンドが

図4-10　自己資本当期純利益率

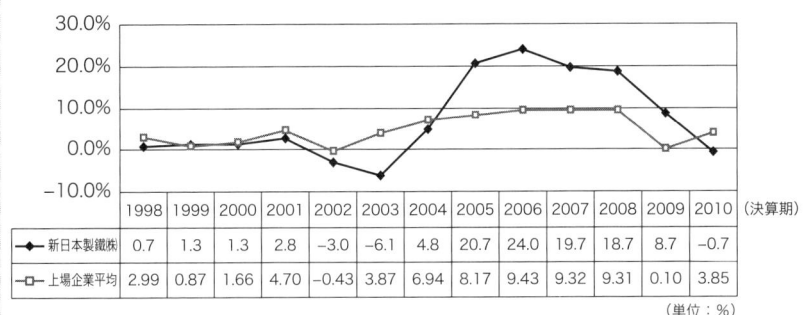

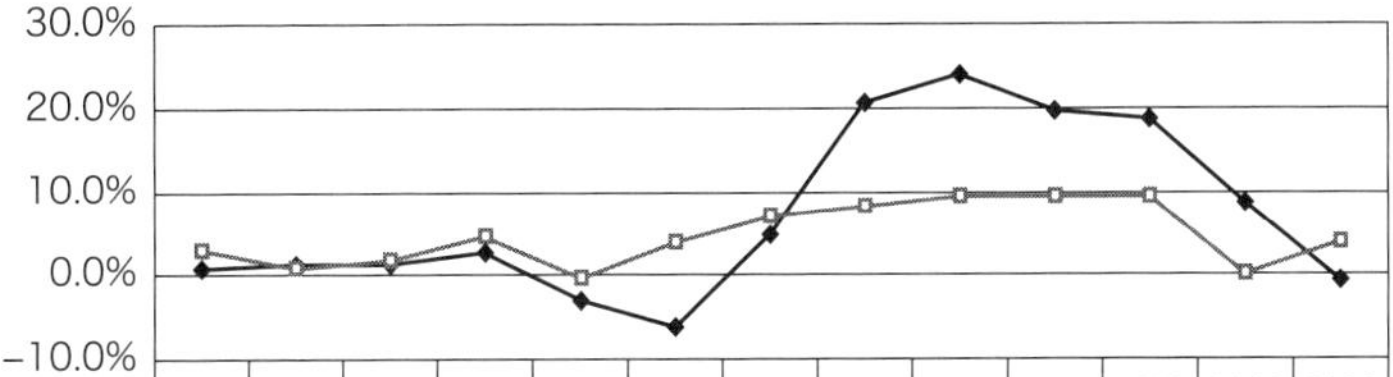

	1998	1999	2000	2001	2002	2003	2004	2005	2006	2007	2008	2009	2010
新日本製鐵㈱	0.7	1.3	1.3	2.8	−3.0	−6.1	4.8	20.7	24.0	19.7	18.7	8.7	−0.7
上場企業平均	2.99	0.87	1.66	4.70	−0.43	3.87	6.94	8.17	9.43	9.32	9.31	0.10	3.85

（決算期）

（単位：%）

はっきりとわかる。

　これまでの事例と同様に上場企業平均のグラフも合わせて載せている。上場企業平均のグラフはモノサシの役目を果たすゆえに載せているわけだが、今回の事例は特にその効果がよく出ている。

　２つのグラフは明らかに形が違う。新日本製鐵は90年代後半から２０００年代初めまでは上場企業平均のすぐ下が定位置と言わんばかりにずっと低迷してきたが、２００４年あたりを境に長い眠りから目覚めたかのように上昇を始めている。２０００年代中盤から後半にかけて、新日本製鐵の収益性が極めて好調だったことがモノサシのおかげではっきりわかる。

●自己資本当期純利益率を見てみる

　参考になる事例なので、自己資本当期純利益率についてもグラフを作成してみた。図4−10である。データは主に有価証券報告書から採っている。

自己資本当期純利益率の値を知りたい場合、上場企業であれば決算短信か有価証券報告書を見ればよいが、過去のデータをある程度まとめて入手したい場合はこのうち有価証券報告書の方が便利である。決算短信は当年度の数値と前年度の数値の2年分しか掲載されていないが、有価証券報告書には当年度を含めた5年分の数値が載っているからである。有価証券報告書の1頁目には「主要な経営指標等の推移」という項目があり、ここに5年分の主要データが掲載されている。この中で「自己資本利益率」というのが自己資本当期純利益率のことである。

有価証券報告書は過去5年分開示する決まりになっているので、5年前のものを見ればさらにそこから4年分遡れる。つまり、最低でも9年分は入手できるわけだ。それ以上昔のデータとなると会社が自主的に開示しているかどうかによるが、新日本製鐵の場合は「アニュアルレポート」で過年度の決算数値が入手できたので、それにより自分で計算してみた。

作成したグラフを見てみると、こちらもやはりモノサシの効果がよくわかる。2000年代中盤から後半は本当によく儲かっている。

新日本製鐵の収益性は、総資本経常利益率で見ても自己資本当期純利益率で見ても、2000年代中盤から後半に活況を呈していたことがわかるが、それがリーマン・ショック後

図4-11　新日本製鐵の売上高経常利益率と総資本回転率

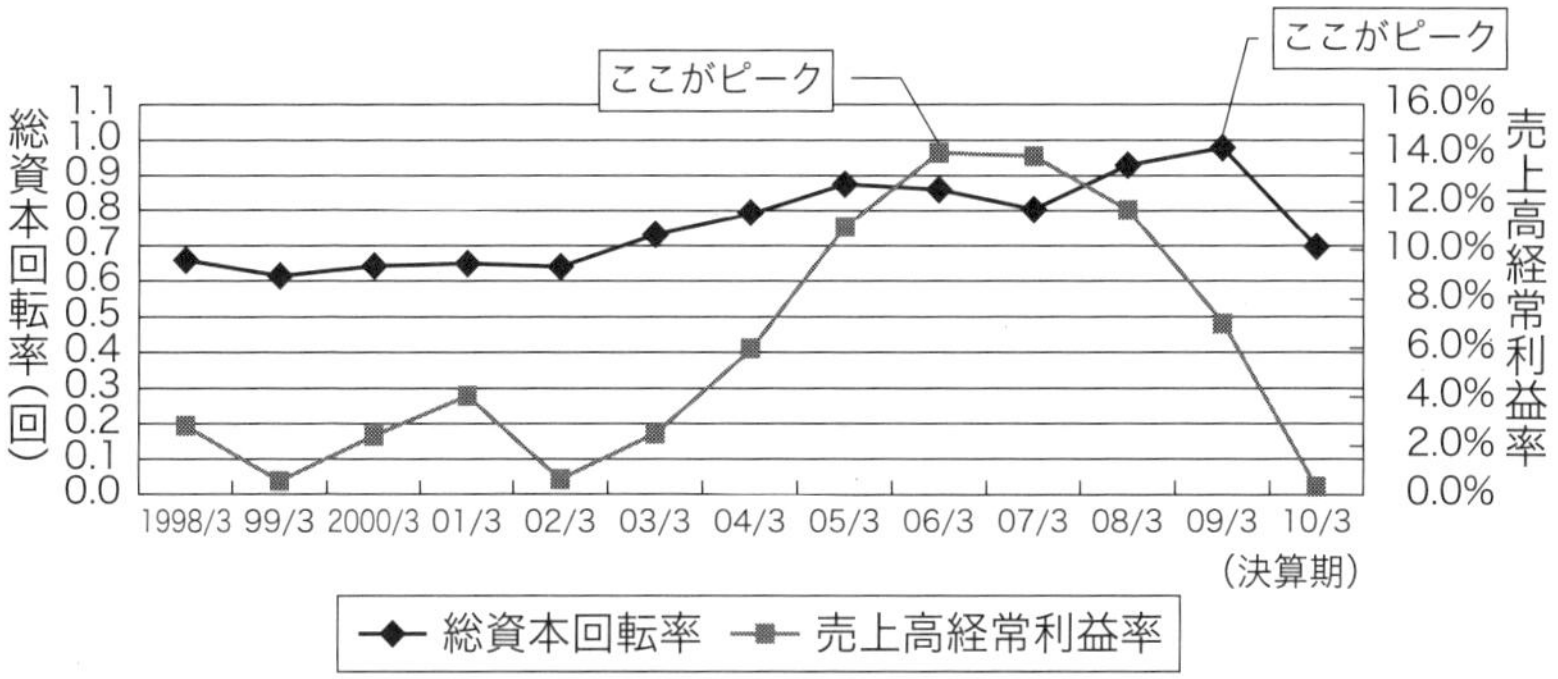

にはなかなか上向かない業種になってしまったようだ。企業の収益性というのはこれほどまでに急変してしまうのだろうか。

●さらに詳しく見てみると

総資本経常利益率をさらに詳しく分析するには、2つの指標に分解してみればよかった。総資本回転率と売上高経常利益率である。すでに述べたが、この2つの経営指標は決算短信に載っていない。他の開示資料で特に掲載されていなければ自分で手を動かして計算することになる。といってもそれほどの手間ではなかったのでここでもそうしている。

図4-11は、新日本製鐵の総資本回転率と売上高経常利益率のグラフである。この2つの経営指標のうち、2000年代中盤以降上昇が顕著なのはどちらであろうか。これもグラフの形

でとらえればよい。

総資本回転率は２００３年以降上昇し始め、２００６年から２００７年にかけていったん上昇が止まるが、その後、２００９年まで上昇トレンドを続け、そこでピークを迎えて下げている。この動きは、総資本経常利益率の動きとは少し違う。総資本経常利益率のピークは２００６年だからである。一方、売上高経常利益率の方はどうかというと、やはり２００３年から上がり始めるが、こちらは２００６年でピークになる。その後の落ち方も、総資本経常利益率の動きと重なっている。つまり、総資本経常利益率は売上高経常利益率により近い動きをしていることがわかる。２０００年代中盤からの収益性の上昇は売上高経常利益率の上昇に牽引されたものだということになる。

(3) 好調の背景にある中国の経済成長

新日本製鐵の売上高経常利益率の特徴を明らかにするために上場企業平均の売上高経常利益率と並べてみることにする。**図4-12**のとおりである。このグラフを見ると、新日本製鐵の売上高経常利益率は２つの時期に分けることができる。

第１は、１９９８年から２００３年の期間だ。この期間は日本経済の景気変動に合わせて変動している。新日本製鐵のグラフには１９９９年と２００２年の２か所にグラフの谷があるが、

図4-12　売上高経常利益率

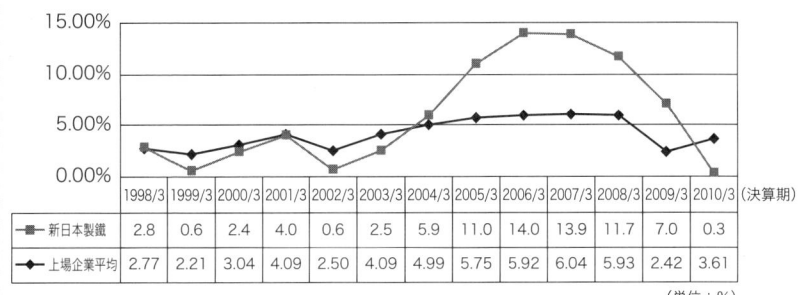

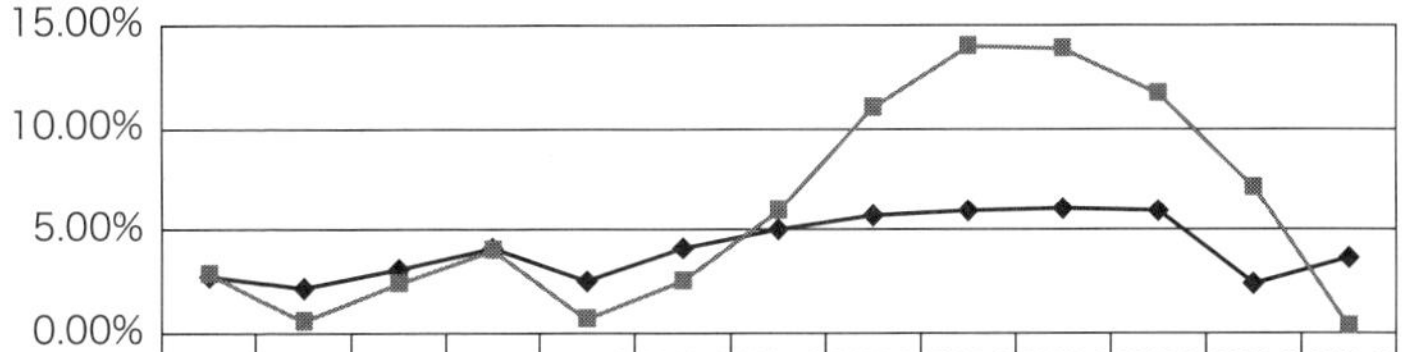

	1998/3	1999/3	2000/3	2001/3	2002/3	2003/3	2004/3	2005/3	2006/3	2007/3	2008/3	2009/3	2010/3（決算期）
新日本製鐵	2.8	0.6	2.4	4.0	0.6	2.5	5.9	11.0	14.0	13.9	11.7	7.0	0.3
上場企業平均	2.77	2.21	3.04	4.09	2.50	4.09	4.99	5.75	5.92	6.04	5.93	2.42	3.61

（単位：%）

これはすでに何度も見てきたように日本経済の景気の谷の時期である。つまり２００３年までの期間は、日本経済が不景気になるのと同じタイミングで新日本製鐵の収益性も落ちるという関連性があった。

第２は、２００４年から２０１０年の期間だ。この期間のグラフの形は上場会社平均のグラフとの類似性が見られない。２００４年以降、新日本製鐵のグラフは上場企業平均のグラフを大幅に上回る形で上昇している。そして２００６年から２００７年をピークに今度は大幅な下落が始まり、２０１０年には上場企業平均値を下回ることになる。２０１０年は、変動の方向性の点でも正反対の動きをしている。上場企業平均は前年比でわずかに上げているが、新日本製鐵は大きく下げている。

図4-13　新日本製鐵の売上高経常利益率と売上高

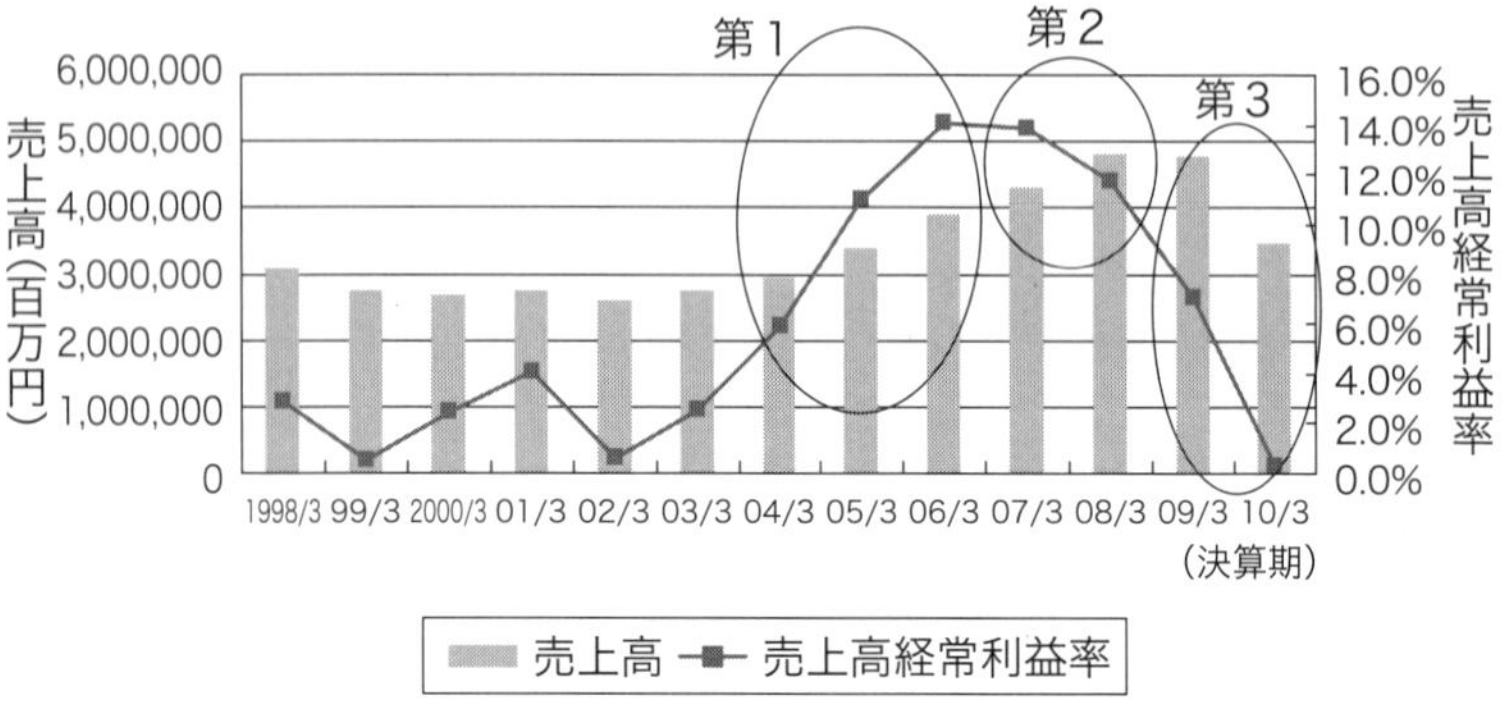

次に、売上高経常利益率を売上高の推移と重ねてみる。**図4-13**のとおりである。このグラフを見ると、２００４年から２０１０年の期間をさらに３つの時期に分けることができる。

第１は、２００４年から２００６年までの期間である。この時期は売上高経常利益率と売上高の両方が上昇している。

第２は、２００７年から２００８年の期間である。この時期は売上高は増えているが売上高経常利益率は下がっている。

第３は、２００９年から２０１０年までの時期である。この時期は売上高経常利益率も売上高も下落している。

売上高に関して言えば、新日本製鐵の売上高は第１と第２の期間、すなわち２００４年から２００８年まで毎年着実に拡大している。この

図4-14　鋼材販売価格と粗鋼生産量

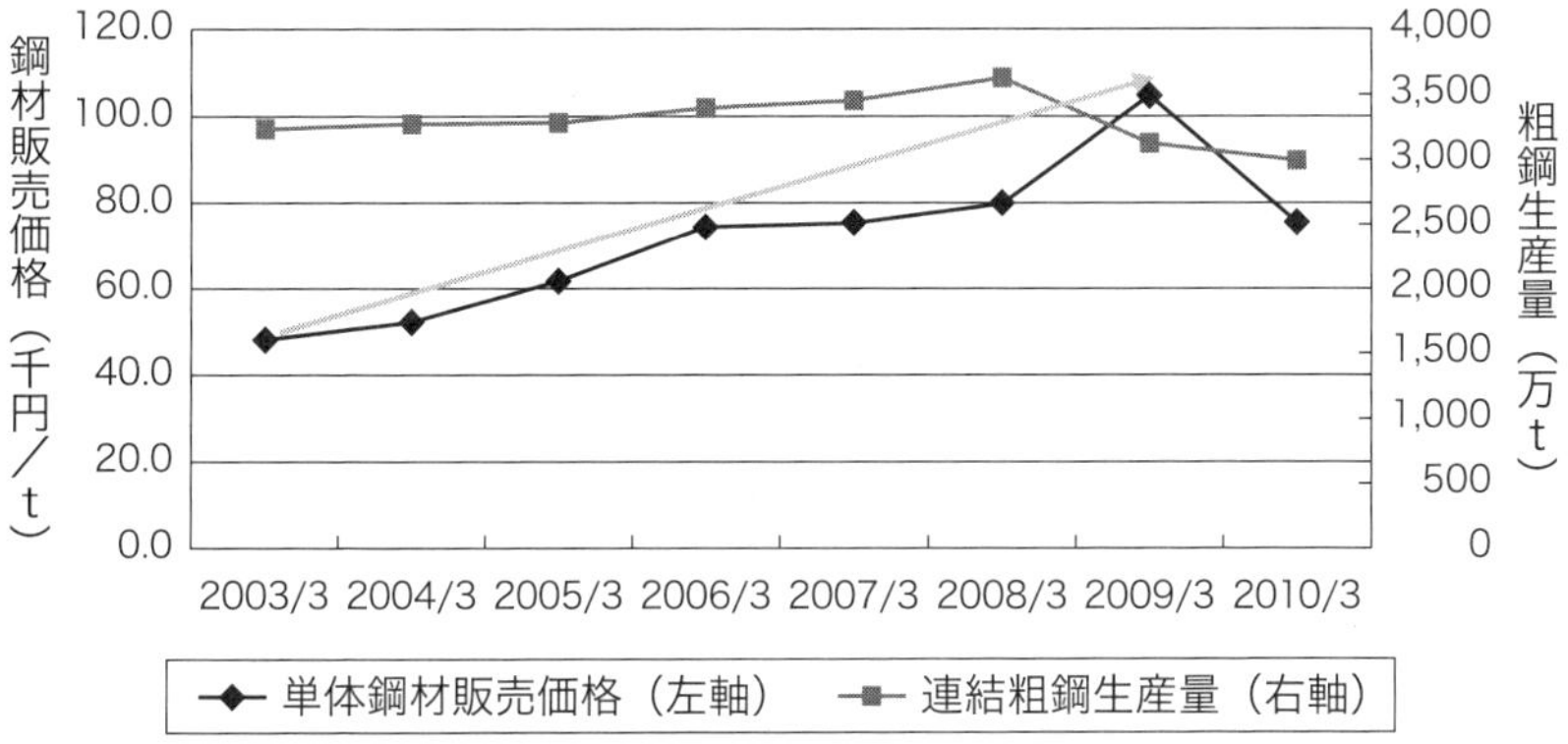

期間は、子どもの背丈が伸びる時のような目覚しい成長を示している。この成長はどこからもたらされたのか。

すでに述べたとおり、売上高の増減は単価の変動か販売数量の変動か、あるいはその両方である。これを見るために新日本製鐵の粗鋼生産量（連結ベース）と鋼材販売価格（単体ベース）の推移を**図4-14**のグラフに示してみた。これらのデータは「アニュアルレポート」から採ることができた。

グラフから明らかだが、鋼材販売価格が2009年3月期まで継続的に上昇を描いていることがわかる。粗鋼生産量も堅調ではあるが、鋼材販売価格の上昇の方が目立っており、売上高の伸びの原因は単価の上昇と判断できる。

では、鋼材価格の上昇にはどのような背景があるのだろうか。高炉メーカーでは国内販売契約のほとんどは、「ひも付き販売」と呼ばれる方式によっている。これは鉄鋼メーカーとトヨタなどの大口ユーザーが直接交渉して価格や数量等を決める方式で、鉄鉱石や石炭といった原材料の価格や鋼材の需要動向を勘案して決められるという。

新日本製鐵の２０１０年３月期の決算説明会資料を読むと、鉄鉱石と原料炭（コークスの原料としての石炭）の国際価格は２００３年度以降２００８年度まで上昇トレンドとなっている。

鉄鋼メーカーとしては鉄鉱石や石炭の価格が上がった場合、できるだけ販売価格を値上げしたいと考えるはずである。しかしトヨタなどのユーザー側としては、原材料価格の上昇を転嫁しないでほしいと考える。自動車の販売価格をその分引き上げた場合、それが消費者に受け入れられなければ車が売れなくなるし、かといってそれをしなければ自社の利ザヤが減るからである。

図4-14のグラフを見ると鋼材価格は２００９年まで年々上がっている。結果から見れば新日本製鐵の主張が通ったと言えそうで、鉄鉱石と原料炭の値上がり分について、すべてかどうかはわからないが、鋼材価格に転嫁できたということになる。

ただし転嫁ができたのは、それだけ鋼材需要が強いということでもある。世界鉄鋼協会から公表されている「Steel Statistical Yearbook 2009」によると、世界の鋼材消費量は２００３

図4-15　世界の鋼材消費量（2003と2008の比較）
（単位：千t）

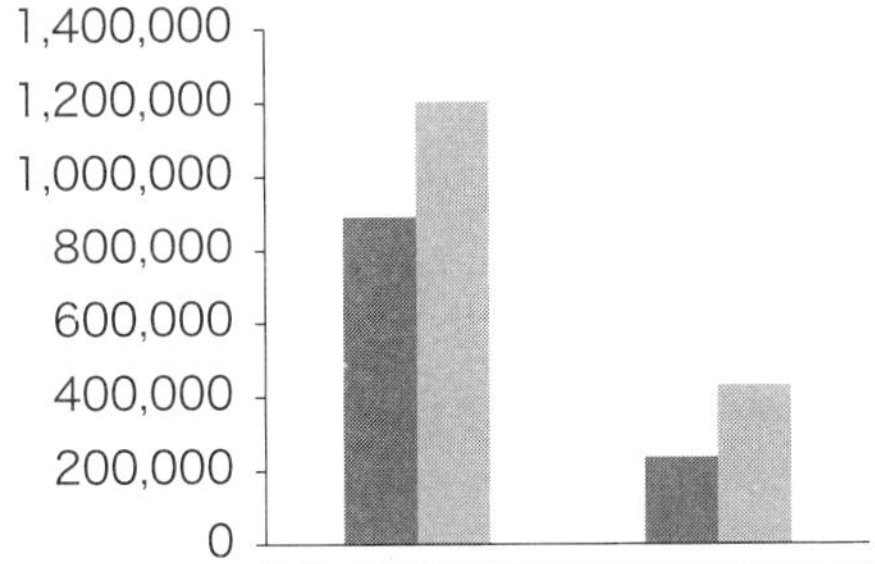

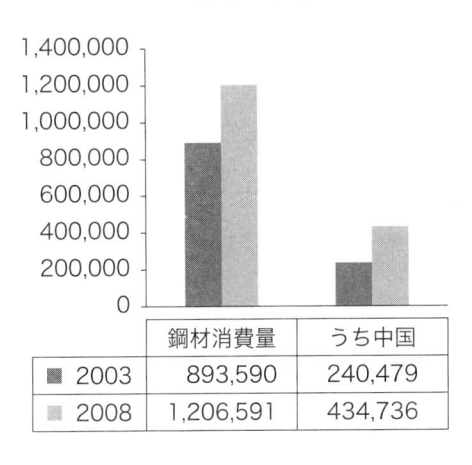

	鋼材消費量	うち中国
2003	893,590	240,479
2008	1,206,591	434,736

年の8億9000万tに対して2008年は12億tである。5年間で35%アップだ。トン数にして3億tの増加で、これは東京スカイツリーが7500本以上建てられる量である。

　これだけの需要量が世界のどこで増加したのか。これも上記の資料でわかることだが、3億tの増加のうちなんと約2億tが中国の増加分なのである。中国は2003年以降2007年まで毎年10%以上の経済成長率を達成しており、高速道路などのインフラから自動車のような最終消費財まであらゆる工業製品に対する需要が極めて旺盛な状況が続いている。これに伴い中国の鋼材消費量はどんどん増加し、世界の鋼材消費量に占める中国の鋼材消費量の割合は、2000年に16%だったものが、2003年には27%、2007年には35%と伸びていき、

２００９年には48％となって世界の半分を占めるまでに至るのである。こうした中国の旺盛な需要が新日本製鐵の売上拡大の背景にある。

この急速な需要拡大が鉄鉱石と原料炭の需給を逼迫させたことは想像に難くない。もともと中国では鉄鉱石の大半を国内で調達し、原料炭も自給化されていたが２０００年代に入って鉄鉱石の輸入が急速に増え、原料炭も輸入に頼るようになっていったのである。これが資源高を招き、鋼材価格の引き上げにつながっていく。

中国の影響はそれだけに留まらない。当然ながら鉄鉱石や原料炭の海上輸送量も増えるので、運賃にも影響が及ぶ。海運業の分析で出てきたバラ積み船の主な荷物は、まさしく鉄鉱石や石炭であったが、その運賃の指数であるバルチック海運指数がリーマン・ショックのあった年の5月に史上最高値をつけたことからも明らかなように、海上運賃は上昇し鉄鋼メーカーの収益を圧迫したのである。

つまり、２０００年代中盤の新日本製鐵の業績を読み解く鍵は、原材料価格の高騰や運賃の上昇といったコストの増加と鋼材価格の引き上げによる売上の増加という2大要因に帰結する。そして、その背景にはいずれも中国の経済成長がある。

この2つの要因、コストの増加と販売価格の引き上げのバランスで、どちらが大きくなるかにより利益が増えるか減るかが決まる。２００７年と２００８年は鉄鉱石や原料炭の価格が急激に上がったが、これに対して鋼材価格の方は図4-14からわかるとおり引き上げ幅が小さかった。その結果、両者のバランスとしてはコストの増加のほうが上回り、売上高経常利益率は下がったものと考えられる。

(4) 数字を読まずにわかる鉄鋼メーカーの収益構造

２００９年から２０１０年までの時期も見ておきたい。この時期は売上高経常利益率も売上高も下落している期間である。

売上高が減る理由は明白である。図4-14のとおり、粗鋼生産量が減っているからである。言うまでもなくリーマン・ショック後の世界経済の後退によるものだ。２００９年については鋼材価格が上がっているものの、生産量の縮小のほうが与えた影響が相対的に大きかったと見え、売上高は減っている。２０１０年については鋼材価格も下がり、生産量も減り、これでは売上高は減るよりほかかない。

利益のほうはどうか。２０１０年3月期の売上高は3兆４０００億円であるが、売上高が過去にこれと同水準だった年度を選んで原価を比べてみたい。図4-13を見ると、２０１０年3月期と売上高が同水準だった年度が過去にあるかどうか容易に探すことができる。5年前の２００５年3月期がほぼ同水準だ。この年度の売上高は3兆３０００億円である。

２００５年３月期と２０１０年３月期、この２つの年度は売上高がほぼ同水準であるにもかかわらず、売上高経常利益率は月とスッポンほどの違いがある。２００５年３月期が11％であるのに対して、２０１０年３月期は０・３％である。

売上が同じなのに利益にこれほど差があるというのは費用に差があるということだ。２つの年度の費用を比べてみると、連結損益計算書の売上原価の数値は２００５年３月期が２兆６０００億円であるのに対して、２０１０年３月期は３兆１０００億円である。４０００億円以上も増えている。

そうすると、次に見るべきは売上原価の内訳である。連結ではなく単体の情報になるが、売上原価の内訳は製造原価報告書に出ている。

新日本製鐵の２０１０年３月期の製造原価報告書を見てみよう。製造原価で最も大きいのは材料費である。金額は１兆３０００億円で、当期総製造費用に占めるその割合は66・９％と書いてある。

２００５年３月期についても同様に材料費を見てみる。こちらは１兆円であり、当期総製造費用に占めるその割合は59・１％である。

決算書を見るのはこの程度でよい。要するに売上高が同水準なのに、２０１０年のほうが２００５年よりも材料費が３０００億円も多いということだ。鉄鉱石や原料炭の価格が５年前

（単位：百万円）

	売上高（連結）	売上高経常利益率（連結）	売上原価（連結）	材料費（個別）
2005	3,389,356	11.0%	2,693,603	1,017,492
2010	3,487,714	0.3%	3,156,497	1,360,742
増加額	98,358	—	462,894	343,250

売上高の増え方に比べて売上原価の増え方が大きい！
原因は材料費の増加である！

よりも高くなったので、それが収益を圧迫しているということだ。**図4-14**のとおり２０１０年の鋼材販売価格は２００５年よりも高くなっているが、この分析から推測すると、原材料の値上がり分をほとんど転嫁できていないと見ることができる。

以上のように、鉄鋼メーカーの経営分析は原料価格と鋼材価格の水準がどうなるかが大きなポイントである。実は、新日本製鐵ほか鉄鋼大手は２０１０年3月期の決算発表において、これらの価格が交渉中であるために２０１１年度の業績予想が算定できないという異例の事態になった。決算短信でもそのことが説明されているが、ある意味これは鉄鋼メーカーの収益構造をよく表している。数字が出せないこと自体が経営内容を物語るという逆説的な出来事である。その会社を分析するためのヒントはやはり決算数値以外の所に結構ある。

＊　＊

以上4社の事例を使ってあぶり出し分析法を実践してみたが、その技法や手順は概ねパターン化できたと言える。この方法を使えば企業の経営分析はそう難しくはないこともわかった。4つの事例でも、リーマン・ショック前後の経済の急激な変化に企業の収益性が大きく揺さぶられている様子が浮き彫りになった。

しかしながら、それがすべてあぶり出し分析法の成果であるかというと必ずしもそうではない。経営数値の背後にある企業の経営環境、特に経済全体の動きをきちんと見ていくことで得られた部分が結構大きいのである。

実は、経営分析で難しいのはこちらの方なのである。大企業といえども経済の大きな流れの中で日々活動している。個々の企業は、目先の小さな変化に対していちいち経営方針を変えることはないだろうが、中長期の経済環境の変化については、それを見据えて適応してくるはずだ。そう考えると、企業の経営分析にあたっては、企業活動の背後にある経済の大きな流れを知ることが大切である。

▼参考資料一覧

●国土交通省『建築着工統計調査報告』（平成23年1月）
●気象庁　報道発表資料『平成22（２０１０）年夏の日本の平均気温について』
●財務省『法人企業統計』
●内閣府『消費動向調査結果（一般世帯　主要耐久消費財等の普及・保育状況）』（平成22年3月末現在）
●内閣府『平成13年度　年次経済財政報告』『平成14年度　年次経済財政報告』（経済財政白書）
●内閣府『平成20年度　国民生活モニター調査結果』
●内閣府経済社会総合研究所『景気基準日付について』（２０１０年6月7日）
●資源エネルギー庁『平成20年度　エネルギーに関する年次報告書（エネルギー白書２００９）』
●早期事業再生研究会『早期事業再生研究会報告書』
●在インド日本国大使館『インド進出日系企業リスト』
●商船三井『暮らしを支えるいろいろな船』
●生命保険協会『株式価値向上に向けた取り組みについて　平成21年度』
●帝国データバンク『ＴＤＢキャッシュフロー分析統計２００８・２００９』
●東京証券取引所『決算短信集計結果』
●日本製紙連合会『紙・パルプ産業のエネルギー事情』
●伊東信一郎『ＪＡＬ「ルールなき再建」は許されない』（文藝春秋２０１０年6月号）
●堺屋太一『巨富への道』（ＰＨＰ研究所）

●堺屋太一『凄い時代　勝負は２０１１年』（講談社）
●桜井久勝『財務諸表分析』（中央経済社）
●日本経済新聞出版社『日経経営指標２００６』～『日経経営指標２０１１』
●山口敦『業界研究シリーズ　鉄鋼』日本経済新聞出版社
●World Steel Association『Steel Statistical Yearbook 2009・2010』
＊その他、本文で取り上げた企業の有価証券報告書、決算短信等の開示資料を活用した。

■著者紹介

石王丸 周夫（いしおうまる・のりお）

公認会計士
1968年生まれ。

1991年慶應義塾大学商学部卒業。

1990年から2004年まで、監査法人トーマツ（現 有限責任監査法人トーマツ）にて会計監査実務に従事し、メーカー、運輸、飲食、小売、情報サービス、メディア、金融機関等多くの企業を担当。

2004年に石王丸公認会計士事務所開業。現在は、監査やコンサルティングを中心に活動している。

2007年に気象予報士の資格も取得している。

会社《かいしゃ》の姿《すがた》が浮《う》かびあがるカンタン経営分析《けいえいぶんせき》
決算書《けっさんしょ》　あぶり出《だ》し分析法《ぶんせきほう》

2011年10月31日　発行

著　者　石王丸《いしおうまる》 周夫《のりお》 ©

発行者　小泉 定裕

発行所　株式会社 清文社

東京都千代田区内神田1-6-6（MIFビル）
〒101-0047　電話03(6273)7946　FAX 03(3518)0299
大阪市北区天神橋2丁目北2-6（大和南森町ビル）
〒530-0041　電話06(6135)4050　FAX 06(6135)4059
URL http://www.skattsei.co.jp/

印刷：美研プリンティング㈱

■本書の内容に関するお問い合わせは編集部までFAX（03-3518-8864）でお願いします。

ISBN978-4-433-54501-7